Eva Stauf

# UNBEGLEITETE MINDERJÄHRIGE FLÜCHTLINGE IN DER JUGENDHILFE

Bestandsaufnahme und
Entwicklungsperspektiven
in Rheinland-Pfalz

# Impressum

Eva Stauf

Unbegleitete Minderjährige Flüchtlinge in der Jugendhilfe
Bestandsaufnahme und Entwicklungsperspektiven in Rheinland-Pfalz

ISBN 978-3-932612-42-8

Institut für Sozialpädagogische Forschung Mainz e. V.
Flachsmarktstraße 9
55116 Mainz
06131 24041 0
www.ism-mainz.de

**Gestaltung:**
ansicht kommunikationsagentur, Haike Boller, Wiesbaden
www.ansicht.com

**Foto:**
istock.com; Royce DeGrie

Mainz 2012

**Herstellung:**
Books on Demand GmbH, Norderstedt

# Inhaltsverzeichnis

# Abbildungsverzeichnis

# Vorwort

Die vorliegende Bestandsaufnahme „Unbegleitete Minderjährige Flüchtlinge in der Jugendhilfe – Bestandsaufnahme und Entwicklungsperspektiven in Rheinland-Pfalz" widmet sich einer besonderen Adressatengruppe der Jugendhilfe. Auf der Grundlage einer Situationsanalyse sowie fachlicher Bezugspunkte sollen zukünftige Entwicklungsperspektiven für die Betreuung der Unbegleiteten Minderjährigen Flüchtlinge aufgezeigt werden.

Dieses Vorhaben war nur mit Hilfe vieler Akteure umzusetzen, die ihr Expertenwissen, Datenbestände und Zugänge zur Verfügung stellten. Wir möchten uns an dieser Stelle ganz herzlich bei sämtlichen Akteuren bedanken, die sich in der Erstellungsphase des Berichts beteiligt und damit einen Beitrag zur Struktur und Gestalt des vorliegenden Berichts geleistet haben. Unser Dank gilt zunächst den Fachkräften und Akteuren des Jugendamtes Trier, der Aufnahmeeinrichtung für Asylbegehrende in Trier (AfA) sowie den Vertreter/innen des Heimverbunds in Rheinland-Pfalz, die vielfältige Daten zur Verfügung stellten und an Expertengesprächen teilnahmen. Ferner gilt unser Dank dem Multikulturellen Zentrum in Trier, der Ökumenischen Beratungsstelle in Trier, dem Arbeitskreis Asyl in Rheinland-Pfalz sowie dem Sozialdienst des Malteser Hilfsdienstes in Mainz, die das Vorhaben, junge Flüchtlinge zu befragen, in vielfacher und zeitintensiver Weise unterstützt haben. Für die umfassende Expertise möchten wir uns beim Bundesverband Unbegleiteter Minderjährige (B-UMF) herzlich bedanken, der jederzeit bei offenen Fragen zur Verfügung stand. Darüber hinaus geht ein ganz besonderer Dank an die jungen Flüchtlinge, die sich im Rahmen der Bestandserhebung bereit erklärten, Auskunft über ihre Lebenssituation und ihre Erfahrungen zu geben. Ohne diese Einblicke wäre die Bestandsaufnahme nicht in dieser Form umsetzbar gewesen.

Ebenso möchten wir uns bei dem Ministerium für Integration, Familie, Kinder, Jugend und Familie (MIFKJF) des Landes Rheinland-Pfalz für die zur Verfügung gestellten Daten und die produktive Zusammenarbeit bedanken.

Mit der Bestandsaufnahme wurde im Jahr 2010 begonnen. In den vergangenen zwei Jahren wurden bereits Handlungsempfehlungen dieser Expertise aufgegriffen bzw. befinden sich in der Umsetzung. Wenn so manche im Bericht dargestellten Einzelaspekte nicht mehr der aktuellen Situation entsprechen, so bleiben dennoch die strukturellen Fragen, die mit einer zukunftsgerichteten Bearbeitung dieses Themas verbunden sind.

Eva Stauf, Heinz Müller
Mainz, Januar 2012

# 1. Einleitung

> *„Ich habe damals zum erstenmal alles ernst bedacht: Vergangenheit und Zukunft, einander gleich und ebenbürtig an Undurchsichtigkeit, und auch an den Zustand, den man auf Konsulaten Transit nennt und in der gewöhnlichen Sprache Gegenwart. Und das Ergebnis: nur eine Ahnung – wenn diese Ahnung verdient ein Ergebnis genannt zu werden – von meiner eigenen Unversehrbarkeit." (Anna Seghers, «Transit»: S. 273)*

Unbegleitete Minderjährige Flüchtlinge – eine kleine Gruppe von jungen Menschen in Rheinland-Pfalz, die selten in der Öffentlichkeit wahrgenommen wird. Die jungen Menschen erreichen Deutschland durch vorangegangene Erfahrungen und Erlebnisse belastet und mit der Hoffnung auf Schutz und Zukunftsperspektiven. Diese Form der eigens erlebten Migration bedeutet für die jungen Menschen eine einschneidende Erfahrung: Sie mussten Bezugspersonen verlassen, sich auf einen ungewissen Reiseweg begeben, sie sprechen die Sprache nicht, wissen nicht, wo sie ankommen werden und müssen sich daher in vielfacher Hinsicht zurechtfinden.

In Deutschland unterliegen Unbegleitete Minderjährige Flüchtlinge einerseits der Asylverfahrensgesetzgebung, wenn sie um Asyl nachsuchen. Andererseits unterliegen sie durch ihre Minderjährigkeit auch dem Kinder- und Jugendhilfegesetz (SGB VIII). Im Jahr 2005 wurden im SGB VIII Änderungen eingeführt, die sich auf die Unterbringung von Minderjährigen Flüchtlingen beziehen. Die Inobhutnahme leitet diese Unterbringung ein und ist im

§ 42 SGB VIII nunmehr präziser formuliert. Diese Änderungen des Gesetzgebers zogen aber neue Herausforderungen für die Weiterentwicklung bestehender Unterbringungs und Betreuungsmodelle nach sich. Vor diesem Hintergrund soll die vorliegende Bestandsaufnahme einerseits einen Einblick in fachliche Debatten und entwickelte Standards in der Arbeit mit Unbegleiteten Minderjährigen Flüchtlingen ermöglichen und andererseits die Situation ihrer Unterbringung und Betreuung in Rheinland-Pfalz aus unterschiedlichen Perspektiven beleuchten.

Die Bestandsaufnahme orientiert sich an den fachlichen Prämissen der Jugendhilfe und nimmt daher die Flüchtlinge zunächst als Kinder und Jugendliche in den Blick. Auf diese Weise stellt der gesetzlich verankerte Auftrag der Jugendhilfe, positive Lebensbedingungen für Kinder und Jugendliche zu gestalten, sie vor Gefahren zu schützen und sie in ihrer individuellen Entwicklung zu fördern, den fachlichen Bezugshorizont für die Bestandserhebung dar.

Die Bestandserhebung zielt auf eine Einschätzung der aktuellen Situation in Rheinland-Pfalz, um auf diese Weise Handlungsanforderungen für eine zukünftige Gestaltung und Weiterentwicklung herauszuarbeiten. Die Bestandserhebung versucht strukturelle sowie handlungsbezogene Problemlagen, insbesondere auf der Grundlage der fachlichen Voraussetzungen sowie auf der Basis der erhobenen Daten, in einer Diskussionsgrundlage zusammenzuführen. Eine Diskussion der Ergebnisse mit Beteiligten sowie die gemeinsame Weiterentwicklung wird insofern als notwendiger Prozess erachtet. Die Bestandsaufnahme versteht sich als „diskursives Produkt": Neben der Analyse der theoretischen Debatten fließen in die Erhebung das Expertenwissen der beteiligten Akteure sowie Perspektiven der jungen Menschen mit ein. Die Bestandsaufnahme sollte idealerweise den fachlichen Austausch im Nachgang der Bestandsaufnahme unter den beteiligten Akteuren in Rheinland-Pfalz stärken. Insofern beschreibt der Bericht eine aktuelle „Situation" und Momentaufnahme, die durch das Handeln aller Beteiligten fortwährend verändert werden kann.

Der vorliegende Bericht widmet sich im 2. Kapitel zunächst der Zielgruppe der Unbegleiteten Minderjährigen Flüchtlinge (UMF). Dabei werden rechtliche Grundlagen sowie die Perspektive der Jugendhilfe zusammengeführt. Zugleich werden fachliche Standards für die Arbeit aufgezeigt. Im Anschluss daran wird auf die Entwicklung der Fallzahlen sowie auf die Situation in einzelnen Bundesländern verwiesen.

Das 3. Kapitel eröffnet den Blick in die sozialpädagogischen Debatten. Da die Unterbringung der Unbegleiteten Minderjährigen Flüchtlinge in der Jugendhilfe bereits eine längere Tradition aufweist, wird auf den Forschungsstand sowie auf spezifische Herausforderungen in der Jugendhilfe eingegangen. Zugleich werden allgemeintheoretische Standards der Sozialpädagogik formuliert und in einem Zwischenresümee dargestellt.

Im 4. Kapitel steht die Analyse des rheinland-pfälzischen Modells im Vordergrund. Neben der Entwicklung der Fallzahlen werden die beiden „Einrichtungen" des Modells vorgestellt: Die Unterbringung der 16-17-Jährigen männlichen Flüchtlinge in der Inobhutnahmeeinrichtung der Aufnahmeeinrichtung für Asylbegehrende (AfA) in Trier sowie die Unterbringung der weiblichen Flüchtlinge bis 18 Jahre und der männlichen Flüchtlinge bis 16 Jahre in dem rheinland-pfälzischen „Verbundsystem zur Betreuung minderjähriger jugendlicher Flüchtlinge". Das 5. Kapitel schließt mit den Befragungsergebnissen an, die einen Blick auf das rheinland-pfälzische Modell ermöglichen. Dabei werden unterschiedliche Daten zur Analyse herangezogen, um einen differenzierten Blick zu gewährleisten.

Im abschließenden 6. Kapitel werden vor dem Hintergrund der theoretischen und empirischen Ergebnisse Handlungsempfehlungen entwickelt, um das bestehende Modell zur Unterbringung und Betreuung der Unbegleiteten Minderjährigen weiterzuqualifizieren.

# 2. Unbegleitete Minderjährige Flüchtlinge

Die Situation Unbegleiteter Minderjähriger Flüchtlinge (UMF) wird in den fachlichen Debatten häufig unter der Perspektive der rechtlichen Rahmenbedingungen in den Blick genommen. Das asylrechtliche Verfahren nimmt für junge Flüchtlinge im Hinblick auf die Gestaltungsmöglichkeiten ihrer Lebenssituation eine zentrale Rolle ein. Im Mittelpunkt der Bestandsaufnahme steht nunmehr die Situation der UMF aus Sicht der Jugendhilfe in Rheinland-Pfalz. Ein Blick, der neben rechtlichen Bedingungen und Schwierigkeiten insbesondere die Rolle der Jugendhilfe und damit das Kindeswohl in den Vordergrund rückt.

Vor diesem Hintergrund wird im Rahmen der Bestandsaufnahme auf eine umfassende Aufarbeitung der rechtlichen Bedingungen verzichtet. Es wird in diesem Kapitel auf einige rechtliche Grundlagen eingegangen, um dann die soziale Situation der UMF zu beschreiben. Daran anschließend wird auf aktuelle Entwicklungen auf Bundesebene verwiesen sowie auf Modelle in einzelnen Bundesländern eingegangen.[1]

## 2.1 Begriff und rechtliche Grundlagen

Der Begriff der „Unbegleiteten Minderjährigen Flüchtlinge" ist ein vielschichtiger Begriff. In den folgenden Ausführungen sollen zunächst eine Annäherung an den Begriff vorgenommen und auf der Grundlage rechtlicher Bestimmungsfaktoren eine Begriffseingrenzung für die vorliegende Bestandserhebung erreicht werden. In einem zweiten Schritt wird auf zentrale rechtliche Rahmenbedingungen auf der europäischen Ebene verwiesen.

---

[1] An dieser Stelle sei auf einige grundlegende Literaturtitel verwiesen, auf die hier nur vereinzelt eingegangen werden kann: Das Handbuch der Sozialen Arbeit mit Kinderflüchtlingen (WOGE e. V. 2000); die im Jahr 2009 erschienene Studie des BAMF zur Situation der UMF in Deutschland (BAMF 2009); Angenendt 2000, kleinere Analysen wie in Marko 2008; Urbach 2008, Ehring 2008, Schikorra 2004; auf Frauen bezogen vgl. Potts/Praske 1993, Portraits von Kinderflüchtlingen in Petersen 1993.

### 2.1.1 Unbegleitete Minderjährige Flüchtlinge – Begriffsklärung

Für die Gruppe von alleinreisenden Jugendlichen, die um Schutz nachsuchen, können unterschiedliche Begriffsbeschreibungen herangezogen werden. Der weite Begriff der „Unbegleiteten Minderjährigen Flüchtlinge" wird vor allem im Kontext der Jugendhilfe verwendet. Die Weite des Begriffs entsteht einerseits aus der Zusammensetzung von drei Charakteristika, die sich insbesondere auf internationale sowie bundesdeutsche Rahmenbedingungen beziehen. Andererseits enthält der Begriff keine Aussage über den jeweiligen „Aufenthaltsstatus" der jungen Menschen, sondern betrachtet zunächst nur ihre Eigenschaft als unter Zwang gewanderte junge Menschen.

Zunächst wird ein Zustand von minderjährigen Kindern und Jugendlichen als „unbegleitet" charakterisiert. Vor dem Hintergrund internationaler Schutzabkommen verweist der Begriff **„unbegleitet"** zunächst auf den Tatbestand, dass Kinder und Jugendliche von ihren Familien oder Bezugspersonen getrennt sind. Er umfasst somit Minderjährige, die ohne Eltern oder Personen, die für sie nach dem Gewohnheitsrecht verantwortlich sind, in das Bundesgebiet eingereist sind oder ohne Begleitung zurückgelassen wurden. Diese Definition orientiert sich an internationalen Übereinkommen,[2] denen die Bundesrepublik beigetreten ist, wie z. B. das Haager Minderjährigenschutzabkommen und die UN-Kinderrechtskonvention.[3] In Bezug auf die Kinderrechtskonvention, die im Jahr 1992 in Kraft trat, legte die Bundesregierung eine Erklärung ab, „wonach nichts in dem Übereinkommen dahingehend ausgelegt werden kann, dass die widerrechtliche Einreise eines Ausländers

---

[2]  Im europäischen Kontext ist jedoch darauf hinzuweisen, dass die Mitgliedsstaaten den Begriff unterschiedlich definieren, vgl. Separated Children in Europe 2003.
[3]  Weitere Abkommen, die als rechtliche Rahmenbedingungen zu berücksichtigen sind, sind z. B. die Konvention zum Schutze der Menschenrechte und Grundfreiheiten sowie die Genfer Flüchtlingskonvention.

oder dessen widerrechtlicher Aufenthalt im Bundesgebiet erlaubt ist" (Holzapfel 1999, S. 179). Die im Juli 2010 zurückgenommene Vorbehaltserklärung gegen die UN-Kinderrechtskonvention erlaubt nunmehr, das Wohl des Kindes entsprechend zu gewichten. Dabei ist die in Artikel 22 des Abkommens formulierte Verpflichtung zentral, geeignete Maßnahmen zu treffen,

*„um sicherzustellen, dass ein Kind, das die Rechtsstellung eines Flüchtlings begehrt (...) angemessenen Schutz und humanitäre Hilfe bei der Wahrnehmung der Rechte erhält, die in diesem Übereinkommen oder in anderen internationalen Übereinkünften über Menschenrechte oder über humanitäre Fragen (...) festgelegt sind".*

Im Mai 2010 wurde der Beschluss der Rücknahme der Vorbehaltserklärung gefasst, die UN-Kinderrechtskonvention ist damit seit dem 15. Juli 2010 rechtskräftig. Das Justizministerium des Bundes weist darauf hin, dass

*„Auch bei der Anwendung des Asylbewerberleistungsgesetzes, vor allem bei der medizinischen Versorgung, sollten die Sozialbehörden auf die besondere Schutzbedürftigkeit von Kindern und Jugendlichen Rücksicht nehmen. Und es ist richtig, im Asylverfahren nicht nur Jugendlichen bis zum 16. Lebensjahr, sondern bis zum 18. Lebensjahr einen angemessenen Rechtsbeistand zur Seite zu stellen. Es gibt auch keine Verpflichtung, minderjährige Asylbewerber in Gemeinschaftsunterkünften zu beherbergen."*[4]

Nunmehr können die Forderungen der National Coalition für die Umsetzung der UN-Kinderrechtskonvention zum Nationalen Aktionsplan „Für ein kindgerechtes Deutschland 2005-2010" umgesetzt werden:

*„Die NC hält es für nicht hinnehmbar, dass Kinder ohne gesichertes Aufenthaltsrecht in Deutschland die nach der UN-KRK festgelegten Rechte explizit nicht in Anspruch nehmen können. Diese Rechte sind universell und stehen somit allen Kindern unabhängig von ihrem Aufenthaltsstatus zu."* (National Coalition 2006, S. 3)

---

[4]  Vgl. Pressemitteilung vom 15. Juli 2010; http://www.bmj.de/enid/0,0d92a1776569746572656d7066
65686c656e092d0931093a09706d635f6964092d0937303433/Pressestelle/
Pressemitteilungen_58.html.

Die National Coalition fordert ferner, dass die Inanspruchnahme von Jugend-
hilfemaßnahmen gemäß § 55 Abs. 2 Nr. 7 AufenthG nicht mehr als Ermes-
sensausweisungsgrund gelten dürfe (vgl. ebd., S. 5). Die Ausländerbehörde
müsse – da es sich um eine Ermessensausweisung handelt – die Entscheidungen der Jugendhilfe berücksichtigen (vgl. Schwarz/Tamm 2010, S. 38).

Der zweite Begriff der „**Minderjährigen**" bezieht sich ebenfalls auf internati-
onales wie nationales Recht: „Minderjährig ist, wer das 18. Lebensjahr noch
nicht vollendet hat bzw. wer noch nicht 18 Jahre alt ist" (nach der UN-Kinderrechtskonvention Art.1; § 7 SGB VIII). Dieser Definition der Minderjährigkeit steht im bundesdeutschen Asylrecht eine Unterscheidung gegenüber:
Im Asylrecht werden Kinder und Jugendliche ab 16 Jahren als asylmündig
und damit verfahrensfähig erklärt, d.h. sie müssen sich in der Regel selbst
vertreten können und werden in der Regel in Gemeinschaftsunterkünften
untergebracht. Unterschiedliche Akteure setzen sich für die Abschaffung der
asyl- und ausländerrechtlichen Verfahrensfähigkeit ab dem 16. Lebensjahr
ein, da jugendliche Flüchtlinge ohne Beistand im Asylverfahren in der Regel
überfordert sind. In gleicher Absicht weist die EU-Verfahrensrichtlinie auf die
Notwendigkeit eines gesetzlichen Vertreters hin. Darüber hinaus werden die
kindgerechte Verfahrensdurchführung sowie die Anerkennung von kindspezifischen Fluchtgründen angemahnt (vgl. Löhr 2009).

Als drittes verweist der Begriff auf den Status des „**Flüchtlings**." Der Begriff
bezieht sich zunächst auf die Definition nach der Genfer Flüchtlingskonvention (UNO 1951):

*„Flüchtling ist, wer „aus der begründeten Furcht vor Verfolgung aus Gründen
der Rasse, Religion, Nationalität, Zugehörigkeit zu einer bestimmten sozialen Gruppe oder wegen seiner politischen Überzeugung sich außerhalb des
Landes befindet, dessen Staatsangehörigkeit er besitzt, und den Schutz des
Landes nicht in Anspruch nehmen kann oder wegen dieser Befürchtungen
nicht in Anspruch nehmen will; oder sich als staatenlos infolge solcher Ereig-
nisse außerhalb des Landes befindet, in welchem er seinen gewöhnlichen
Aufenthalt hatte und nicht dorthin zurückkehren kann oder wegen der er-
wähnten Befürchtungen nicht dorthin zurückkehren will."*

Im Hinblick auf die „Unbegleiteten Minderjährigen Flüchtlinge" ist der Begriff des „Flüchtlings" differenziert zu betrachten: Im Kontext des deutschen Asylrechts beschreibt der Begriff des „anerkannten Flüchtlings" aus statusrechtlicher Sicht nur Flüchtlinge, die nach § 16a GG Asyl oder durch § 60 AufenthG das so genannte „kleine Asyl" erhalten haben. Bei den „Unbegleiteten Minderjährigen Flüchtlingen" wird der Flüchtlingsbegriff demgegenüber auch auf minderjährige Personen angewandt, die nicht die Voraussetzungen im Sinne der Genfer Flüchtlingskonvention erfüllen, d.h. „die nach erfolgter Prüfung durch das Bundesamt für Migration und Flüchtlinge keinen Flüchtlingsschutz für sich in Anspruch nehmen können." (Landtag Rheinland-Pfalz 2005, S. 25)

Der Begriff „Unbegleitete Minderjährige Flüchtlinge" (UMF) wird im Rahmen der Bestandsaufnahme in dem Sinne verwandt, wie er durch den rheinland-pfälzischen Landtag beschrieben wird.

Der Begriff bezieht sich folglich explizit nicht allein auf einen aufenthaltsrechtlichen Status der jungen Menschen. Im Vordergrund steht aus Sicht der Jugendhilfe eine spezifische Lebenslage, die durch den Begriff beschrieben wird. Der neue § 42 SGB VIII bezieht sich ebenfalls allein auf den Tatbestand, dass ein Kind oder ein Jugendlicher unbegleitet nach Deutschland kommt und sich weder Personensorge- noch Erziehungsberechtigte im Inland aufhalten" (§ 42 SGB VIII).

Der im Bericht verwandte Begriff „UMF" umfasst daher unbegleitet einreisende Asylsuchende sowie unbegleitete junge Flüchtlinge, die keinen Asylantrag stellen oder deren Verfahren bereits abgeschlossen wurde.

Wenn aus vorliegenden Daten präzise Rückschlüsse auf die aufenthaltsrechtliche Situation der jungen Menschen gezogen werden können, wird im Kontext des Berichts eine entsprechende Präzisierung im Hinblick auf „Asylsuchende" oder ähnliche aufenthaltsrechtliche Kategorien vorgenommen.

## 2.1.2 Europäische Rahmenbedingungen

Neben den internationalen Abkommen nimmt zunehmend die europäische Flüchtlingspolitik Einfluss auf die Situation der UMF in den Mitgliedsstaaten. Im europäischen Kontext wird für Unbegleitete Minderjährige Flüchtlinge der Begriff der „separated children" verwandt.[5] Auf der europäischen Ebene entwickelte sich zunehmend das Interesse, die Asyl- und Migrationspolitiken der Mitgliedsländer zu harmonisieren. Neben dem Schengener Abkommen aus dem Jahre 1985 ist auf der europäischen Ebene das „one state only" Prinzip besonders hervorzuheben. Seit dem im Jahr 1997 in Kraft getretenen Dubliner Übereinkommen wird das Prinzip angewandt, dass ein Asylsuchender in Europa nur in einem Mitgliedsstaat einen Asylantrag stellen kann (vgl. dazu Haase/Jugl 2007). Nach dem Vertrag von Maastricht 1992 wurde die Asylpolitik zu einer „Angelegenheit von gemeinsamem Interesse" erklärt, da insbesondere die Situation an den Außengrenzen der EU konfliktreicher wurde. Tampere stellte dann ab 1999 eine neue Phase dar, wobei sicherheitspolitische Bestrebungen überwiegen (vgl. zu einer ausführlicheren Darstellung Haase/Jugl 2007), die „Festung Europa" bildete sich zunehmend heraus. Die Dublin II-Verordnung aus dem Jahr 2003 unterstreicht erneut, dass der Mitgliedsstaat für das Asylverfahren zuständig ist, „der die Einreise des Asylsuchenden zugelassen oder zumindest nicht verhindert hat" (Haase/Jugl 2007). Die Verordnung führte zu einer verstärkten Abschottungspolitik mit erhöhten Grenzkontrollen.

Deutschland – umgeben von EU-Mitgliedsstaaten – hat dieses Prinzip bereits im Jahr 1993 im Asylkompromiss eingeführt: Das Prinzip der „sicheren Drittstaaten" folgt dem gleichen Gedanken und führte dazu, dass Flüchtlinge nur noch über den See- oder Luftweg in Deutschland Asyl nachsuchen können. Mittlerweile schwinden die Möglichkeiten, Asyl in der EU zu beantragen, aber insgesamt: „Angesichts der Schwierigkeiten, überhaupt ein Asylgesuch zu stellen, ist es deshalb nicht verwunderlich, dass die Zahl an Asylbewerbern europaweit stetig abnimmt, obwohl dies für die Zahl schutzbedürftiger

---

[5]  Vgl. dazu das europäische Netzwerk von Save the Children „Separated Children in Europe Programme": http://www.separated-children-europe-programme.org/separated_children_ge/index.html.

Menschen kaum zutreffen dürfte" (vgl. ebd.). Diese Politik wird insbesondere durch die „Europäische Agentur für die operative Zusammenarbeit an den Außengrenzen" (FRONTEX) deutlich, die den Grenzschutz mit nahezu militärischen Mitteln für die Mitgliedsstaaten koordiniert. Es zeigt sich ebenfalls, dass das 1997 in Tampere vom Europäischen Rat festgelegte Recht, Asyl in Europa zu suchen, in der Realität häufig nicht garantiert werden kann. Auch UMF werden an den Außengrenzen u.a. von FRONTEX zurückgewiesen und sind unhaltbaren Bedingungen, z. B. auf den Kanarischen Inseln, Griechenland oder in Mellila, ausgesetzt (vgl. Separated Children in Europe 2003, S. 8; Gunßer/Gittrich 2008).

*„Durch den hohen Anteil von sogenannten Dublin-Verfahren, in denen aufgrund der Verordnung (EG) Nr. 343/2003 des Rates vom 18.2.2003 (Dublin II-Verordnung), meist durch den Abgleich von Fingerabdrücken (EURODAC), die Zuständigkeit eines anderen EU-Mitgliedstaates für das Asylverfahren festgestellt wird, hat sich der Anteil an Überstellungen gegen den Willen des betroffenen Minderjährigen seit 2004 stark erhöht. Oft geschieht dies ohne vorherige Information der Minderjährigen und bei über 16-Jährigen ohne Einschaltung des Vormundes. Immer wieder kommt es zu Inhaftierungen zur Vorbereitung der Überstellung." (National Coalition 2006, S. 5)*

Neben der Situation an den Außengrenzen werden für UMF weitere europäische Richtlinien und Prozesse relevant, die eine Harmonisierung der Asylsysteme anstreben. Dabei ist zu berücksichtigen, dass die Praxis in den Mitgliedsstaaten sehr heterogen ist (vgl. Separated Children in Europe 2003) und die Umsetzung der Richtlinien in nationales Recht unterschiedlichen Prozessen unterliegt. Die Richtlinien sind seit einiger Zeit für nationales Recht bindend, aber es bestehen noch Nachholbedarfe im Hinblick auf die Umsetzung bzw. Ausnahmeregeln.

(1)    Die **„Aufnahmebedingungen-Richtlinie"** (RL 2003/9/EG) beschreibt Mindestnormen für die Aufnahme von Asylbewerbern in den Mitgliedsstaaten. Sie definiert in Artikel 2 „unbegleitete Minderjährige' [als] Personen unter 18 Jahren, die ohne Begleitung eines für sie nach dem Gesetz oder dem Gewohnheitsrecht verantwortlichen Erwach-

senen in das Hoheitsgebiet eines Mitgliedsstaates einreisen, solange sie sich nicht tatsächlich in der Obhut eines solchen Erwachsenen befinden" (Art. 2, Absatz h). Darüber hinaus bestimmt die Aufnahme-bedingungen-Richtlinie, dass für minderjährige Kinder der Zugang zum Bildungssystem gewährleistet sein muss, „so lange keine Rück-führungsmaßnahme gegen sie selbst oder ihre Eltern vollstreckt wird" (Art. 1) und dass „eine weiterführende Bildung nicht mit der alleinigen Begründung verweigert [wird], dass die Volljährigkeit erreicht wurde."[6] Zugleich eröffnet Art. 10 aber in der nächsten Passage, dass die Mit-gliedstaaten sich eine Beschränkung zum Bildungssystem vorbehal-ten dürfen. Neben weiteren Vorgaben zur Gesundheitsversorgung und Unterbringung enthält die Richtlinie Bestimmungen zur Situation von Minderjährigen Flüchtlingen und UMF (Art. 17-19). Die „spezielle Situ-ation von besonders schutzbedürftigen Personen wie Minderjährige, unbegleitete Minderjährige" soll im Hinblick auf die materiellen Auf-nahmebedingungen sowie die medizinische Versorgung Berücksichti-gung finden (Art. 17). Artikel 18 formuliert darüber hinaus, dass die Mitgliedstaaten bei der Anwendung der Richtlinien vorrangig das Wohl des Kindes berücksichtigen. Es sollen ferner Rehabilitationsmaßnah-men und psychische Betreuung und Beratung bei Bedarf zur Verfügung gestellt werden. Artikel 19 widmet sich den Unbegleiteten Minderjähri-gen explizit: Neben der erforderlichen rechtlichen Vertretung formuliert der Artikel eine „Rangfolge" für die Unterbringung: Bei erwachsenen Verwandten, in einer Pflegefamilie, in Aufnahmezentren mit speziel-len Einrichtungen für Minderjährige, in anderen für Minderjährige ge-eigneten Unterkünften. Allerdings formuliert die Richtlinie ebenfalls, dass die Mitgliedsstaaten UMF „ab 16 Jahren in Aufnahmezentren für erwachsene Asylbewerber" unterbringen können" (Art. 19, Abs. 2).[7]

---

[6] Ähnlich wird es den Mitgliedsstaaten überlassen, erwachsenen Asylsuchenden den Zugang zur beruf-lichen Bildung zu ermöglichen (Art. 12) und den Zeitraum festzulegen, ab wann Asylsuchende einen Zugang zum Arbeitsmarkt erhalten können. Allerdings soll nach einem Jahr ein Zugang zum Arbeits-markt geprüft werden (vgl. Art. 11, Abs. 2).

[7] Allerdings besteht aus Sicht von Flüchtlingsorganisationen weiterhin die Hoffnung, dass die Verfah-rensfähigkeit ab 16 Jahren im Rahmen der zweiten Stufe der EU-Harmonisierung zurückgewiesen wird (Information aus dem Expertengespräch mit dem B-UMF).

Darüber hinaus sollen Geschwister möglichst zusammenbleiben können, die Familienangehörigen ausfindig gemacht und das Betreuungspersonal „im Hinblick auf die Bedürfnisse des Minderjährigen adäquat ausgebildet sein" (Art. 19, Abs. 4).

(2)     Die **„Anerkennungsrichtlinie"** (RL 2004/83/EG) behandelt Mindestnormen für die Anerkennung und den Status von Drittstaatenangehörigen oder Staatenlosen als Flüchtlinge. Die Richtlinie definiert die Flüchtlingseigenschaften im Sinne der GFK und unterscheidet davon „Personen mit Anspruch auf subsidiären Schutz" (Art. 2). Es werden Standards für die Prüfung der Anträge formuliert sowie Verfolgungsgründe differenziert. Darunter werden auch „Handlungen, die an die Geschlechtszugehörigkeit anknüpfen oder gegen Kinder gerichtet sind" verstanden (Art. 9, Abs. 2f.). Ferner beschäftigt sich die Richtlinie mit den Rahmenbedingungen für die Phase nach der Zuerkennung der Flüchtlingseigenschaft. Unbegleitete Minderjährige sollen nach der Anerkennung (auch des subsidiären Schutzes) eine gesetzliche Vertretung erhalten und durch „eine Einrichtung, die für die Betreuung und das Wohlergehen von Minderjährigen verantwortlich ist oder durch eine andere geeignete Instanz, einschließlich einer gesetzlich vorgesehenen oder gerichtlich anerkannten Instanz, vertreten werden" (Art. 30, Abs. 1).[8]

(3)     Die im Jahr 2006 in Kraft getretene „Asylverfahrensrichtlinie" (RL 2005/85/EG) beschreibt allgemeine Grundsätze und Mindeststandards von Asylverfahren. Neben dem Recht auf persönliche Anhörung, Rechtsberatung, effektiver Rechtsbehelf vor Gericht und Dolmetscher für Asylsuchende werden Normen für die Entscheidung (unparteiisch, individuell und objektiv) formuliert. Zugleich muss ausreichend qualifiziertes Personal bereit stehen, das über die Asylanträge befindet und über Kenntnisse der Herkunftsstaaten verfügt. Da es sich um Mindestanforderungen handelt, können die Mitgliedstaaten Verfahren

---

[8]   Nach Informationen des B-UMF erhalten die UMF ihren Beistand zumeist erst nach der Asylantragserstellung. Die Bestellung des Vormunds sollte jedoch vor der Antragsstellung erfolgen.

wählen, die darüber hinausgehen und den Schutz der Asylsuchenden noch verbessern. Die Richtlinie stellt damit (wie viele andere in diesem Politikfeld) eine Einigung auf den kleinsten gemeinsamen Nenner dar (vgl. Haase/Jugl 2007).[9] Für Unbegleitete Minderjährige werden „Garantien" in Art. 17 dargelegt. Sie beziehen sich auf die gesetzliche Vertretung des UM und sollen sicherstellen, dass „der Vertreter Gelegenheit erhält, den unbegleiteten Minderjährigen über die Bedeutung und die möglichen Konsequenzen seiner persönlichen Anhörung" zu informieren (Art. 17, Abs. 1b). Bei der Anhörung sollen die Bediensteten den spezifischen Bedürfnissen Rechnung tragen. „Bei der Durchführung dieses Artikels berücksichtigen die Mitgliedstaaten vorrangig das Kindeswohl." (Art.17, Abs. 6)[10]

(4)     Das 2007 vorgelegte **Grünbuch über das Gemeinsame Europäische Asylsystem** eröffnet den Konsultationsprozess für die zweite Phase eines einheitlichen Asylsystems.Nachdem nunmehr die Richtlinien Mindeststandards definieren, widmet sich das Grünbuch den Fragen von Verbesserungsmöglichkeiten, der Frage nach einheitlichen Verfahren und der Lastenteilung vor dem Hintergrund weiterer Harmonisierungsbemühungen. Im Grünbuch wird konstatiert, dass die „Verfahren zur Ermittlung besonders schutzbedürftiger Asylsuchender gravierende Mängel aufweisen und es den Mitgliedstaaten an den nötigen

---

[9]     „Auch zahlreiche Nichtregierungsorganisationen äußerten Kritik an der Asylverfahrensrichtlinie. Sie sahen in dem Konzept sicherer Drittstaaten einen Versuch, das internationale Flüchtlingsrecht auszuhöhlen. Die durch die GFK fixierte Verpflichtung zur Gewährung von Asyl werde demnach durch die Möglichkeit der schnellen Ablehnung – in einigen Fällen sogar ohne Anhörung – konterkariert. Der UNHCR als der wohl wichtigste Vertreter der Rechte von Asylsuchenden äußerte große Bedenken gegenüber der Drittstaatsregelung. Schutzsuchende würden ihrer Rechte beraubt, indem von vornherein negativ beschiedene Asylanträge nicht mehr überprüft werden müssten. Darüber hinaus entfiele bei Anwendung der Herkunftsstaaten-Listen das Recht auf eine Einzelfallprüfung. Zudem impliziere das Drittstaatenkonzept die Gefahr von Kettenabschiebungen. Diese seien mit internationalem Recht unvereinbar, weil an ihrem Ende oftmals eine erzwungene Rückkehr in das Herkunftsland stehe. Das stehe im Widerspruch zum Recht auf Asyl, u.a. in der GFK und der EMRK verbrieft ist, und käme einem „refoulement" (also einer Zurückweisung) gleich. Schließlich verberge sich dahinter der Versuch einer Abschottung gegenüber asylsuchenden Drittstaatsangehörigen" (Haase/Jugl 2007).

[10]    Auch an dieser Stelle wird vom B-UMF Kritik formuliert, denn mittlerweile habe das BAMF die Asylverfahrenspraxis vor dem Hintergrund der Dublin II-Verordnung dahingehend verändert, dass auch UMF bei vorliegender Übereinstimmung aus einem anderen Land ohne vorherige Anhörung in andere Mitgliedstaaten „überstellt" werden können. Dies entspricht nicht der Orientierung am Kindeswohl und den entsprechenden Vorgaben der Richtlinien (Information aus einem Expertengespräch mit dem B-UMF).

Ressourcen, Kapazitäten und Fachkenntnissen fehlt, um solche Erfordernisse angemessen zu begegnen" (EU-Kommission 2007, S. 7). Insofern werden Handlungsbedarfe konstatiert, die spezifischen Bedarfslagen zu ermitteln und zu präzisieren „was unter angemessener medizinischer und psychologischer Betreuung und Beratung traumatisierter Personen, Opfer von Folter und Menschenhandeln geeigneter Identifizierung und Behandlung Minderjähriger, insbesondere Unbegleiteter Minderjähriger, zu verstehen ist; das Gleiche gilt für die Entwicklung geeigneter Befragungstechniken für diese Gruppe, gestützt u.a. auf kulturelle, alters- und geschlechtsspezifische Faktoren interkultureller Fähigkeiten sowie den Einsatz spezialisierter Befragter und Dolmetscher und die Festlegung detaillierter Regeln dafür, was bei der Würdigung von Anträgen aufgrund geschlechts- oder kindspezifischer Formen der Verfolgung zu beachten ist" (ebd., S. 8). In der Stellungnahme der deutschen Bundesregierung zum Grünbuch werden diese „gravierenden Mängel" zurückgewiesen und darauf hingewiesen, dass nicht nur höhere Schutzstandards diskutiert werden sollten, sondern auch „restriktive Regelungen beinhaltet werden [können] wie auch deren Verschärfung möglich sein"[11] sollte.

(5)     Die im Jahr 2008 vorgelegte **Mitteilung „Künftige Asylstrategie"** skizziert die zweite Phase eines europäischen Asylsystems und schließt an die Diskussionen des Grünbuchs an. Die Mitteilung formuliert Änderungsbedarfe an den bestehenden Richtlinien, wobei die besondere Schutzbedürftigkeit von Kindern weiterhin unterstrichen wird (vgl. EU-Kommission 2008, S. 5).[12]

Die europäischen Harmonisierungsprozesse, die in der Drittstaatenregelung und dem Dubliner Abkommen zum Ausdruck kommen, führen u.a. in Deutschland dazu, dass nur noch eine sehr geringe Anzahl von Menschen in Deutschland um Asyl nachsucht bzw. nachsuchen kann. Anhand der Asyl-

---

[11] Die Stellungnahme der Bundesregierung (sowie weitere Stellungnahmen) zum Grünbuch finden sich unter: http://ec.europa.eu/justice_home/news/consulting_public/gp_asylum_system/contributions/member_states/germany_de.pdf.
[12] Auf die weiteren Aspekte der Mitteilung wird im Rahmen der Bestandsaufnahme nicht eingegangen.

antragszahlen des Jahres 2008 zeigt sich ein Rückgang auf 22.085 Erstanträgen. Ausgehend von dieser Anzahl von Asylanträgen werden jedoch ca. 30 % an andere Staaten im Rahmen der Dublin-Verordnung überstellt (vgl. Löhlein 2010, S. 29).

Von diesen 22.085 Asylerstanträgen entfallen ca. 33 % auf Minderjährige, wobei nur ein kleinerer Anteil von 727 von Unbegleiteten Minderjährigen gestellt werden (vgl. ebd.; Deutscher Bundestag 2009).

## 2.2 Die Situation aus Sicht der Jugendhilfe

Im Jahr 2005 entstand durch das **Gesetz zur Weiterentwicklung der Kinder- und Jugendhilfe (KICK)** vom 1. Oktober 2005 eine Änderung des § 42 SGB VIII und damit eine neue rechtliche Grundlage, die nunmehr die Inobhutnahme von unbegleiteten Minderjährigen eindeutig regelt.[13] Die Änderung setzt nicht mehr nur eine individuelle Gefährdung des Kindeswohls für die Inobhutnahme voraus, sondern formuliert:

*„Das Jugendamt ist berechtigt und verpflichtet, ein Kind oder einen Jugendlichen in seine Obhut zu nehmen, wenn [...]*

*3. ein ausländisches Kind oder ein Jugendlicher unbegleitet nach Deutschland kommt und sich weder Personensorge- noch Erziehungsberechtigte im Inland aufhalten" (§ 42 SGB VIII).*

Die Einreise von unbegleiteten Kindern wird als eigenständiges Inobhutnahmekriterium festgelegt, ohne dass eine Differenzierung in Altersgruppen vorgenommen wird: „Stattdessen wird bei einem unbegleiteten Minderjährigen **bis 18 Jahre** eine Inobhutnahme auslösende Situation per se unterstellt" (BAMF 2009, S. 30). Für sie ist, wenn sich weder Personensorge- noch Erziehungsberechtigte im Inland aufhalten, die unverzügliche Bestellung eines Vormunds oder Pflegers zu veranlassen.

---

[13] Die Änderungen im KICK nehmen damit die Vorhaben des Nationalen Aktionsplans für ein kindergerechtes Deutschland auf, der im gleichen Jahr entworfen wurde. Der neugefasste § 42 nimmt die Veränderungen auf, die der Nationale Aktionsplan in den Blick genommen hatte (Verbesserung der Situation und Inobhutnahme, Vormundschaftsbestellung, Clearingverfahren, altersgerechte Unterbringung der 16-17-Jährigen) vgl. Schwarz/Tamm 2010, S. 39.

Die rechtlichen Grundlagen und die Umsetzung des § 42 SGB VIII werden im Folgenden vorgestellt. Die Regelungen des SGB VIII, des Asylverfahrengesetzes und Ausländergesetzes werden meist als konträre Reglungen interpretiert. Die Umsetzung der Neuregelung sollte auf Bundesebene zwischen dem Bundesministerium für Familie, Senioren, Frauen und Jugend (BMFSFJ) und dem Bundesministerium des Innern (BMI) unter Beteiligung der Arbeitsgemeinschaft der Obersten Landesjugendbehörden und der Länderarbeitsgemeinschaft für Integration und Flüchtlingsfragen abgestimmt und ein bundeseinheitlicher Handlungsleitfaden für die zuständigen Behörden verfasst werden. Dieses Ziel wurde mittlerweile seitens des Bundes aufgegeben.

Die europäischen Richtlinien weisen zwar ebenso wie das SGB VIII auf die Orientierungen am Kindeswohl hin (vgl. dazu auch Schwarz/Tamm 2010, S. 37), allerdings ist der Widerspruch zwischen dem Auftrag „junge Menschen in ihrer individuellen und sozialen Entwicklung zu fördern und dazu beizutragen, Benachteiligungen zu vermeiden oder abzubauen" (§ 1 SGB VIII) und den asylrechtlichen Regelungen nach wie vor unaufgelöst.

Der Bundesfachverband Unbegleiteter Minderjähriger Flüchtlinge (B-UMF) setzt sich im Hinblick auf den Gesetzesentwurf der Bundesregierung dafür ein, dass der vorrangige Gedanke des Kindeswohls auch in der deutschen Asylgesetzgebung verankert werden solle (vgl. B-UMF 2007). Darüber hinaus wird in der Stellungnahme des B-UMF darauf hingewiesen, dass nach der Aufnahme-Richtlinie zwar eine Unterbringung der über 16-Jährigen in Aufnahmezentren eingeräumt wird, dies aber durch die Änderung des § 42 SGB VIII eingeschränkt wird, der explizit vorsieht, auch diese Personengruppe „Inobhut" zu nehmen:

*„Eine Unterbringung in einer Gemeinschaftsunterkunft dürfte gemäß § 42 SGB VIII nur in Ausnahmefällen zulässig sein, wenn feststeht, dass kein Jugendhilfebedarf vorliegt und eine Unterbringung in der Gemeinschaftsunterkunft dem Wohl des Jugendlichen nicht widerspricht. Diese Feststellung kann grundsätzlich nur nach [Hervorh. E.S.] der Inobhutnahme durch das Ju-*

*gendamt, der Durchführung eines qualifizierten Clearingverfahrens und der Bestellung eines Vormundes erfolgen, da erst diese Maßnahmen eine solche Beurteilung ermöglichen" (ebd., S. 4).*

Hier ist ein deutlicher Konfliktpunkt zwischen Regelungen des SGB VIII (Inobhutnahme in Jugendhilfeeinrichtungen, § 42 SGB VIII) und des Asylverfahrensgesetzes (Handlungsfähigkeit und damit Unterbringung von unter 16-Jährigen in Erstaufnahmeeinrichtungen, § 12 AsylVfG) zu konstatieren, der noch nicht abschließend aufgelöst werden konnte. Eine weitere Verkomplizierung der Situation in Deutschland entsteht durch die sehr unterschiedlichen Praxen in den einzelnen Bundesländern, die insbesondere die Gruppe der 16-17-Jährigen unterschiedlich betreuen. Die Erarbeitung eines Leitfadens in einer Bund-Länder-Arbeitsgruppe unter Beteiligung der Innen- und Jugendressorts der Länder konnte noch kein abschließendes Ergebnis vorlegen: „Sie [die Bundesregierung] sieht derzeit jedoch keine Möglichkeit, zu dem erforderlichen Einvernehmen zu gelangen" (Deutscher Bundestag 2009, S. 37). Allerdings wird diese Praxis von Seiten der Bundesregierung als „nicht bedenklich" eingeschätzt, „da § 42 SGB VIII keine Ausnahmeregelung zu asyl- und ausländerrechtlichen Regelungen" darstelle (ebd., S. 3). Die Große Anfrage von Bündnis 90/Die Grünen zur Aufnahme unbegleitet einreisender Minderjähriger kritisiert diese Einschätzung und die damit verbundene Hierarchisierung von Asyl- gegenüber Jugendhilferecht, da auf diese Weise Schutzbestimmungen des Jugendhilferechts unterlaufen würden (vgl. ebd., S. 4). Von Seiten des Jugendhilferechts wird darauf hingewiesen, dass der § 42 SGB VIII „nicht durch die Regelungen des Asylrechts (AsylVfG, AsylLG) verdrängt" wird (Münder 2006, S. 557). Es gelte hier, die rechtlichen Spielräume im Sinne des Kindeswohls zu nutzen: So unterstreicht der Bundesfachverbund (B-UMF), dass Jugendliche zwischen 16 und 18 Jahren

*„kaum in der Lage sind, ihr Asylverfahren ohne Unterstützung zu betreiben. Allein die Frage, ob die Asylantragstellung für den betreffenden Jugendlichen überhaupt ein sinnvoller Weg ist oder ob Alternativen, z. B. ein Aufenthalt*

*aus humanitären Gründen oder eine Familienzusammenführung (...) dem Jugendlichen besser gerecht würde, bedarf einer ausführlichen Beratung und Betreuung. Es wäre daher sowohl unter dem Gesichtspunkt der Beachtung des Kindeswohls als auch im Sinne der Rechtsklarheit eine sachgerechte Lösung, die nach § 12 AsylVfG sowie § 80 Abs. 1 AufenthG geregelte verfahrensrechtliche Handlungsfähigkeit auf 18 Jahre heraufzusetzen"* (B-UMF 2007, S. 4).

Neben verfahrensrechtlichen Argumentationen können aus der fachlichen Perspektive der Jugendhilfe heraus Begründungen definiert werden, die sich auf Standards für die Aufnahme, das Clearingverfahren sowie die weitere Betreuung und Unterbringung beziehen lassen. In ausführlicher Form werden Standards und rechtliche Grundlagen vom Separated Children Programm in Europe und dem B-UMF formuliert (vgl. Separated Children in Europe/B-UMF 2007). Die Bundesregierung tritt im Nationalen Aktionsplan „Für ein kindergerechtes Deutschland 2005-2010" ebenfalls dafür ein, einheitliche Clearingverfahren mit altersgerechter Unterbringung anzustreben bzw. Handlungsleitlinien zur Inobhutnahme zu entwickeln.

## 2.3  Standards und Handlungsbedarfe

Für die Jugendhilfe werden im Hinblick auf ein strukturiertes Clearingverfahren im Rahmen der Inobhutnahme verschiedene Herausforderungen zentral. Auf das Clearingverfahren und damit verbundene Handlungsleitlinien, den Erstkontakt sowie die Aspekte, die mit der Inobhutnahme verbunden sind, und weitere Aspekte wird im Folgenden eingegangen.

### 2.3.1 Zum Clearingverfahren und der Inobhutnahme

Aufgrund der veränderten gesetzlichen Grundlage können Handlungsleitlinien für ein qualifiziertes Clearingverfahren bzw. zur Inobhutnahme gemäß § 42 SGB VIII entwickelt werden. „Das Jugendamt hat während der Inobhutnahme die Situation, die zur Inobhutnahme geführt hat, zusammen mit dem Kind oder dem Jugendlichen zu klären und Möglichkeiten der Hilfe und Unterstützung aufzuzeigen" (§ 42 SGB VIII, Abs. 2). Es bestehen zwar in einigen Bundesländern wie Hessen, Sachsen-Anhalt, Schleswig-Holstein und Nordrhein-Westfalen Erlasse oder Zuständigkeitsregelungen hinsichtlich der Unbegleiteten Minderjährigen, allerdings zeigt sich insgesamt ein eher heterogenes und sehr unterschiedliches Feld von Prozessen und Entwicklungen im Hinblick auf die Clearingverfahren in Deutschland.[14]

Der B-UMF entwickelte Handlungsleitlinien, die einerseits den rechtlichen Vorgaben entsprechen und andererseits das Kindeswohl berücksichtigen. Auf dieser Grundlage könnten bundesweite Standards für ein Clearingverfahren entwickelt werden (vgl. B-UMF 2009). Die Phase des Clearings bezieht sich auf die „verwaltungs- und sorgerechtlichen sowie organisatorischen Abläufe, die unmittelbar nach der Einreise eines UMF durchgeführt werden. Primäres Ziel des Clearingverfahrens ist die Klärung der Situation und der Perspektiven von Unbegleiteten Minderjährigen. Aufgrund dieser Aufgabenstellung dauert das Clearingverfahren deutlich länger als die Inobhutnahme" selbst (Riedelsheimer/Wiesinger 2004, S. 14).

Die Aufgaben des Clearingverfahrens beinhalten u.a. das Feststellen der Identität und des Alters, die Organisation der gesetzlichen Vertretung, die Suche nach Familienangehörigen, die Klärung der gesundheitlichen Lage, die Ermittlung des Erziehungsbedarfs, die Klärung des Aufenthaltsstatus und das Überprüfen von Möglichkeiten der Rückkehr oder einer Familienzusammenführung (vgl. ebd., S. 40).

Da die meisten Publikationen in diesem Bereich im Kontext von spezifischen Einrichtungen bzw. Clearinghäusern entstanden sind, wird demzufolge hinsichtlich der Unterbringung kleinere Einheiten mit Gruppen von ca. 10-15 UMF empfohlen (zu weiteren Anforderungen an Personal, den Stellenschlüssel, Qualifizierung, Qualitätsmanagement, Vernetzung und Dolmetschertätigkeiten vgl. ebd., S. 29ff. und S. 88ff.).

---

[14] Vgl. dazu auch Riedelsheimer 2010a sowie die Zusammenstellung in der Antwort auf die Große Anfrage (vgl. Deutscher Bundestag 2009, S. 32ff.).

Als Standards werden ferner formuliert, dass die jungen Flüchtlinge neben der asylrechtlichen Vertretung eine angemessene Betreuung, Unterbringung, Bildung, gesundheitliche Versorgung und Sprachangebote erhalten sollen (vgl. Separated Children Programme in Europe Programme/B-UMF 2006, S. 31). Von Seiten des Personensorgeberechtigten kann entsprechend der Antrag auf Hilfe zur Erziehung gestellt und an den Hilfeplangesprächen teilgenommen werden (vgl. Riedelsheimer/Wiesinger 2004, S. 49). Die Verpflichtung des Jugendamts als sozialpädagogische Fachbehörde wird auch bei der Betreuung der UMF unterstrichen: Das Jugendamt soll das Kind und den Jugendlichen in der Krisensituation beraten und eine „intensive pädagogische Hilfestellung" ermöglichen, um die Ursachen des Konflikts zu klären und Ansätze für eine Lösung zu entwickeln" (Wiesner 2006, S. 760). Dabei sollen zielgruppenspezifische sowie geschlechtsspezifische Anforderungen berücksichtigt werden (vgl. ebd., S. 761).[15]

Der durch die Jugendhilfe angelegte Hilfeprozess verschränkt sich mit dem Clearingprozess in der ersten Phase des Aufenthalts. Neben der Bestimmung des erzieherischen Bedarfs stehen im Clearingverfahren die folgenden Aspekte im Vordergrund:

---

[15] Zum Überblick zu der Situation der Vormundschaften in den Bundesländern vgl. Deutscher Bundestag 2009, S. 52ff.

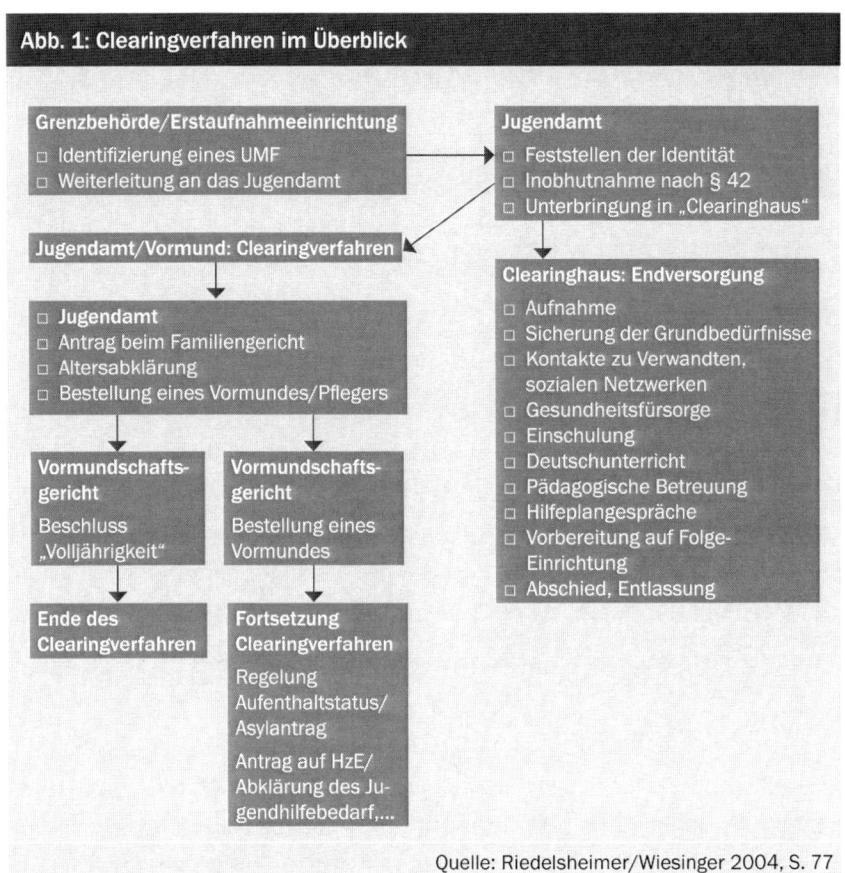

**Abb. 1: Clearingverfahren im Überblick**

**Grenzbehörde/Erstaufnahmeeinrichtung**
- Identifizierung eines UMF
- Weiterleitung an das Jugendamt

**Jugendamt**
- Feststellen der Identität
- Inobhutnahme nach § 42
- Unterbringung in „Clearinghaus"

**Jugendamt/Vormund: Clearingverfahren**

**Jugendamt**
- Antrag beim Familiengericht
- Altersabklärung
- Bestellung eines Vormundes/Pflegers

**Clearinghaus: Endversorgung**
- Aufnahme
- Sicherung der Grundbedürfnisse
- Kontakte zu Verwandten, sozialen Netzwerken
- Gesundheitsfürsorge
- Einschulung
- Deutschunterricht
- Pädagogische Betreuung
- Hilfeplangespräche
- Vorbereitung auf Folge-Einrichtung
- Abschied, Entlassung

**Vormundschafts-gericht**

Beschluss „Volljährigkeit"

**Vormundschafts-gericht**

Bestellung eines Vormundes

**Ende des Clearingverfahren**

**Fortsetzung Clearingverfahren**

Regelung Aufenthaltstatus/ Asylantrag

Antrag auf HzE/ Abklärung des Jugendhilfebedarf,...

Quelle: Riedelsheimer/Wiesinger 2004, S. 77

Im Clearingverfahren sollen die Orientierung am Kindeswohl sowie die Gewährleistung der Hilfen zur Erziehung für alle Kinder und Jugendlichen zentral sein (vgl. B-UMF 2009).

„Die Hilfeabklärung in Form eines ‚Schnellverfahrens', das vor allem bei 16-18-Jährigen Jugendlichen vorgenommen wird, entspricht nicht den fachlichen Anforderungen des SGB VIII. Falls kein Hilfebedarf festgestellt wurde und der über 16-Jährige Flüchtling in ein Verteilungsverfahren kommt, muss das für den neuen Aufenthaltsort zuständige Jugendamt informiert werden und einen persönlichen Kontakt zu dem Jugendlichen herstellen, um den weiteren Bedarf an Beratung oder Betreuung abzuklären." (ebd., S. 81)

Auch wenn ältere Jugendliche kein Interesse an der Art der Betreuung haben sollten, bleibt das Jugendamt zur Inobhutnahme und Vormundschaftsbestellung verpflichtet (vgl. Münder 2006, S. 557; Schwarz/Tamm 2010, S. 40). Jedoch existiert im SGB VIII eine Einschränkung für UMF, wenn diese nur geduldet bzw. ihren „gewöhnlichen Aufenthalt" in Deutschland haben. Bei UMF wird grundsätzlich von einem „gewöhnlichen Aufenthalt" ausgegangen, rechtsmäßig wird der Aufenthalt erst durch eine Aufenthaltsgestattung oder erlaubnis.

**Der Erstkontakt**

Die Phase des Erstkontakts umfasst den Zeitraum nach der Kontaktaufnahme des UMF mit einer Behörde oder Einrichtung. In diesem Zeitraum ist unverzüglich das Jugendamt zu verständigen und der Jugendliche – soweit vorhanden – in einer Clearingeinrichtung unterzubringen. Im Rahmen des Erstkontakts ergibt sich die Möglichkeit, nach einem aufenthaltsrechtlichen Clearing einen Asylantrag zu stellen. Darüber hinaus sollte ein Setting ermöglicht werden, das den besonderen Hilfebedürfnissen der jungen Menschen gerecht wird.

Der Erstkontakt ist für den jungen Menschen eine sehr komplexe Situation. Er wird mit unterschiedlichen Menschen, deren Funktionen für ihn zunächst nicht unterscheidbar sind, konfrontiert. Er wird zwar mit Informationen versorgt, aber aufgrund der Belastungssituation bleibt in dieser Phase offen, welches Maß an Informationen zu Beginn des Erstkontakts von den jungen Menschen aufgenommen und verarbeitet werden kann.

Insofern erscheint es auch aus fachlicher Sicht notwendig, an dem Ort des Erstkontakts eine entsprechende Atmosphäre des Willkommenseins herzustellen. Darüber hinaus sollte das Erstkontakt-Gespräch nicht ein „Standardtreffen" von ca. einer Stunde sein, sondern Zeiträume eröffnen, die Raum für Nachfragen, das Wiederholen von Informationen und damit eine fachlich fundierte Beratung ermöglichen. Zeitliche Restriktionen oder Zwänge sollten in der Phase des Erstkontakts möglichst zurückgestellt werden können. Dies gilt insbesondere für diejenigen UMF, die nicht in Einrichtungen der Jugendhilfe untergebracht werden, sondern in Erstaufnahmeeinrichtungen verbleiben müssen (vgl. dazu auch Riedelsheimer/Wiesinger 2004, S. 16).

Die hier aufgegriffenen Empfehlungen zur Erstversorgung beziehen sich auf die Unterbringung in einer spezifischen Einrichtung, in der die Belegung der Zimmer etc. entsprechend geplant wird (ebd.). Insofern werden Ziele der Betreuung dahingehend formuliert, einen Zufluchtsort und Schutzraum zu gestalten, der den Kindern und Jugendlichen „Ruhe, Geborgenheit und Sicherheit" gibt und durch den Aufbau von Alltagsstrukturen und verlässlichen Beziehungen einen Rahmen zur Verfügung stellt (vgl. ebd., S. 19). Pädagogische Ziele lassen sich vor dem Hintergrund eines ressourcenorientierten Blicks formulieren, der auf eine selbstständige Alltagsbewältigung gerichtet ist. Durch verschiedene Angebote kann bereits in der Phase des Erstkontakts darüber hinaus versucht werden, die erlebten Belastungen zu verarbeiten.

**Die Inobhutnahme**

Die Inobhutnahme wird durch das zuständige Jugendamt durchgeführt. Das SGB VIII definiert die Inobhutnahme als „die Befugnis, ein Kind oder einen Jugendlichen bei einer geeigneten Person, in einer geeigneten Einrichtung oder in einer sonstigen Wohnform vorläufig unterzubringen" (§ 42 SGB VIII). Absatz 2 regelt das weitere Vorgehen:

*„Das Jugendamt hat während der Inobhutnahme die Situation, die zur Inobhutnahme geführt hat, zusammen mit dem Kind oder dem Jugendlichen zu klären und Möglichkeiten der Hilfe und Unterstützung aufzuzeigen.*

*Dem Kind oder dem Jugendlichen ist unverzüglich Gelegenheit zu geben, eine Person seines Vertrauens zu benachrichtigen.*

*Das Jugendamt hat während der Inobhutnahme für das Wohl des Kindes oder des Jugendlichen zu sorgen und dabei den notwendigen Unterhalt und die Krankenhilfe sicherzustellen.*

*Das Jugendamt ist während der Inobhutnahme berechtigt, alle Rechtshandlungen vorzunehmen, die zum Wohl des Kindes oder Jugendlichen notwen-*

*dig sind; der mutmaßliche Wille der Personensorge- oder der Erziehungsbe-*
*rechtigten ist dabei angemessen zu berücksichtigen" (§ 42 SGB VIII, Abs. 2).*

*"Widersprechen die Personensorgeberechtigten der Inobhutnahme nicht, so*
*ist unverzüglich ein Hilfeplanverfahren zur Gewährung einer Hilfe einzulei-*
*ten" (§ 42 SGB VIII, Abs. 3).*

Der Inhalt der Inobhutnahme bezieht sich auf die Herausnahme des Kindes aus der für sein Wohl gefährdenden Situation und umfasst damit eine
sozialpädagogische Krisenintervention. Eine „sozialpädagogische Klärungshilfe" in dieser Phase ist demnach strukturell angelegt (vgl. Münder 2006,
S. 558ff.). Zugleich stellt die Inobhutnahme über die Krisenintervention
hinaus den Einstieg in einen Hilfeplanungsprozess dar (vgl. § 42 SGB VIII,
Satz 1, Abs. 2). Beide Aspekte können insbesondere in Clearingstellen organisatorisch, strukturell und fachlich gebündelt werden (vgl. Münder 2006,
S. 562). Der erste Schritt der Situationsklärung und der damit verbundenen
Auswahl der Hilfe muss auch bei UMF angewendet werden. Die Beteiligung
des Jugendamtes beim Clearingverfahren ist damit gegeben. Das Jugendamt verfügt über die entsprechenden Kompetenzen, um den pädagogischen,
psychologischen oder medizinischen[16] Hilfebedarf, den schulischen Förderbedarf und die Klärung der elterlichen Sorge mit zu eruieren. Insofern ist es
notwendig – da es eine relativ neue Regelung ist – mit den verantwortlichen
Akteuren gemeinsame Qualitätsstandards zu entwickeln, um der neuen Situation angemessen Rechnung zu tragen.

Das Erkennen von Traumatisierungen und Posttraumatischen Belastungs-
störungen stellt auch im Rahmen der Inobhutnahme eine Herausforderung
dar.[17] Hierfür sind spezifische Qualifizierungen des Personals vorzusehen, um
das Erkennen – mithilfe psychotraumatologischer Hilfe durch Psychologen –
und den Umgang in einem nicht-therapeutischen Setting zu bearbeiten. Um

---

[16] Zur medizinischen Untersuchung vgl. Riedelsheimer/Wiesinger 2004, S. 17f.
[17] Auf die Entstehung des Traumas, die Breite der psychologischen Erklärungsansätze und Symptome
kann hier nicht weiter eingegangen werden. Im Kontext der Flüchtlingsarbeit entwickelte sich eine
differenzierte Forschungslage, auf die ebenso wie auf allgemeine Erkenntnisse aus der Traumabe-
handlung verwiesen werden kann, vgl. dazu Beiträge in Dieckhoff 2010; Bräutigam 2000; Butollo et al
2003; Endres/Biermann 1998; Sachsse et al 2002; Schikorra 2004; Zito 2009; aus Sicht der Jugendhilfe insbesondere Schauder 1995 und Weiß 2004.

den Verletzungen in der Persönlichkeitsstruktur aus sozialpädagogischer Sicht etwas entgegensetzen zu können, helfen Schutzfaktoren zur Bewältigung der Erlebnisse wie z. B. Stabilität, Geborgenheit, Alltagsnormalisierung, Bezugspersonen, Zugang zu sozialen Netzwerken und Bildung sowie der Bezug auf kulturell-definierte Heilungsprozesse und Traditionen (vgl. Riedelsheimer/Wiesinger 2004, S. 58).[18]

*„Da die Praxis zeigt, dass Jugendliche sich oft erst nach Bildung eines Vertrauensverhältnisses gegenüber ihren Betreuern öffnen können, muss gewährleistet sein, dass die entsprechende Behandlung auch dann gesichert ist, wenn eine solche Hilfsbedürftigkeit zu einem späteren Zeitpunkt festgestellt wird." (ebd.)*

Die Unterbringung der Unbegleiteten Minderjährigen sollte in „geeigneten Einrichtungen", die §§ 45-48a SGB VIII entsprechen, erfolgen und liegt damit in der Zuständigkeit des Jugendamtes und damit der Heimaufsicht. Dies trifft z. B. auf Erstaufnahmeeinrichtungen nicht zu:

*„Entspricht die Unterbringung in der Aufnahmeeinrichtung also nicht den Standards der Jugendhilfe, so müssen die Kinder und Jugendlichen anderweitig untergebracht werden, auch dann, wenn die Jugendlichen selber den Wunsch äußern, dort bleiben zu wollen" (Schwarz/Tamm 2010, S. 41; Wiesner 2006, S. 757).[19]*

### 2.3.2 Altersfestsetzung

Da die Kinder und Jugendlichen im Rahmen ihrer Flucht häufig ohne entsprechende Ausweis- oder Personenstandsunterlagen ankommen, können sie ihr Alter im Ankunftsland nicht nachweisen. Der Bestimmung des Alters kommt aber eine bedeutsame Rolle zu, da sie für die jungen Menschen

---

[18] Dies würde eine erforderliche medizinische und psychotherapeutische Behandlung miteinbeziehen, die für UMF vom Jugendamt über den § 40 SGB VIII übernommen werden kann.

[19] Wiesner weist darauf hin, dass die Kollision aus Wohnpflicht in der Aufnahmeeinrichtung und Inobhutnahme schon daher entsteht, dass das Asylbegehren die Rechtsfolgen des Asylverfahrensgesetzes auslöst und eine verfahrensrechtliche Einleitung der Inobhutnahme fehlt. Er schlägt vor, dass die Ausländerbehörde unverzüglich über die Aufnahme eines Jugendlichen informiert und das Jugendamt dadurch in die Lage versetzt, den erzieherischen Bedarf zu prüfen. Bleibt der Jugendliche nach der Prüfung in der Aufnahmeeinrichtung, müsse diese aber den Standards entsprechen, die für Inobhutnahmeeinrichtungen vorliegen (vgl. Wiesner 2005, S. 757).

asylrechtliche Konsequenzen für das Verfahren sowie die weitere Unterbringung und Betreuung nach sich zieht. Insofern ist dieses „Nadelöhr" ein sehr zentraler Moment in der Aufnahme der Unbegleiteten Minderjährigen, obwohl die Feststellung nur ein „Näherungswert" darstellen kann (vgl. Mohnike 2009; Rudolph 2009; Riedelsheimer/Wiesinger 2004, S. 43). Es existieren keine verlässlichen Verfahren, das Alter eines Menschen medizinisch festzustellen (Separated Children in Europe Programme/B-UMF 2006, S. 32), das gerade in der späten Phase der Pubertät aufgrund des äußeren Erscheinungsbilds stark variieren kann (Riedelsheimer/Wiesinger 2004, S. 43). Die europäische Verfahrensrichtlinie weist darauf hin, dass Untersuchungen zwar zulässig sind, aber der Einwilligung des Minderjährigen bedürfen (vgl. B-UMF 2007, S. 5). Das Röntgen von Handwurzelknochen wird sehr kritisch bewertet, in Deutschland überwiegen in den einzelnen Bundesländern die Inaugenscheinnahmen. Sogar der Deutsche Ärztetag sprach sich im Jahr 2007 gegen die Röntgenuntersuchung aus, da einerseits keine medizinische Indikation vorliege und daher die Gefahren zu groß und andererseits die Ergebnisse höchst umstritten seien (vgl. Deutscher Ärztetag 2007, S. 80). Darüber hinaus fordert der B-UMF, ein geregeltes und fachgerechtes Verfahren zu entwickeln, das auch die Möglichkeiten einer Anfechtung beinhaltet. Bleibe ein solches Verfahren ohne gesichertes Ergebnis, wird für die Verankerung des Verfahrens an den Vormundschaftsgerichten votiert. Ein weiterer Aspekt ist die Hinzuziehung von Kinderärzten, die mit dem „ethnischen Hintergrund des Kindes" vertraut sind (vgl. Riedelsheimer/Wiesinger 2004, S. 43). Rudolf weist darauf hin, dass eine Altersbestimmung im Asylverfahren durch explorative Gespräche über einen länger andauernden Zeitraum von Kinder- und Jugendpsychiatern vorgenommen werden sollte (vgl. Rudolf 2009). Kritisch werden Inaugenscheinnahmen bewertet, an denen die Ausländerbehörde teilnimmt, da ausländerrechtliche Argumentationen den Blick auf das Kindeswohl erschweren können. Gleichwohl sei die Altersfestsetzung durch die Ausländerbehörde für das Jugendamt nicht bindend (vgl. Schwarz/Tamm 2010, S. 41).

Für die Altersfestsetzung wird durch den § 12 AsylVfG und der damit verbundenen Asylmündigkeit ab 16 Jahren neben der Altersgrenze der Minderjährigkeit eine weitere bedeutsame Altersgrenze eingeführt. In den Bundesländern bestehen darüber hinaus bislang unterschiedliche Verfahren der
Anschlussbetreuung von Jugendlichen über 16 Jahren.

Darüber hinaus liegen keine Erkenntnisse vor, bei wie vielen Flüchtlinge ein
Alter festgesetzt wurde, das im Laufe des Verfahrens durch die Vorlage von
Personenstandspapiere korrigiert werden musste. Diese Veränderung der Altersfeststellung kann auch junge Flüchtlinge betreffen, deren Alter z. B. als
über 18 Jahre festgestellt wurde, sie damit nicht als UMF in das Asylverfahren einbezogen wurden und deren Alter nachträglich nach unten korrigiert
werden musste (vgl. dazu auch Peter 2008, S. 37).

Riedelsheimer weist darauf hin, dass keine verlässliche Datenlage existiert,
auf deren Grundlage man die Prozesse der Altersfestsetzung nachvollzie-
hen kann. Fernab der quantitativen Einschätzung stellt die Altersfestsetzung einen sehr emotional aufgeladenen Themenbereich dar, in dem über
„die Wahrheit" der Angaben des jungen Menschen verhandelt wird und sich
die Akteure gegenseitig der Fehlangaben und Falscheinschätzungen be-
zichtigen. Die Motive der Flüchtlinge, ungenaue Altersangaben zu tätigen,
können dabei sehr heterogen sein. Zugleich können auch die Motive und
Begründung des verantwortlichen Fachpersonals für oder gegen eine Alters-
festlegung sehr unterschiedlich sein. Die Einschätzungen, inwieweit sich für
junge Flüchtlinge Vorteile ergeben, sich jünger auszugeben, sind umstritten.
Riedelsheimer zeigt auf, dass sich keine ersichtlichen Vorteile für ältere
Flüchtlinge ergeben, sich jünger auszugeben als sie vermeintlich sind.[20] Vor
diesem Hintergrund einer komplexen Situation wird eine Qualifizierung der
verantwortlichen Fachkräfte als notwendig angesehen. Um das Verfahren
möglichst präzise und formal zu begleiten, wird eine Anbindung an die Vormundschaftsgerichte empfohlen, um z. B. eine Anhörung des Betroffenen

---

[20] Ein exemplarischer Vorteil ergibt sich zum Beispiel in der Hinsicht, dass junge Asylsuchende unter
18 Jahren in dem jeweiligen Bundesland verbleiben und nicht nach der Kostenverteilung der Länder
weiterverteilt werden.

und von Gutachtern zu ermöglichen (vgl. Riedelsheimer 2010b). Allerdings zeigt der Überblick über die Verfahren der Altersfeststellung in den Bundesländern, dass die Gerichte derzeit eher nicht an dem Verfahren beteiligt sind und somit auf die Feststellung der Ausländerbehörde bzw. des Jugendamts zurückgegriffen wird (vgl. weiterführend Deutscher Bundestag 2009, S. 28f.; Zusammenstellung des BUMF, http://www.b-umf.de/images/stories/dokumente/altersfestsetzung-groe-anfrage-2009.pdf).

### 2.3.3 Vormundschaften

Die Frage der Vormundschaften[21] ist für die Jugendämter insgesamt eine Herausforderung und bedarf auch für die Zielgruppe der UMF entsprechender Qualitätsstandards.[22] Für die UMF müssen Vormundschaften unverzüglich bestellt werden und aufgrund richterlicher Anordnung durch das Vormundschaftsgericht eingerichtet werden. Sie können als Einzel-, Amts- oder Vereinsvormundschaft geführt werden. Neben den häufig beim Jugendamt verbleibenden Amtsvormundschaften nimmt die Vernetzungsstruktur mit privaten Vormundschaftsvereinen o.ä. eine große Bedeutung ein, um das rechtliche Prozedere möglichst schnell umsetzen zu können. Die Praxis der Amtsvormundschaften wird insgesamt in den Fachdebatten kritisch gesehen. Der Vormund als gesetzlicher Vertreter des Mündels wird dann durch das Familiengericht bestellt bzw. an das Jugendamt übertragen (vgl. BGB 1791b). „Amtsvormünder sind aufgrund der Vielzahl der Mündel (...) häufig überfordert, einem Mündel die sehr umfassende elterliche Sorge zukommen zu lassen." (Riedelsheimer/Wiesinger 2004, S. 47) Ferner liegen im Kontext der Vormundschaften zumeist keine spezifischen Kenntnisse der Situation von UMF vor. Darüber hinaus können auch „unabweisbare Interessenkollisionen" (Münder 2006, S. 563) zwischen dem Amtsvormund und anderen dienstlichen Bestimmungen entstehen (vgl. ebd.), die die Gestaltung der

---

[21] Die Voraussetzungen für eine Vormundschaft regelt das BGB im § 1773: „1. Ein Minderjähriger erhält einen Vormund, wenn er nicht unter elterlicher Sorge steht oder wenn die Eltern weder in den die Person noch in den das Vermögen betreffenden Angelegenheiten zur Vertretung des Minderjährigen berechtigt sind. 2. Ein Minderjähriger erhält einen Vormund auch dann, wenn sein Familienstand nicht zu ermitteln ist" (BGB).

[22] Vgl. beispielhaft die Neuorganisation der Amtsvormundschaften beim Stadtjugendamt Mannheim (Bühlmeier 2003).

Vormundschaft erschweren. In der Literatur wird sich vor diesem Hintergrund überwiegend für Einzelvormundschaften ausgesprochen, um auf diese Weise der spezifischen Situation der Unbegleiteten Minderjährigen Flüchtlinge Rechnung zu tragen. In der Debatte wird kontinuierlich darauf verwiesen, dass insbesondere Einzelvormünder zu zentralen Unterstützungspersonen für Unbegleitete Minderjährige werden können: „Er ist darüber hinaus eine Person, bei der alle Fäden zusammen laufen und die immer im Blick hat, wo der junge Mensch gerade steht und was als nächstes zu tun ist" (Meißner 2010, S. 62). Eine weitere Schwierigkeit entsteht dadurch, dass Vormünder in der Praxis häufig nicht zeitnah bestellt werden (können). Dadurch können die Vormünder den Minderjährigen im Hinblick auf ein aufenthaltsrechtliches Clearing nicht beraten, da der Asylantrag dann meist bereits gestellt ist, ohne dass vorab andere Möglichkeiten überprüft wurden (vgl. Lange 2009).[23]

Die Vormundschaft muss in wenigen Tagen bestellt werden, andernfalls erlischt der Kostenerstattungsanspruch gegenüber dem überörtlichen Träger (vgl. Wiesner 2006, S. 769).

### 2.3.4 Hilfeplanverfahren

§ 42 SGB VIII weist auf die unverzügliche Einleitung eines Hilfeplanverfahrens hin. Dies muss auch für Unbegleitete Minderjährige umgesetzt werden, denn die Inobhutnahme beschränkt sich nicht ausschließlich auf die akute Notversorgung, sondern impliziert eine Clearingfunktion für die Anschlusshilfe (vgl. Wiesner 2006, S. 766). Spezifische Clearinghäuser bieten dafür die entsprechenden Rahmenbedingungen, ebenso wie Einrichtungen der Jugendhilfe. Das Leitziel ist hier entsprechend § 1 SGB VIII: „Jeder junge Mensch hat ein Recht auf Förderung seiner Entwicklung und auf Erziehung zu einer eigenverantwortlichen und gemeinschaftsfähigen Persönlichkeit". Am Anfang steht idealtypisch ein Anamnesegespräch, um den individuellen Entwicklungsstand zu diagnostizieren. Dabei werden die familiären Verhältnisse und der Bildungshintergrund des jungen Menschen, seine Ausbildungs-, Berufs- und Zukunftswünsche, seine Gesundheitsentwicklung, ebenso wie die Rekonst-

---

[23] Vgl. weiterführend zur Qualitätssicherung in den Vormundschaften aus der Perspektive der Jugendhilfe Rüting 2009.

ruktion der Fluchtgeschichte berücksichtigt (Riedelsheimer/Wiesinger 2004, S. 51; Anamnesebogen im Anhang).[24] Indikatoren, die grundsätzlich für einen erzieherischen Bedarf dieser spezifischen Zielgruppe unterstellt werden können, sind z. B. Schutzlosigkeit, Verlust der Eltern und Herkunftsfamilie, Abbruch des schulischen und beruflichen Zusammenhangs, Unkenntnis der Umgebung, Lebensweise und Sprache, Fluchttrauma und Gewalterfahrungen, Fehlen neuer Handlungskompetenzen und einer realistischen Lebensplanung sowie der noch nicht abgeschlossene Reifeprozess (ebd.). Ein weiterer Hilfe- und Förderbedarf kann bei UMF grundsätzlich angenommen werden, da die Kinder und Jugendlichen dem Vormund meist nicht übergeben werden können. Traumatische Erfahrungen können ebenfalls einen Hilfebedarf begründen (vgl. Schwarz/Tamm 2010, S. 40).

Wie in anderen Erstgesprächen auch, bedarf die „Befragung" einer vertrauensvollen Situation, die sich in mehreren Schritten entfalten kann. Weitere Beobachtungen im Alltag können zu einer vertieften Einschätzung über den erzieherischen Bedarf herangezogen werden. Dieser wird dann im Rahmen der Hilfeplanung festgehalten und durch entsprechende Ziele konkretisiert. Dabei sollten die spezifischen Bedarfslagen von jungen Flüchtlingen berücksichtigt und die passgenaue Hilfe aus dem Leistungsspektrum der Jugendhilfe gewährt werden. Im Rahmen von Hilfeplanprozessen können Belastungen aufgegriffen werden, um auf dieser Grundlage Erziehungsziele zu entwickeln. Bei vorliegenden Traumatisierungen kann im Hilfeprozess eine Weiterleitung an entsprechende Beratungseinrichtungen eingeleitet werden (vgl. Riedelsheimer/Wiesinger 2004, S. 23).

Das Clearingverfahren endet mit der Bearbeitung der jeweiligen Aspekte. Das bedeutet, dass sich nach dem Clearing unterschiedliche Szenarien ergeben können: Der UMF bleibt in einer Jugendhilfeeinrichtung oder erhält Leistungen der Jugendhilfe (Vollzeitpflege, Jugendwohnen etc.), der UMF wird bei Familienangehörigen untergebracht, der UMF wechselt in die Unterbringung

---

[24] Wiesner weist auf die Schwierigkeit der Zuständigkeit hin: Mit der Anschlusshilfe wechselt oftmals die örtliche Zuständigkeit, so dass eine frühzeitige Kooperation der jeweiligen Ämter hilfreich erscheint, um Konflikte um die Auseinandersetzung des beschlossenen Hilfeplans zu vermeiden und zu einer einvernehmlichen Lösung zu kommen (vgl. Wiesner 2006, S. 767).

für erwachsene Asylsuchende, wenn kein Hilfebedarf festgestellt wird, der UMF wird in das Herkunftsland zurückgeführt oder der UMF „verschwindet" aus den Einrichtungen (Entweichung).

Die Leistungen des Asylbewerberleistungsgesetzes sind gegenüber den Leistungen der Jugendhilfe nachrangig (vgl. § 9, Abs. 2 AsylbLG; Voigt 2010, S. 50). Für die örtlichen Jugendhilfeträger ist ein Kostenerstattungsverfahren nach § 89d SGB VIII vorgesehen. Wird die Einreise des UMF innerhalb der entsprechenden Frist gemeldet, ist eine Kostenerstattung möglich und wird vom überörtlichen Träger übernommen.

### 2.3.5 Herausforderungen

Die Änderung des § 42 SGB VIII liegt zum Zeitpunkt der Berichtserstellung fünf Jahre zurück, so dass sich die Frage nach dem Stand der Umsetzung in der Praxis insgesamt stellt. Die idealtypischen Vorgaben und Handlungsempfehlungen bilden die Praxis insofern nur bedingt ab, als in den Bundesländern sehr unterschiedliche Modelle und Konzepte zur Unterbringung und Betreuung der UMF vorliegen (vgl. Antwort der Bundesregierung auf die Große Anfrage von Bündnis 90/Die Grünen; Deutscher Bundestag 2008). Die heterogene Praxis zeigt auch, dass die Vorgaben des § 42 SGB VIII aufgrund des Spannungsfelds von asyl- und ausländerrechtlichen und jugendhilferechtlichen Regelungen nur unzureichend bearbeitet sind und nicht alle UMF in Deutschland ein systematisches Clearingverfahren durchlaufen. Da der Begriff des **Kindeswohls** – der den gemeinsamen Nenner von Ausländergesetzgebung und Jugendhilfe darstellt – nicht abschließend definiert, sondern nur individuell bestimmt werden kann, ist es Aufgabe der Jugendhilfe, auf ihren fachlichen Grundlagen den Begriff „auch bei Maßnahmen im Aufenthaltsrecht mit Leben zu füllen und gegenüber der Ausländerbehörde zu vertreten" (Schwarz/Tamm 2010, S. 43). Schwarz/Tamm zeigen auf, dass die Jugendhilfe z. B. aufenthaltsbeendende Maßnahmen als kindeswohlgefährdend einschätzen kann und den Unbegleiteten Minderjährigen erneut Inobhut nehmen kann (ebd., S. 44). Insofern wird eine **Kooperation** der beiden Bereiche umso notwendiger, damit eine am Kindeswohl orientierte Lösung zustande kommen kann.

Auch wenn alle alleinreisenden Jugendlichen bis 18 Jahren nach dem Inkrafttreten des Kinder- und Jugendhilfeweiterentwicklungsgesetzes (KICK) einer Inobhutnahme zugeführt werden sollten, verteilen einige Bundesländer die Gruppe der 16-17-Jährigen nach dem bundesweiten **Verteilungssystem** EASY (Erstverteilung von Asylbewerbern).[25]

*„Die zentrale Frage, ob eine EASY- bzw. VilA-Verteilung[26] nach dem Inkrafttreten des KICK noch legitim ist, wurde mehrfach von den Ländern diskutiert. Entscheidend dafür, dass eine Einigung noch aussteht, sind vor allem die Kosten, die mit der Aufnahme, Unterbringung und Versorgung von UM verbunden sind." (BAMF 2009, S. 34f.)*

Wenn minderjährige Asylsuchende in Gemeinschaftsunterkünften untergebracht sind, unterliegen sie meist dem Asylbewerberleistungsgesetz und sind damit den Sachleistungen, die mindestens 25 % unter dem SGB VIII liegen, ausgesetzt und erhalten ein Taschengeld von 40,90€ im Monat (vgl. BAMF 2009, S. 56).

## 2.4  Zur sozialen Situation von UMF

Die **asyl- und aufenthaltsrechtlichen Bedingungen** führen im Hinblick auf die soziale Situation der UMF zu Einschränkungen und Belastungen in der Gestaltung der Lebenswelt der jungen Menschen. In der Phase der Erstversorgung steht der Spracherwerb im Vordergrund. Im Rahmen der Jugendhilfe finden meistens Sprachförderangebote statt oder werden durch andere Akteure flankierend angeboten. Der Zugang zu den Integrationskursen steht den UMF jedoch nicht grundsätzlich offen:

*„Gemäß § 44 Abs. 3 Nr. 1 AufenthG besteht bei Kindern, Jugendlichen und jungen Erwachsenen, die eine schulische Ausbildung aufnehmen oder eine frühere Schullaufbahn in der Bundesrepublik fortsetzen, grundsätzlich kein*

---

[25] In Rheinland-Pfalz werden keine Minderjährigen auf andere Bundesländer verteilt. Die in Rheinland-Pfalz aufgenommen UMF werden von der formalen Zuständigkeit her nach einer ca. 2-3 monatigen Aufenthaltszeit in der Aufnahmeeinrichtung für Asylbegehrende (AfA) in Trier auf die Städte und Kommunen in Rheinland-Pfalz „verteilt", auch wenn sie sich de facto in einer Jugendhilfeeinrichtung aufhalten.

[26] VilA ist die Abkürzung für das EDV-System zur Verteilung unerlaubt eingereister Ausländer.

*Anspruch auf Teilnahme an den Sprachkursen, die im Rahmen der Integrationskurse des Aufenthaltsgesetzes angeboten werden. Nach § 44 Abs. 4 AufenthG können unbegleitete Minderjährige jedoch auf Antrag zugelassen werden, wenn Kursplätze verfügbar sind"* (BAMF 2009, S. 59).

Insofern stellt für jüngere Flüchtlinge neben Angeboten der Sprachförderung die Integration in die Regelschulen ein zentrales Ziel dar. Inwieweit das Ziel schnell erreicht werden kann, hängt von den jeweiligen Bedingungen vor Ort und der Zusammenarbeit mit schulischen Akteuren ab. Die jungen Flüchtlinge haben zum Beispiel nicht in allen Bundesländern Zugang zur **Schulausbildung**.[27]

Die Aufnahme von regulären Ausbildungsverhältnissen im Anschluss an einen Schulbesuch wird durch den ungesicherten aufenthaltsrechtliche Status erschwert, da in der Regel eine Arbeitserlaubnis vorausgesetzt wird. Sofern die UMF als verfahrensfähig betrachtet werden (ab 16 Jahren), unterliegen sie dem regulären Asylverfahren. Demzufolge kann einer Beschäftigung nach einem Jahr Wartezeit zugestimmt werden, wenn die Agentur für Arbeit feststellt, dass keine bevorrechtigen Bewerber (deutsche Staatsangehörige und EU-Bürger) zur Verfügung stehen. Ausnahmen existieren im Hinblick auf Härtefalle und in Bezug auf traumatisierte Flüchtlingen, da in diesem Kontext keine Vorrangprüfung durchgeführt werden muss.

Die Situation für Unbegleitete Minderjährige Flüchtlinge bzw. die Praxis in Rheinland-Pfalz zeigt, dass im Rahmen der Betreuung in der Jugendhilfe Zugänge zu Ausbildungsmöglichkeiten besser eröffnet werden können. Wenn ein Jugendhilfeträger eigene Ausbildungsbetriebe unterhält, können die UMF mit einer Aufenthaltsgestattung im Rahmen dieser überbetrieblichen und geschützten Ausbildung beschäftigt werden. Ferner können die Jugendhilfeeinrichtungen die Jugendlichen bei einer Ausbildungsplatzsuche unterstützen.

---

[27] Mittlerweile sieht nur noch Baden-Württemberg keine Schulpflicht, sondern nur das Recht auf Schulbesuch vor, vgl. http://www.b-umf.de/images/stories/dokumente/positionspapier-bumf-2007.pdf. In Rheinland-Pfalz existiert eine Schulpflicht für Asylsuchende, für Kinder in Erstaufnahmeeinrichtung besteht ein Schulbesuchsrecht (vgl. Rheinland-Pfalz 2005).

Es besteht unabhängig von der komplexen Rechtslage insofern ein Konsens unter den Akteuren, dass den UMF die Möglichkeit zur Ausbildung gegeben werden kann.

Geduldete Flüchtlinge unterliegen den gleichen Regelungen, allerdings finden sich hier Ausnahmen von der Arbeitsmarktprüfung für eine „betriebliche Berufsausbildung in einem staatlich anerkannten oder vergleichbaren Ausbildungsbetrieb" sowie ein Anspruch auf eine Arbeitserlaubnis nach vier Jahren (vgl. ebd., S. 55).[28] Der Zugang zur Ausbildungsförderung ist für geduldete Flüchtling erleichtert: Sie können einen Anspruch geltend machen, wenn sie sich mindestens vier Jahre in Deutschland aufhalten (vgl. ebd., S. 58). Ausgeschlossen davon sind jedoch außerbetriebliche Berufsausbildungen und berufsvorbereitende Maßnahmen.[29]

Durch das Zuwanderungsgesetz sollte die Möglichkeit geschaffen werden, dass Kinder und Heranwachsende mit humanitärem Aufenthaltsrecht von den Verfestigungsregelungen des § 35 Aufenthaltsgesetzes profitieren und ein unbefristetes Aufenthaltsrecht erlangen. Dies bedeutet, dass die Voraussetzungen aufgrund ihres Alters herabgestuft werden (60 Monate Beiträge zu Pflicht- bzw. Rentenversicherung, Sicherung des Lebensunterhalts). In der Praxis wird dies leider recht „unterschiedlich" ausgelegt, wie der 7. Bericht der Beauftragen für Migration, Flüchtlinge und Integration aufzeigt. Die Beauftragte fordert, dass Kinder und Jugendliche nicht die gleichen Voraussetzungen erfüllen müssen, um eine Niederlassungserlaubnis zu erhalten (vgl. Beauftragte der Bundesregierung für Migration, Flüchtlinge und Integration 2007, S. 149f.).

Hinsichtlich eines Bleiberechts für UMF wird nach der IMK-Regelung vom November 2006 für UMF keine bestimmte Voraufenthaltsdauer vorausgesetzt (vgl. Rundschreiben des ISM vom 17.03.2007, S. 9).

---

[28] Im Status der Duldung kann jedoch auch ein absolutes Arbeitsverbot verhängt werden, wenn zum Sozialhilfebezug eingereist wird oder ein „selbstverschuldetes Abschiebehindernis" festgestellt wird. Für weitere Regelungen vgl. Voigt 2010.

[29] Weiterführend zu den Neuregelungen im Arbeitsmigrationssteuerungsgesetz vgl. Pelzer 2009.

*„Volljährige unverheiratete Kinder, die bei ihrer Einreise noch minderjährig gewesen sind und bei denen gewährleistet ist, dass sie auf Grund ihrer bisherigen Ausbildung und Lebensverhältnisse dauerhaft integriert werden, kön nen unabhängig von ihren Eltern eine Aufenthaltserlaubnis erhalten. Eine vorübergehende Inanspruchnahme von Sozialleistungen ist unschädlich. Die Regelung findet auch Anwendung auf volljährige unverheiratete Kinder, die als unbegleitete Minderjährige eingereist sind."* (ebd.)

Nach der gesetzlichen Regelung reichen für UMF sechs Jahre aus, um ein Bleiberecht zu erlangen. Im Schreiben des Ministerium des Innern und für Sport vom 26.10.2007 (Anwendungshinweise zur gesetzlichen Altfallregelung der § 104a und 104b) wird erläutert:

*„§ 104a Abs. 2 Satz 2 AufenthG gewährt minderjährigen oder erwachsenen Ausländern ein Aufenthaltsrecht, die als unbegleitete Minderjährige ins Bundesgebiet eingereist sind, wenn sie sich mindestens seit dem 1. Juli 2001 als unbegleitete Minderjährige dort aufgehalten haben und eine positive Integrationsprognose vorliegt."* (Anwendungshinweise, S. 11)

In Bezug auf die geforderte Integrationsprognose und die vorübergehende Hinnahme von Sozialleistungen ist es unschädlich, ob Schule, Ausbildung oder Studium begonnen wurden, wenn davon ausgegangen wird, dass deren Ziele erreicht werden (vgl. ebd., S. 10f.).

Bedeutsam bei der Frage des Bleiberechtes für Unbegleitete Minderjährige ist vor diesem Hintergrund die Ermessensentscheidung der Ausländerbehörde, die in der Praxis je unterschiedlich ausfallen kann.

Befinden sich Unbegleitete Minderjährige in Asylunterkünften, erhalten sie Sozialleistungen nach dem Asylbewerberleistungsgesetz – vorausgesetzt, sie werden nicht im Rahmen der Inobhutnahme in der Jugendhilfe betreut. Die Unbegleiteten Minderjährigen, die in Jugendhilfeeinrichtung betreut werden, erhalten Leistungen nach dem Jugendhilfegesetz – auch über das 18. Lebensjahr hinaus.

Das Asylbewerberleistungsgesetz sieht Sachleistungen oder einen Betrag vor, der bis zu 35 % unter dem Regelsatz nach SGB XII liegt. Jungen Flüchtlingen steht damit nur ein geringer Betrag zum Leben zur Verfügung, darüber hinaus erhalten junge Flüchtlinge nur bei akuten Erkrankungen eine medizinische Versorgung. Vor diesem Hintergrund fordern Flüchtlingsverbände, den jungen Flüchtlingen den Zugang zu den allgemeinen Regelleistungen zu ermöglichen, um ihre Gesundheit und Entwicklung zu garantieren.

Unbegleiteten Minderjährigen wird neben den statusrechtlichen Unsicherheiten eine besondere Schutzbedürftigkeit zugeschrieben. Allein die Definition „UMF"umschreibt mehrere **Belastungsfaktoren** der Kinder und Jugendlichen:

(1)     Die Kinder und Jugendlichen waren mit hoher Wahrscheinlichkeit in ihrem Herkunftsland belastenden Erfahrungen ausgesetzt, sie waren möglicherweise in irgendeiner Form in Krisengebieten in kriegerische Handlungen „involviert", sie haben Bezugspersonen verloren, waren Kindersoldat oder haben stark traumatisierende Erfahrungen erleben müssen. Zugleich können Krisen innerhalb von Familien zu der Entscheidung führen, das jeweilige Kind „außer Landes" in Sicherheit zu bringen. Die Ursachen und Geschichten der Entscheidung für eine Flucht können sehr unterschiedlich sein und zeigen die individuell-biographische Dimension von Flucht auf. Die Migration ist bei dieser Altersgruppe nur unter Umständen als eine freiwillige Wanderung zu interpretieren, hypothetisch fasst „Flucht" als erzwungene Migration die Wanderungserfahrung der Kinder und Jugendlichen sicher umfassender ein. Je nach individueller Geschichte tragen die Kinder und Jugendlichen auch unterschiedliche belastende Erfahrungen, wobei allein die Trennung von Erziehungsberechtigten oder von vertrauten Personen für Kinder und Jugendliche unter 18 Jahren eine außergewöhnliche Situation darstellt.

(2)     Die Kinder und Jugendlichen haben einen Fluchtweg erlebt, der unter Umständen auch nicht nur aus einem Flug in ein anderes Land bestand. Auch wenn im Zuge des Asylverfahrens der Reiseweg unter völlig anderen Aspekten beleuchtet wird, sind unter sozialpädagogischen

Gesichtspunkten die damit verbundenen Erfahrungen, Unsicherheiten, Ängste und Belastungen in den Vordergrund zu stellen.

(3)   Als eine dritte Phase, in der die Belastungen sich weiter aufschichten und überlagern können, ist die Ankunft in dem neuen Land zu nennen. Die Kinder und Jugendlichen wissen zumeist nicht, was auf sie zukommt, sie haben zwar unter Umständen „Aufträge" oder „Informationen" mit auf den Weg bekommen, doch diese können auch irritierend oder erschwerend sein. Die Ankunft an einem unbekannten Ort mit einer unverständlichen Sprache und undurchschaubaren Regeln und Verfahren, Prozeduren und Restriktionen stellt eine komplexe Situation dar, in der von den Unbegleiteten Minderjährigen Flüchtlingen aber zugleich erwartet wird, dass sie – sofern sie 16 Jahre alt sind – ihre Asylverfahren eigenständig bestreiten.

(4)   Die Phase des Ankommens erweitert sich dann zu einer Situation des diffusen Wartens, Bleibens, eines Zustands „der erstarrten Bewegung, in dem Personen an einem Ort zugleich anwesend und abwesend sind, physisch längere Zeiträume hier verbringen, obwohl ihr ` eigentliches Leben ´ oder ein relevanter psychischmentaler Teil des Lebens woanders stattfindet" (Holert/Terkessidis 2006, S. 247). Je nach Verlauf ihrer „Flüchtlingsbiographie" entstehen für die Kinder und Jugendlichen unterschiedliche Rahmenbedingungen, unterschiedliche Formen der Unterbringung und Betreuung, des Zugangs zu Bildung, der Begleitung im Asylverfahren, der Betreuung durch einen Vormund, verschiedene Szenarien neuer Identitätsentwürfe, Chancen auf Zukunftsperspektiven und dauerhafte Unsicherheit. Hieran zeigt sich, dass auch diese Phase von belastenden Erlebnissen geprägt sein mag, obwohl zugleich auf eine Bearbeitung bereits erlebter Erfahrungen in bestimmten pädagogischen oder therapeutischen Settings bestenfalls hingewirkt werden kann. Darüber hinaus führt die Migrationssituation zu einer veränderten Rollenstruktur. Die Kinder und Jugendlichen sind relativ allein darauf verwiesen, diese Transformationen selbst zu vollziehen und zu gestalten.

(5)    Diese spezifischen Phasen und Belastungen müssen ergänzt werden durch die Tatsache, dass es junge Menschen sind, die sich alle – ob Flüchtling oder nicht – in der Lebensphase Kindheit und Jugend spezifischen Erwartungen, Anforderungen und Bewältigungsaufgaben gegenübersehen.

Die Sicherung von sozialer Unterstützung, dem Aufbau von Vertrauensbeziehungen sowie positiven Erfahrungen sind für Flüchtlinge insgesamt, insbesondere für traumatisierte Flüchtlinge, zentrale Schutzfaktoren (vgl. auch Kap. 3.2; Zito 2010, S. 127).

## 2.5 Statistische Angaben zu UMF in Deutschland

Die Datengrundlage über die Anzahl Unbegleiteter Minderjähriger Flüchtlinge in Deutschland ist noch recht unpräzise. Auf internationaler Ebene wird vonseiten der UN bereits im Jahr 2003 die Zahl unbegleiteter alleinreisender Kinder weltweit auf ca. 1,2 Millionen geschätzt (vgl. UNICEF 2003, S. 10).[30] Für die Europäische Union wird für das Jahr 2008 von 20.220 Unbegleiteten Minderjährigen Kindern ausgegangen, die in den 23 Ländern der EU um Asyl nachsuchten (vgl. Separated Children Programme in Europe 2008).

Im Hinblick auf die Situation der Unbegleiteten Minderjährigen Flüchtlinge in Deutschland liegen insgesamt nur Schätzungen vor. Insgesamt wird die Anzahl von Flüchtlingskindern insgesamt auf rund 220.000 geschätzt, davon ist wiederum nur ein kleinerer Anteil der Kinder als „Unbegleiteter Minderjähriger Flüchtling" eingereist (vgl. B-UMF 2009). Die Anzahl der UMF in Deutschland insgesamt wird zumeist auf 5.000-10.000 geschätzt (vgl. Angenendt 2000, Jordan/Stork 2000, B-UMF 2009). Eine präzise Datengrundlage ist nicht gegeben, da die UMF im Ausländerzentralregister nicht gesondert erfasst werden. Darüber hinaus liegen in den einzelnen Bundesländern unterschiedliche Erfassungsmodalitäten vor (vgl. auch Weiss/Enderlein 2000). Insofern zeigen die Daten immer nur begrenzte Ausschnitte von eingereisten UMF, die einen Asylantrag gestellt haben oder Inobhut genommen wurden.

---

[30] Aus internationaler Perspektive wird insbesondere auf die Situation der Kindersoldaten hingewiesen, die gezwungen werden, aktiv an kriegerischen Auseinandersetzungen teilzunehmen.

Ein Blick auf das aktuelle Migrationsgeschehen in Deutschland zeigt, dass die Entwicklung der Asylanträge insgesamt als rückläufig eingeordnet wird (vgl. BAMF 2007b). Im Jahr 2007 lagen insgesamt 30.303 Asylanträge vor, davon 19.164 Erstanträge und 11.139 Folgeanträge. 2008 wurden 28.018 Asylanträge gestellt, davon 22.085 Erstanträge. In 2009 haben für den Zeitraum von Januar bis November 25.429 Personen in Deutschland erstmalig Asyl beantragt, dies stellt einen Anstieg um 24,4 % im Vergleich zu 2008 dar. Die Hauptherkunftsländer sind im Jahr 2009 der Irak sowie Afghanistan (vgl. BAMF 2009a).

Im Jahr 2008 zeigt sich im Hinblick auf die Altersstruktur, dass insgesamt 60,3 % aller Asylbewerber jünger als 25 Jahre sind (vgl. BAMF 2008, S. 25).

Das Hauptherkunftsland von Asylsuchenden war im Jahr 2007 der Irak (22,6 % aller Asylsuchenden), darauf folgen die Länder Serbien, Türkei, Vietnam, Russische Förderation, Syrien, Iran, Libanon, Nigeria und Indien (vgl. BAMF 2007b; S. 101). Im Jahr 2008 waren die Hauptherkunftsländer der Irak, Türkei und Vietnam (vgl. BAMF 2008). Insgesamt lässt sich laut BAMF eine „Diversifizierung der Struktur der Herkunftsländer von Asylsuchenden" konstatieren (vgl. BAMF 2007, S. 103).

Die Perspektiven auf eine Anerkennung im Asylverfahren sind nach wie vor begrenzt, wenngleich die Anerkennungsquote im Vergleich zu den Vorjahren gestiegen ist: Im Jahr 2008 wurde über 20.817 Asylanträge entschieden. Davon erreichten nur 1,1 % der Flüchtlinge eine Anerkennung nach § 16a GG. Weitere 33,9 % erhielten nach § 60 AufenthG das so genannte „kleine Asyl" und damit Abschiebeschutz bzw. 2,3 % ein Abschiebeverbot. Bei 29,8 % der Asylsuchenden wurde durch „formelle Entscheidungen" die Antragsstellung zurückgenommen oder eine Rückführung nach Dublin II durchgeführt. 32,5 % der Asylanträge wurden abgelehnt (vgl. BAMF 2008, S. 47). Auch im Hinblick auf die UMF ist die Schutzquote für UMF seit 2002 gestiegen: Erhielten im Jahr 2002 nur 3,5 % der Unbegleiteten Minderjährigen Asylsuchenden eine

Anerkennung oder einen Abschiebeschutz, lag der Anteil im Jahr 2006 bei 13,6 % und im Jahr 2008 bei 51 % (vgl. BAMF 2009, S. 45).[31]

Das Bundesamt für Migration und Flüchtlinge erfasst erst seit dem 1. Januar 2008 die Gruppe der Unbegleiteten Asylsuchenden unter 18 Jahren. Im Jahr 2008 haben **727 Unbegleitete Minderjährige Flüchtlinge** einen Erstantrag gestellt, davon entfallen 403 Asylanträge auf 16-17-Jährige (vgl. Deutscher Bundestag 2009, S. 5).[32] Die Zugangszahlen sind bundesweit rückläufig, das BAMF gibt für das Jahr 2001 den Höchststand mit 1.075 unter 16-Jährigen Unbegleiteten Minderjährigen Asylsuchenden an, wobei die Zahlen der Antragsteller nicht identisch mit den möglicherweise in Deutschland lebenden UMF sind (vgl. BAMF 2009, S. 21), da ein Teil der UMF unbemerkt einreist bzw. keinen Asylantrag stellt (vgl. BAMF 2009, S. 18). Die vorliegenden Zahlen spiegeln insofern nur die registrierten Asylsuchenden wider.

Insofern ist die Frage nach der Gesamtzahl der in Deutschland lebenden UMF nicht zu beantworten, wenngleich für das Jahr 2009 ein Anstieg der Zahlen zu konstatieren ist. Darüber hinaus kann mit Hilfe dieser Angaben keine Aussage über den aufenthaltsrechtlichen Status der UMF getroffen werden, da der Sachverhalt „UM" im Ausländerzentralregister nicht gespeichert wird (vgl. Deutscher Bundestag 2009, S. 6).

Im europäischen Vergleich liegen diese Zugangszahlen für das Jahr 2008 im mittleren Feld, allerdings sind im Grunde keine Vergleiche möglich, da die Erfassungsmodalitäten in den europäischen Mitgliedsstaaten sehr unterschiedlich sind. Insofern ist die folgende Rangfolge auch nicht wirklich aussagekräftig: Die höchsten Zugangszahlen weisen Großbritannien (3.931), Schweden (1.510) und Norwegen (1.374) auf. Im Mittelfeld finden sich die

---

[31] Die hohen Schutzquoten dürften mit der verstärkten Einreise von afghanischen und irakischen jungen Flüchtlingen in Zusammenhang stehen. Für beide Herkunftsländer besteht z.Zt. ein Abschiebeschutz.

[32] Für das Jahr 2007 liegt eine Zahl der Asylerstanträge von UMF nicht vor, da nur UM bis 15 Jahre in der Asylstatistik aufgenommen wurden (im Jahr 2007: 180 UM unter 15 Jahren, vgl. BAMF 2009, S. 41). Allerdings zeigt die Polizeiliche Kriminalstatistik, dass im Jahr 2007 1.550 Minderjährige wegen „unerlaubter Einreise" aktenkundig wurden. Es wird in der Statistik jedoch nicht geführt, ob diese Minderjährigen in Begleitung eines Erziehungsberechtigten waren (vgl. BAMF 2009, S. 28). Auf eine weitere Darstellung der Fallzahlen in den Bundesländern wird verzichtet, da die Erhebung der Asylzahlen auf unterschiedlichen Grundlagen durchgeführt wird und sich daher ein sehr vages Gesamtbild zeichnen lässt; vgl. Deutscher Bundestag 2009, S. 6.

Niederlande (739), Deutschland (727), Österreich (711), Frankreich (715) und Finnland (705) wieder. Für Italien liegen keine Daten vor, überraschend erscheinen die relativ niedrigen Zahlen in Griechenland (237) und Spanien (14). Demgegenüber weist z. B. Rumänien eine höhere Zugangszahl auf (58), ebenso wie Polen (70) (vgl. Separated Children in Europe 2009).

Die folgende Darstellung zeigt die Verteilung nach den häufigsten Herkunfts- ländern sowie die Altersdifferenzierung der Minderjährigen auf.

| Abb. 2: UM Asylantragsteller 2008 in Deutschland (bezogen auf die 10 wichtigsten Herkunftsländer) | | | |
|---|---|---|---|
| Herkunftsland | Unbegleiteter Asylantragsteller bis 15 Jahre | Unbegleiteter Asylantragsteller 16-17 Jahre | Unbegleiteter Asylantragsteller |
| Irak | 93 | 135 | 228 |
| Vietnam | 8 | 60 | 68 |
| Afghanistan | 27 | 34 | 61 |
| Guinea | 29 | 19 | 48 |
| Äthiopien | 18 | 18 | 36 |
| Eritrea | 15 | 8 | 23 |
| Indien | 8 | 12 | 20 |
| Russ. Förderation | 5 | 13 | 18 |
| Algerien | 6 | 11 | 17 |
| Sri Lanka | 11 | 5 | 16 |
| Alle Herkunfts- länder* | 324 | 439 | **763** |

Quelle: BAMF 2009, S. 41
\* Die Summe der Herkunftsländer bezieht nicht aufgelistete Herkunftsländer mit ein.

Der größere Anteil der 439 asylsuchenden UM entfällt auf die Gruppe der über 16-Jährigen, bei 324 UM wird dagegen ein Alter unter 15 Jahren angenommen. Die Datenlage hinsichtlich der **Zurückweisungen von UMF** an Grenzen sowie Abschiebungen ist ebenso unpräzise. Minderjährige Personen können nur dann abgeschoben werden, „wenn sie weder den Flüchtlingsschutz nach der GFK genießen noch sonstige Abschiebeverbote oder Hindernisse vorliegen und im Heimatland Aufnahme und Betreuung durch Eltern, Familie oder staatliche Fürsorgeeinrichtungen gewährleistet ist" (Landtag Rheinland-Pfalz 2005, S. 27).

| Abb. 3: Zurückweisungen von Unbegleiteten Minderjährigen | | | |
|---|---|---|---|
| Jahr | Zurückweisung an Grenze | Zurückschiebung in andere Länder | Abschiebung |
| 2005 | 4 | 16 | Keine Angaben |
| 2006 | 11 | 3 | Keine Angaben |
| 2007 | 5 | 12 | Keine Angaben |

Quelle: Deutscher Bundestag 2009, S. 10f.

Für die Jahre 2005-2007 zeigt sich, dass durchaus Zurückweisungen an der deutschen Grenze durchgeführt wurden. Zu Abschiebungen von Unbegleiteten Minderjährigen Asylsuchenden liegen keine Angaben vor. Neben dem Tatbestand einer recht unpräzisen Datenlage hinaus, besteht das Problem, dass die verantwortlichen Jugendämter über Einreiseverweigerungen oder Abschiebungen nicht automatisch unterrichtet werden (vgl. Deutscher Bundestag 2009, S. 4).

Allerdings befanden sich im Zeitraum von 2005-2007 bundesweit mindestens 377 Unbegleitete Minderjährige in Abschiebehaft (vgl. Deutscher Bundestag 2008, S. 23), die Fälle verteilen sich dabei auf das ganze Bundesgebiet. Nach Einschätzung des B-UMF sei mit einer höheren Dunkelziffer zu rechnen, da bei diesen Angaben fünf Bundesländer (Bayern, Niedersachsen, Hessen, Hamburg und Thüringen) nicht berücksichtigt sind (vgl. B-UMF 2011).

Neben den asylrechtlichen Datenzugängen kann auf einige Datenbestände der Jugendhilfe zurückgegriffen werden:[33]

Nach der Kinder- und Jugendhilfestatistik können die **Schutzmaßnahmen von Minderjährigen aufgrund einer unbegleiteten Einreise** nach Altersgruppen aufgeschlüsselt werden.

| Abb. 4: Schutzmaßnahmen von Minderjährigen aufgrund einer unbegleiteten Einreise | | | |
|---|---|---|---|
| Jahr | Zurückweisung an Grenze | Zurückschiebung in andere Länder | Abschiebung |
| 2005 | 110 (18 %) | 492 (82 %) | 602 |
| 2006 | 69 (11 %) | 543 (89 %) | 612 |
| 2007 | 83 (9 %) | 805 (91 %) | 888 |
| 2008 | 110 (10 %) | 989 (90 %) | 1099 |

Quelle: Deutscher Bundestag 2009, S. 46; Statistisches Bundesamt 2008

Dabei zeigt sich ab dem Jahr 2005 – und damit der Einführung des geänderten § 42 SGB VIII – ein Anstieg der in absoluten Zahlen aufgeführten Schutzmaßnahmen, insbesondere im Jahr 2007 findet sich ein deutlicher Anstieg. Insgesamt ist die Zahl der Inobhutnahmen jedoch stark rückläufig, im Jahr 1997 waren es noch 2.113 Inobhutnahmen (vgl. Peter 2008). Allerdings kann dieser Anstieg ab 2007 unterschiedliche Gründe haben, er muss nicht unmittelbar mit den jeweiligen Einreisezahlen in Verbindung stehen, sondern ist vermutlich der neuen Inobhutnahmepraxis geschuldet. Vergleicht man die Einreisezahlen im Jahr 2008 mit 727 UMF, liegen die Zahlen der Schutzmaßnahmen entsprechend höher bei insgesamt 1.099 (vgl. Statistisches Bundesamt 2008).

Betrachtet man die Schutzmaßnahmen bzw. Inobhutnahmen insgesamt, so entsprechen die Inobhutnahmen der UMF einem Anteil von 3,4 % aller „bundesweiten" Inobhutnahmen im Jahr 2008 (ebd.). Im Jahr 2008 werden in

---

[33] Zur Entwicklung der Zugangszahlen vgl. Weiss/Enderlein 2000.

Rheinland-Pfalz 39 Schutzmaßnahmen bei unbegleiteter Einreise eingeleitet. Eine Aufschlüsselung nach der eingeleiteten Art der Hilfe ist nicht möglich (vgl. Deutscher Bundestag 2009, S. 45).

Darüber hinaus zeigen Angaben des Bundesverwaltungsamtes die Gesamtausgaben und damit verbunden die „Betreuungs- bzw. Zahlfälle" auf, die sich auf der Grundlage des § 89d SGB VIII ergeben. Der § 89d SGB VIII regelt die Kostenerstattung, wenn ein gewöhnlicher Aufenthalt fehlt, d.h. „bei Gewährung von Jugendhilfe nach der Einreise." Der örtliche Träger hat dann einen Kostenerstattungsanspruch, wenn für „einen jungen Menschen oder für eine/n Leistungsberechtigte/n nach § 19 SGB VIII innerhalb eines Monats nach der Einreise Jugendhilfe gewährt wird und sich die örtliche Zuständigkeit nach dem tatsächlichen Aufenthalt dieser Person oder nach der Zuweisungsentscheidung der zuständigen Landesbehörde richtet. Dieser Erstattungsanspruch ist gemäß § 89d Abs. 5 SGB VIII vorrangig vor den übrigen Kostenerstattungsansprüchen" (BAG LJÄ 2006).

| Abb. 5: Bundesweite Betreuungsfälle nach § 89d SGB VIII | | |
| --- | --- | --- |
| Jahr | Betreuungsfälle nach § 89d, bundesweit | Gesamtausgaben bundesweit in € |
| 2005 | 4.772 | 89.319.226 |
| 2006 | 3.265 | 67.650.700 |
| 2007 | 2.899 | 51.506.936 |
| 2008 | 3.959 | 56.799.950 |

Quelle: Verteilungsschlüssel des Bundesverwaltsamtes[34]

Der dargestellte Zeitraum weist eine rückläufige Tendenz der Betreuungsfälle mit einem Anstieg in 2008 auf, wobei in den davor liegenden Jahren zwischen 2002 und 2004 die Zahl der Betreuungsfälle sehr schwankte. Im

---

[34] Die Angaben beziehen sich auf die jährlichen Zusammenstellungen des Bundesverwaltungsamtes zum Verteilungsschlüssel der Jugendhilfe § 89d SGB VIII, Abs. 3. Schreiben an die Landesjugendämter vom 23.04.2009; 28.04.2008; 09.05.2007 und 12.04.2006.

Jahr 2003 wurden 5.127 Betreuungsfälle bzw. „Zahlfälle" bearbeitet, die niedrigste Zahl in diesem Zeitraum wird im Jahr 2007 mit 2.899 Betreuungsfällen erreicht. Für das Jahr 2008 wurden bundesweit 3.959 Betreuungsfälle registriert. Die Kostenerstattung zeigt, in welchem Umfang jährliche Kosten aus Sicht der Jugendhilfe für die eingeleiteten Hilfen für Erziehung insgesamt für Unbegleitete Minderjährige Flüchtlinge entstehen.[35] In die aufgeführten Betreuungsfälle gehen nicht allein die Inobhutnahmen mit ein, sondern auch die im Anschluss an die Inobhutnahme gewährten Hilfen. In die 3.959 Betreuungsfällen gehen folglich die Hilfen für UMF mit ein, die bereits länger in Deutschland verweilen und weiterhin durch die Jugendhilfe betreut werden. Demgegenüber gehen die Betreuungsfälle nicht mit ein, in denen UMF erst nach der Erstattungsfrist durch die Jugendhilfe betreut werden – in diesen Fällen übernimmt die Kommune selbst die anfallenden Kosten.[36]

## 2.6 Die Situation von UMF in den Bundesländern

Wie bereits die Antwort der Großen Anfrage (Mai 2009) konstatiert, variiert die Art und Weise der Unterbringung in den Bundesländern und Kommunen erheblich. Vor diesem Hintergrund ist eine eingehende Systematik der Modelle in den Bundesländern kaum möglich, zumal die formale Beschreibung von Modellen nicht die tatsächliche Praxis abbilden muss. Vor diesem Hintergrund sei auf Dokumentationen aus den 90er Jahren hingewiesen, die sich einer Bestandsaufnahme in den westdeutschen Bundesländern widmeten (Heun/Wiesenfeldt-Heun 1993; Beiträge in Weiss/Rieker 1998) und auf die Antwort der Bundesregierung auf die Anfrage der Fraktion Bündnis 90/Die Grünen. Die Zusammenstellung des B-UMF wird fortwährend aktualisiert und bildet zurzeit den aktuellsten Stand in den Bundesländern gesammelt ab (vgl. http://www.b-umf.de/index.php?/Themen/situation-in-den-laendern. html). Es bleibt jedoch darauf hinzuweisen, dass sich die Situation in den jeweiligen Landkreisen, Städten und Kommunen auch innerhalb eines Bundeslandes

---

[35] Voraussetzung für die Erstattung ist u.a. die fachlich fundierte und nachvollziehbare Begründung des Hilfebedarfs als „Ergebnis eines kooperativen pädagogischen Entscheidungsprozesses", der ein planvolles Handeln erkennbar werden lässt (vgl. BAG LJÄ 2006, S. 13).

[36] vgl. weiterführend zu der Problematik der Kostenverteilung unter den Bundesländern Jockenhövel-Schieke 1998, S. 62ff.

voneinander unterscheiden kann. Je nach den spezifischen Entwicklungen vor Ort und dem Grad der Kooperation von Erstaufnahmeeinrichtungen, Inobhutnahmeeinrichtungen, Freien Trägern, Schulen und Vormündern und können jeweils spezifische Betreuungssettings entstehen.

Die verschiedenen Zusammenstellungen zeigen die unterschiedlichen Clearingverfahren sowie die Beratungs- und Informationspraxis in einzelnen Bundesländern.[37] Es gibt Bundesländer, die bereits vor 2005 alle Unbegleiteten Minderjährigen Flüchtlinge Inobhut nehmen (Hessen), einige Bundesländer nehmen UMF nur bis 16 Jahren Inobhut (Brandenburg) oder bringen UMF nur bis 14 Jahre in Jugendhilfeeinrichtungen unter (Bremen). Andere Bundesländer wie Bayern nehmen teilweise die Gruppe der 16-17-Jährigen Inobhut. Berlin verteilt die Gruppe der 16-17-Jährigen vor der Inobhutnahme auf andere Bundesländer. In Rheinland-Pfalz werden alle UMF bis 18 Jahren Inobhut genommen. Bei der Unterbringung entstehen für die 16-17-Jährigen männlichen UMF insofern Unterschiede, da sie im Anschluss an einen ca. dreimonatigen Aufenthalt in der Inobhutnahmeeinrichtung der Aufnahmeeinrichtung für Asylbegehrende (AfA) in die Kommunen in Rheinland-Pfalz verteilt werden, ohne dass eine Folge-Unterbringung im Rahmen der Jugendhilfe systematisch garantiert wird.

Zur Verdeutlichung der unterschiedlichen Modelle sei einerseits auf das Land Hessen verwiesen. In **Hessen** werden auf der Grundlage des „Clearingerlasses über die Unterbringung, Versorgung und Verteilung von unbegleiteten minderjährigen Flüchtlingen unter 18 Jahren in Hessen" alle UMF bis 18 Jahre Inobhut genommen. Der Erlass, der seit Ende der 1980er Jahre besteht, beschreibt die Aufgaben der Clearingstelle sowie das Clearingverfahren (vgl. Hessisches Sozialministerium 2008a). Der Erlass führte bereits Ende der 80er Jahre zur Gründung des Aufnahmeheims in Trägerschaft der AWO sowie zu der Einrichtung einer Clearingstelle beim Jugendamt Frankfurt, beide Einrichtungen werden durch das Land Hessen finanziell unterstützt. Darüber hinaus führt das Sozialministerium jährlich eine Erhebung zur

---

[37] Materialien wie Anfragen aus den Länderparlamenten auch unter http://www.b-umf.de/index.php?/Datenbanken-und-Material/aus-den-parlamenten.html.

Situation der UMF in Hessen durch (vgl. Hessisches Sozialministerium 2008b) und koordiniert das Verteilungsverfahren. Im Laufe der Zeit bildeten sich verschiedene Arbeitsstrukturen heraus: Das Ministerium lädt mehrmals im Jahr zu einer Koordinierungsgruppe ein, ferner besteht ein Arbeitskreis der hessischen Heime für UMF sowie ein Arbeitskreis der Mitarbeiter des ASD für UMF. Diese Arbeitsstrukturen werden ebenso wie die Entwicklung von Fortbildungsangeboten für die Fachkräfte von Seiten des Ministeriums mit begleitet (vgl. Hebenstreit 2009, S. 9). Das Land Hessen hat eine Art finanzielle Balance geschaffen und stattet die verantwortlichen Jugendämter im Kontext der Clearingstellen mit einer Pauschale im Bereich des ASD/Pflegschaften entsprechend aus, um die zusätzlichen Arbeitsaufgaben, die für andere Städte und Kommunen durch die Aufnahme in den Clearinghäusern quasi übernommen werden, bewältigen zu können.[38]

In **Bayern** existiert ein Konzept, das in Kooperation des Sozialministeriums und der Freien Träger entwickelt wurde. Jugendliche unter 16 Jahren werden in Einrichtungen der Jugendhilfe Inobhut genommen. Für die über 16-Jährigen wurde ein Vier-Stufen-Modell entwickelt, das in der Clearingphase in den beiden Erstaufnahmeeinrichtungen seine Anwendung findet. Im Rahmen des Vier-Stufen-Modells werden unterschiedliche Unterbringungsformen für diese Altergruppe überprüft:

*„Stufe 1 entspricht einer vollstationären Jugendhilfeeinrichtung, Stufe 2 einer teilstationären Maßnahme, Stufe 3 ist eine spezielle betreute Gemeinschaftsunterkunft für UMF (in Nürnberg existiert nur eine für männliche Jugendliche, in München für beide Geschlechter) sowie Stufe 4, die die Unterbringung in einer allgemeinen Asylbewerberunterkunft für Erwachsene bedeutet"* (FBB 2008, S. 4).

Insofern ergibt sich in Bayern eine Struktur, die einerseits von den beiden Erstaufnahmeeinrichtungen charakterisiert ist, andererseits aber auch von spezifischen Clearingstellen für UMF und teilbetreute Wohngruppen (vgl. Deu-

---

[38] Die Informationen entstammen einem Expertengespräch mit Anita Hebenstreit, Hessisches Sozialministerium, Oktober 2009, vgl. ebenso weiterführend Hebenstreit 2009.

tscher Bundestag 2009, S. 38). Die Unterbringung in den Erstaufnahmeeinrichtungen wird dabei kritisch diskutiert, da die gesonderten Etagen für UMF keinen ausreichenden Schutz darstellen. Allerdings haben nach Einschätzung des B-UMF die Jugendlichen trotz Hindernissen vor Ort in Bayern „gute Chancen, in die Jugendhilfe zu gelangen" (vgl. http://www.b-umf.de/index.php?/Themen/situation-in-den-laendern.html).

In **Brandenburg** werden die unterschiedlichen Altersgruppen auch in verschiedener Form Inobhut genommen. Die Gruppe der unter 16-Jährigen UMF werden im Wohnheim für alleinreisende Minderjährige (Jugendhilfeeinrichtung alreju) aufgenommen.[39] Die 16-17-Jährigen Jugendlichen werden dagegen in der Zentralen Ausländerbehörde (ZABH) untergebracht. Allerdings bestehen wohl Unklarheiten im Hinblick auf diese Zuteilung:

*„Eine vollkommen einheitliche Vorgehensweise, wann 16- und 17-jährige UMF als erstes in der ZABH aufgenommen werden oder direkt in der Jugendhilfeeinrichtung lässt sich nicht wahrnehmen. Hier existiert landesintern nach wie vor ein erheblicher Klärungsbedarf, der durch die Rücknahmen des KRK-Vorbehalts eine erneute dringende Aktualität erhalten hat." (http://www.b-umf.de/index.php?/bundeslaender/brandenburg.html)*

Diese Gruppe von UMF wird von der Beratungsstelle der Ausländerbehörde in der Erstaufnahmeeinrichtung mitbetreut, wobei das Personal die „besonderen Betreuungsnotwendigkeiten" der UMF berücksichtigen soll. Allerdings wird bei der Gruppe der 16-17-Jährigen in der ZABH in der Regel kein Jugendhilfebedarf festgestellt (vgl. Deutscher Bundestag 2009, S. 38). Sie werden daraufhin im Rahmen des EASY-Verfahrens bundes- und landesweit verteilt und in Gemeinschaftsunterkünften untergebracht. Die jüngeren UMF können demgegenüber im Anschluss an die Clearingphase im Haus alreju in Wohngruppen weiter betreut werden. Die Hilfen werden im Kontext des Hilfeplanverfahrens eingeleitet.

---

[39] Das Wohnheim besteht bereits seit 1993; zur Arbeit des alreju vgl. auch die Studie von Weiss/Enderlein/Rieker 2001.

Im Hinblick auf die Bildungsmöglichkeiten entwickelt sich die Situation für die unter 16-Jährigen UMF in Brandenburg positiv. Das Haus alreju bietet unmittelbar nach der Aufnahme Deutschkurse an. Darauf aufbauend besuchen die Unbegleiteten Minderjährigen eine Oberschule, in der sie entsprechend ihres Leistungsniveaus in unterschiedlichen Lerngruppen beschult und anschließend in eine Regelklasse aufgenommen werden (vgl. http://www.bumf.de/index.php?/Bundesl%C3%A4nder/brandenburg.html). Der Zugang zu Ausbildung gestaltet sich insofern schwieriger, „da die Ausbildungssituation in Brandenburg insgesamt etwas angespannt ist und nicht immer genügend Ausbildungsplätze zur Verfügung stehen. Darüber hinaus, sind UMF auch mit rechtlichen Hürden konfrontiert, da die Beschäftigungsverordnung, welche den Zugang von Ausländern zum Arbeits- und Ausbildungsmarkt regelt, derzeit recht streng ausgelegt wird (BeschVO §11)" (ebd.).

In **Bremen** haben sich Jugendhilfeeinrichtungen auf die Betreuung der UMF spezialisiert, hier wird innerhalb der Jugendhilfe eine Differenzierung vorgenommen: Die unter 14-Jährigen werden in Einrichtungen der Jugendhilfe untergebracht. Die über 14-Jährigen Jugendlichen werden dagegen vom Arbeiter-Samariter Bund (ASB) bzw. in der Erstaufnahmeeinrichtung betreut. Im Anschluss werden die Älteren in den Jugendwohngruppen des ASB und DRK untergebracht (vgl. http://www.b-umf.de/index.php?/Bundesl%C3%A4nder/bremen.html). Der B-UMF merkt an, dass in Bremen folgende Hindernisse bestehen:

*„Die größten Probleme sind Rechtsanwaltskosten, die zurzeit nur im Rahmen von Ergänzungspflegschaften übernommen werden können, Deutschkurse und Alphabetisierungsplätze fehlen, mangelnde Integration ins Schulsystem, Fehlen geeigneter Einzelvormünder oder auch Mentoren. Auch Pflegeeltern für junge UMF sind nicht vorhanden"* (http://www.b-umf.de/index.php?/Bundesl%C3%A4nder/bremen.html).[40]

---

[40] Vgl. dazu das Konzept „Kinder im Exil – Vollzeitpflege für unbegleitete minderjährige Flüchtlinge" von „PiB – Pflegekinder in Bremen" im August 2010 entwickelt: http://www.pib-bremen.de/images/stories/broschueren/konzeption%20umf%2005%2008%202010.pdf.

In **Baden-Württemberg** werden die meisten Unbegleiteten Minderjährigen zunächst über die einzige Landesaufnahmestelle (LASt) in Karlsruhe aufgenommen. Im Zuge des geänderten § 42 SGB VIII wurde ab 2007 eine besondere Aufnahmegruppe für junge Migranten (AJUMI) eingeführt, die männliche Flüchtlinge zwischen 16 und 18 Jahren aufnimmt. Die AJUMI-Gruppe wurde als Einrichtung zunächst auf zwei Jahre befristet. Weibliche sowie jüngere männliche UMF werden dagegen in die Aufnahmegruppe für Kinder und Jugendlichen (AKJ) vermittelt. Träger beider Gruppen ist das Kinder- und der Heimstiftung Karlsruhe (vgl. Breithecker/Freesemann 2009, S. 2f.). Im Anschluss an die Clearingphase werden die Jugendlichen je nach der spezifischen Situation weitervermittelt. Die Ergebnisse der wissenschaftlichen Begleitung der Gruppe AJUMI zeigen auf, dass der größte Teil auch nach der Clearingphase im Rahmen der Hilfen zur Erziehung weiter betreut wird. Die zweitgrößte Gruppe besteht aus männlichen UMF, die zurück in die Gemeinschaftsunterkunft verlegt werden (vgl. ebd., S. 15f.). Deutlich wird ferner, dass es nach der Clearingphase und dem damit einhergehenden „Transfer" der Jugendlichen bestimmter Qualitätskriterien bedarf:

*„Bezüglich der Hilfen nach SGB VIII erfolgt in Baden-Württemberg eine Verteilung der UMF auf die Stadt- und Landkreise nach Vorgabe durch das Regierungspräsidium, da an dieser Stelle wiederum das Asyl- und Ausländerrecht Vorrang hat. Im Einzelfall war es aber nicht immer möglich, Jugendliche in diesem Schlüssel zu vermitteln – teilweise verweigerten die Städte und Landkreise die Aufnahme, teils fehlten passende Angebote. Wenngleich aus (finanz-) politischen Gründen ein Verteilung sinnvoll erscheint, ist sie doch im Hinblick auf die UMF zumindest kritisch zu sehen: Sie kommen als „Einzelfall" in eine Einrichtung, finden dort i.d.R. keine Landsleute, mit denen sie sich austauschen und ihre kulturellen Traditionen pflegen können.*

*Zudem kann nicht davon ausgegangen werden, dass die MitarbeiterInnen mit der besonderen Situation von UMF vertraut sind und über entsprechende Kompetenzen verfügen. Beim Transfer ist daher auf eine gut vorbereitete Übergabe zu achten, um den Jugendlichen den Wechsel zu erleichtern und eine an ihren besonderen Bedarfen orientierte Betreuung sicher zu stellen"* (ebd., S. 16).

Die beiden Wohngruppen werden offenbar auch über das Jahr 2009 weitergeführt (vgl. http://heimstiftung.karlsruhe.de/kinder/krisenhilfe/aufnahmegruppe).

Allein dieser kurze Blick in die Bundesländer lässt eine sehr unterschiedliche Praxis vor Ort erahnen. Auf der Grundlage der Angaben kann jedoch nicht umfassend zu einer Einschätzung gelangt werden, wie die Unterbringung und Betreuung in den Ländern bzw. Städten und Kommunen vor Ort im Einzelnen durchgeführt und gestaltet wird.

# 3. Ein Blick in die sozialpädagogische Fachdebatte

Das besondere Schutzbedürfnis der Unbegleiteten Minderjährigen Flüchtlinge führte bereits seit den 1980er Jahren zu einer Betreuung der jungen Menschen durch die Jugendhilfe. Insofern lassen sich mit Blick auf fachliche Debatten Ergebnisse aus den Diskursen in der Jugendhilfe über die spezifische Arbeit mit UMF nachzeichnen.

Als ein weiterer Zugang besteht darüber hinaus der Bezug zu allgemeinen und theoretischen Grundlagen der Jugendhilfe, die für die Arbeit mit Unbegleiteten Minderjährigen Flüchtlingen ebenso herangezogen werden kann – und muss. Diese Perspektive unterstreicht den Zugang der Bestandserhebung, in dem die jungen Menschen zuvorderst als Kinder und Jugendliche in einer spezifischen Situation betrachtet werden sollen – und nicht nur in ihrer Rolle als „Flüchtlinge". Insofern legt dieses Kapitel eine erweiterte Perspektive zugrunde, da Menschen mit Fluchterfahrung nicht allein von spezifischen Einrichtungen betreut werden, sondern mit unterschiedlichen Institutionen in Berührung kommen. Die Regelinstitutionen Kindergarten, Schule und Ausbildungssystem sind für alle Kinder und Jugendlichen gleichermaßen zentral, ebenso wie „sozialpädagogische Normalisierungsangebote" wie z. B. Hausaufgabenhilfe und Schulsozialarbeit (vgl. Hamburger 2003, S. 160).

Ein dritter Zugang kann durch die Auseinandersetzung mit der „Flüchtlingssozialarbeit" bzw. der Sozialen Arbeit mit Flüchtlingen gewonnen werden. Hierbei wird einerseits die Soziale Arbeit zumeist nicht in originären Einrichtungen der Jugendhilfe erbracht, sondern in Einrichtungen, die anderen rechtlichen und organisatorischen Regelungen unterworfen sind, wie Erstaufnahmeeinrichtungen, Gemeinschaftsunterkünfte, der Transitbereich des Flughafens Frankfurt und Abschiebehaftanstalten. Innerhalb dieses Zugangs überwiegt die Perspektive aus der Beratungspraxis, in der oftmals rechtliche und psychosoziale Fragen im Vordergrund stehen.

## 3.1 Entwicklungen in der Unterbringung der UMF in der Jugendhilfe

Insgesamt wird aus Sicht der Jugendhilfe eher ein Mangel an differenzierter Auseinandersetzung beklagt, die Fachdebatten „der Jugendhilfe über die sozialpädagogische Arbeit mit minderjährigen Flüchtlingen [werden] sehr verhalten und zögerlich geführt" (Jordan/Stork 2000, S. 440). Eine Fachdiskussion entwickelte sich nach Jordan/Stork erst in den 1990er Jahren, wenngleich bereits in den 1980er Jahren Kontingentflüchtlinge in Deutschland eingereist waren. In der Debatte überwiegen zumeist die Stimmen von Flüchtlings- und Menschenrechtsorganisationen, eine sozialpädagogische Diskurslinie ist dagegen unzureichend ausgeprägt. Die Zielgruppe der Unbegleiteten Minderjährigen Flüchtlinge gerät kaum in den Fokus der Jugendhilfe, obwohl sie sehr spezifische Herausforderungen nach sich zieht:

*„Aufgrund der einerseits stark belastenden Erfahrungen, die viele minderjährige Flüchtlinge in den Herkunftsländern und auf der Flucht gemacht haben und des zugleich beinahe aussichtslosen Bemühens, ein zumindest mittelfristiges Bleiberecht durchzusetzen, sind die Jugendhilfefachkräfte in eine extreme Problematik gedrängt: Einerseits Bewältigungs- und Verarbeitungshilfen für die Vergangenheit und andererseits Integrationsperspektiven für die Zukunft anbieten zu sollen und gleichzeitig zu merken, dass zu beidem, Vergangenheit und Zukunft, ein offener Zugang nicht besteht" (Jordan/ Stork 2000, S. 441).*

Weiss/Enderlein/Rieker konstatieren, dass beispielsweise in den Fachdebatten zur „Interkulturellen Pädagogik" oder zur „Heterogenität in der Heimerziehung" selbst kaum auf die spezifische Problemlage der UMF eingegangen wurde (vgl. Weiss/Enderlein/Rieker 2001, S. 20). Erst Mitte der 1990er Jahre liegen einige Studien vor, wenngleich die Perspektive der Jugendlichen als Adressaten der Jugendhilfe selten erhoben wird oder aber gemeinsam mit Jugendlichen mit Migrationshintergrund behandelt wird (Apitzsch in AG für Jugendhilfe 2000; Edholm-Wenz 2004; Feld/Freise/Müller 2005).

*„Zusammenfassend muss dennoch festgestellt werden, dass die zurzeit vorliegende Literatur weder auf der theoretischen noch auf der praktischen Ebene ausreichende Ansatzpunkte für Perspektiven und Handlungsstrategien für die Arbeit mit jugendlichen alleinreisenden Flüchtlingen bietet"* (Weiss/Enderlein/Rieker 2001, S. 20).

Darüber hinaus bleibt festzuhalten, dass der größte Anteil der UMF – die als über 16 Jahre geschätzten UMF – in Gemeinschaftsunterkünften lebt. Das Kontinuum der Arbeit mit UMF umfasst daher sehr unterschiedliche Formen: Von einer Betreuung im Rahmen der Unterbringung in Gemeinschaftsunterkünften, von spezifischen Betreuungskonzepten in Gemeinschaftsunterkünften, bis hin zu den unterschiedlichen Unterbringungsformen im Rahmen der Jugendhilfe (Betreutes Wohnen, Jugendwohnen, Heimunterbringung, Pflegefamilien etc.). Zur Situation der Flüchtlinge in der Jugendhilfe und den Handlungsmöglichkeiten von Sozialer Arbeit in den unterschiedlichen Settings liegen kaum Erkenntnisse vor. Am besten dokumentiert ist die Unterbringung der UMF in spezialisierten Heimen für Unbegleitete Minderjährige Flüchtlinge (vgl. Studie von Weiss/Enderlein/Rieker 2001). Ergebnisse aus Betreuungen in anderen Settings wie Pflegefamilien, der Unterbringung bei Verwandten oder im Betreuten Wohnen sind kaum dokumentiert: „Hier ist das Defizit an Berichten und Bestandaufnahmen besonders eklatant, so dass die Grundlagen für angemessene sozialpädagogische Interventionen fehlen" (vgl. Heun/Heun-Wiesenfeld 1993, S. 108).

Jockenhövel-Schiecke unterscheidet einzelne Entwicklungsphasen bei der Aufnahme von Unbegleiteten Minderjährigen Flüchtlingen. Zwischen 1979 und 1983 wurden erstmals 1.500 Kinderflüchtlinge aus Südostasien in Deutschland aufgenommen, eine zweite größere Gruppe reiste Ende der 80er Jahre aus Eritrea nach Deutschland ein (vgl. Jockenhövel-Schiecke 1998, S. 47ff.). In dieser Phase war ein „learning by doing" charakteristisch, das von kontroversen Debatten hinsichtlich der angemessenen Unterbringung und Betreuung begleitet wurde. Die Unterbringung in Pflegefamilien wurde für ca. 400 Fälle entschieden, wobei die Betreuungsverhältnisse fast zu einem Drittel wieder abgebrochen wurden. Vor dem Hintergrund der Erfahrungen wurde die Unterbringung in der Vollzeitpflege nur noch für jüngere Kinder empfohlen (vgl. ebd., S. 47). Der größere Teil der Kinder und Jugendlichen wurde in der Heimerziehung untergebracht. Bereits in dieser Phase entwickelten sich für die pädagogische Arbeit zwei Orientierungspunkte heraus: Einerseits die Integration durch Spracherwerb, Schulbesuch und Teilhabe, andererseits der Erhalt der „kulturellen Identität" und Muttersprache, um eine mögliche Familienzusammenführung entsprechend zu begleiten (vgl. ebd.; Angenendt 2000, S. 66).[41] Der Auftrag der Heime bestand darin, die Integration zu ermöglichen, ohne Rückkehrmöglichkeiten zu verbauen und damit den „kulturellen Bezug" zu der Herkunftsgesellschaft zu erhalten. Weitere Aspekte der Betreuung waren darüber hinaus die Aufarbeitung von Fluchttraumata, von Gewalterfahrung und Trennung sowie die Entwicklung einer Zukunftsplanung, die sowohl eine Integration als auch eine Reintegration ermöglichen kann. Weiterhin steht die Vermittlung von Kontinuität und Sicherheit in einem überschaubaren Bezugsrahmen im Mittelpunkt und zugleich sollen alltagspraktische Fähigkeiten gefördert werden (vgl. Angenendt 2000, S. 66f.).

Im Verlauf der 1980er Jahre kamen vermehrt Flüchtlingskinder aus Krisengebieten nach Deutschland. Dies führte zunehmend zu einem differenzierten Angebot für diese spezifische Adressatengruppe. Begleitet von Debatten über die Gefahr eines zweitklassigen Jugendhilfesystems wurden folgende Arten von Unterbringung unterschieden:

☐ Unterbringung von Kindern aus einem Herkunftsland in **monoethnischen** Gruppen unter Einbeziehung muttersprachlicher Erzieher/innen,

---

[41] Auf die Schwierigkeit, den schillernden Begriff der Integration zu fassen, sei hier nur hingewiesen, vgl. Stauf/Teupe 2009, S. 10ff.

☐ Unterbringung in **ethnisch heterogenen** oder **multiethnischen** Gruppen in Einrichtungen, die meist ausschließlich für junge Flüchtlinge konzipiert sind,

☐ und eine **integrierte** Unterbringung in „Regelgruppen" gemeinsam mit „deutschen Kindern" (vgl. ebd., S. 50; Heun/Wiesenfeldt-Heun 1993; Weiss/Enderlein/Rieker 2001, S. 19ff.).

Die unterschiedlichen Arten der Unterbringungen stehen mit den jeweiligen Zugangszahlen in Verbindung, denn ethnisch homogene Gruppen konnten nur in Bundesländern oder Städten eingerichtet werden, in denen die Zugangszahlen entsprechend hoch waren. In der Heimunterbringung war demgegenüber häufiger eine ethnisch heterogene Gruppenkonzeption vorgesehen sowie die Unterbringung in Regelgruppen. Ebenso finden sich auch geschlechtsspezifische Aufteilungen von Jungs und Mädchen in verschiedenen Einrichtungen (vgl. Kallert 1993). Die unterschiedlichen Formen ziehen entsprechend unterschiedliche Anforderungen an die Arbeit mit UMF nach sich. Bereits in dieser Phase wurde kritisch hervorgehoben, dass eine Unterbringung mit verhaltensauffälligen Kindern in der integrierten Form keine angemessenen Sozialisationsbedingungen für die jungen Flüchtlinge darstelle. In den Debatten wurde daher eher eine mono- oder multiethnische Unterbringung empfohlen, die auch in einer Konzeption für „betreute Jugendwohngemeinschaften" seinen Ausdruck fand (vgl. ebd., S. 51). Bislang konnte jedoch kein Konsens erreicht werden, welche Betreuung je angemessen erscheint (vgl. Angenendt 2000, S. 66ff.).

Der Fall des „Eisernen Vorhangs" **1989** markiert den Beginn einer zweiten Phase, in der verstärkt Flüchtlingskinder aus osteuropäischen Ländern Deutschland erreichten, wobei die Einreise ab 1991 aufgrund der eingeführten Visumspflicht bereits wieder zurückging. In gleicher Weise wirkte der **Asylkompromiss von 1993**, der die Einreisebedingungen für Kinder und Jugendliche insgesamt verschärfte: Kinder über 16 Jahre wurden nunmehr nicht mehr grundsätzlich unter den Schutz des Kinder- und Jugendhilfegesetzes gestellt und waren im Sinne des Asylverfahrens „handlungsfähig".

Insofern entfällt ab diesem Zeitpunkt die Gruppe der über 16-Jährigen auch aus den Angaben, da sie ab 16 Jahre als „verfahrenshandlungsfähiger Asylbewerber" gewertet werden (vgl. Weiss/Enderlein 2000, S. 206). Der verringerte Anteil von minderjährigen Flüchtlingen aus dieser Zeit spiegelt daher nicht unbedingt die Situation von gesunkenen Einreisezahlen wider, sondern findet seine Erklärung auch in den veränderten gesetzlichen Grundlagen. Die Einführung der Asylmündigkeit mit 16 Jahren setzte ebenso die Inaugenscheinnahme und Altersfeststellung in Gang (vgl. Jockenhövel-Schiecke 1998, S. 51). Die Einführung des KJHG im Jahr 1990 stellt jedoch eine positive Entwicklung dar, nunmehr konnten mit Hilfe des § 42 KJHG unbegleitete Kinder unter 16 Jahren Inobhut genommen werden. Diese rechtliche Grundlage führte in der Folge zur Eröffnung von spezifischen Erstaufnahmeeinrichtungen für Unbegleitete Minderjährige Flüchtlinge.

In einer Befragung der Jugendämter aus dem Jahr 1995 melden, bis auf sechs Landesjugendämter, alle Zahlen zu den Kindern und Jugendlichen zurück, wobei die Spanne der Altersangaben einmal bis 16 Jahre, ein andermal bis 18 Jahre reicht. In Rheinland-Pfalz wurden zu dieser Zeit 217 Kinder und Jugendliche durch die Jugendämter betreut, der Altersdurchschnitt lag dabei bei 13,7 Jahren. Insgesamt berechnen Weiss/Enderlein für Mitte der 1990er Jahre ca. 6.800 unbegleitete Kinder und Jugendliche in Deutschland, die im Rahmen der Jugendhilfe betreut bzw. gemeldet wurden. Mitte der 1990er Jahre hielten sich von dieser Gruppe in dieser Phase nur 3,1 % der Kinder und Jugendlichen in Rheinland-Pfalz auf.

Ein Blick auf die Tendenzen in der bundesweiten Verteilung zeigt: Die alleinreisenden Flüchtlinge konzentrierten sich zunächst in Bundesländern, über die eine Einreise erfolgen kann: So stellen Hamburg und Berlin (über Brandenburg) Städte mit höherer Konzentration dar. Hessen und Bayern nehmen ebenfalls größere Zahlen auf, was durch die beiden Flughäfen Frankfurt und München bedingt ist. Die Herkunftsländer der Flüchtlinge variieren je nach politischen Krisenlagen, grundsätzlich bleibt aber festzuhalten, dass sich die Herkunftsländer im Laufe der Zeit eher differenzieren. Dennoch lassen sich in einigen Regionen auch bestimmte „communities" identifizieren wie z. B. in Bayern Flüchtlinge aus dem ehemaligen Jugoslawien, in Hamburg communities aus Westafrika, in Berlin Flüchtlinge aus Rumänien, Bangladesh und Vietnam und in Hessen kurdische Flüchtlinge sowie Flüchtlinge aus Osteuropa, Afghanistan, Äthiopien, Somalia und Indien (vgl. Heun/Wiesenfeldt-Heun, S. 100ff.).

Mittlerweile finden sich kaum noch monoethnische Unterbringungsformen in Deutschland, da u.a. auch die „abgegrenzte" Unterbringung kritisiert wurde. In den so genannten multiethnischen Unterbringungsformen besteht eine Vielfalt von Modellen, so dass die Frage nach Vor- und Nachteilen der Unterbringung nicht eindeutig und abschließend beantwortet werden kann (vgl. Jockenhövel-Schieke 1998, S. 55ff.).

Verschiedene Studien griffen die unterschiedlichen Formen der Unterbringung auf. So zeigen Weiss/Enderlein/Rieker, dass junge Flüchtlinge eine ethnisch gemischte Unterbringung schätzen und ihre „Freunde" im Heim finden. Eine gemeinsame Nationalität werde nicht zur Voraussetzung, aber die „gemeinsamen ` alten´ Erfahrungen, die zur unbegleiteten Flucht geführt haben sowie die gemeinsamen neuen Herausforderungen und gemeinsamen Interessen (...)" helfen den jungen Menschen beim Beziehungsaufbau und führen zu einer Verbundenheit (Weiss/Enderlein/Rieker 2001, S. 59). Es wird ebenso darauf verwiesen, dass Erzieher/innen mit Flucht- und Migrationsbiographien das Gefühl unterstützen, „nicht allein fremd zu sein". Vor diesem Hintergrund werden Einrichtungen, die explizit für junge Flüchtlinge ausgerichtet sind, positiv bewertet, da „kein ethnischer Druck" entstehe und die „multikulturelle Unterbringung (...) zusätzliche Möglichkeiten einer produktiven Bewältigung der schwierigen Herausforderung" biete (ebd., S. 61). Bei der Analyse von Konflikten unter den jungen Flüchtlingen kommen die Autoren in ihrer Studie zu dem Schluss, dass weniger ethnisch-kulturelle Differenzen die Ursache von Konflikten darstelle, sondern dass Konflikte im Sinne einer Ethnisierung als „kulturelle Konflikte" etikettiert werden (vgl. ebd., S. 103). Konflikte können z. B. vor dem Hintergrund einer hohen Altersdiskrepanz zwischen den untergebrachten Jugendlichen entstehen. Vor diesem

Hintergrund sollte einer einzelfallbezogenen Auswahl der Hilfen und damit verbunden der Berücksichtigung des Wunsches nach einer autonomeren Lebensführung Rechnung getragen werden (vgl. Heun/Wiesenfeldt-Heun, S. 104).

Die so genannte „Mädchenstudie" (Kallert 1993) wurde im Kontext der hessischen Kinder- und Jugendheime Anfang der 90er Jahre durchgeführt. Die Studie ist mehrperspektivisch angelegt und bezieht unterschiedliche Befragungsinstrumente mit ein. Befragt wurden Mädchen wie Jungen (21 aus Eritrea, 11 aus dem Iran) sowie Erzieher/innen des Heims. Die Studie fokussiert Mädchen insbesondere in ihrer Rolle als Geschwister und vor dem Hintergrund des Zusammenlebens in einer Gruppe im Rahmen der Heimerziehung und den damit verbundenen Herausforderungen neben der Darstellung der Familiensituation in den Herkunftsländern (Erziehungsfragen, Bildungsmöglichkeiten etc.). Die Beschreibungen der Mädchen werden durch einzelne Aussagen ergänzt wie z. B. „Hier musste ich ganz von vorn anfangen". Das Zusammenleben in dem Heim für UMF wird positiv beschrieben, allerdings werden die als „Chef" angesprochenen Erzieher als zu alt beschrieben, um die Jugendlichen zu verstehen (vgl. Kallert 1993, S. 24). Es wird der Wunsch nach einer Betreuungsperson formuliert, „mit der man mehr reden kann" (ebd.). Kallert beschreibt ebenfalls die Spannung zwischen den Entwicklungsmöglichkeiten, die die Mädchen vorfinden und den Beziehungen zur Herkunftsfamilie. Die Mädchen beschreiben einen Entwicklungsprozess, den die Eltern vermutlich nicht nachempfinden könnten:

*„Sie (...) glaubt immer noch, das ist immer noch das kleine Mädchen, das sie vor drei Jahren gesehen hat. Also, so stellt sie sich das vor, aber ich will das eigentlich nicht. Mein Leben hat sich in diesen drei Jahren viel verändert."*
*(Kallert 1993, S. 25)*

Es zeigt sich, dass die Mädchen ungern offen Kritik äußern. Angedeutet wird dies in Formulierungen wie „Im Heim sind Sadiya und Muna nicht glücklich, auch wenn sie das sehr vorsichtig ausdrücken" (ebd., S. 32). Die Mädchen kritisieren die Einrichtung nur im Hinblick auf bestehende Ausgangsregelungen aus dem Heim, die Personalfluktuation sowie im Hinblick auf den strengen Erziehungsstil (ebd., S. 41). Zentral für die Befragten sind jeweils ihre „Lieblingserzieherinnen", die ihnen zuhören und helfen.

Eine Analyse der Adressaten „Flüchtlingskinder" stellt insbesondere die Zusammenstellung von Holzapfel im Rahmen des 10. Kinder- und Jugendberichts dar. Holzapfel verweist auf die späte Zuwendung der sozialwissenschaftlichen Forschung im Hinblick auf Flüchtlinge insgesamt (vgl. Holzapfel 1999, S. 61f.). Sie konstatiert Zugangsschwellen, die einerseits in der Struktur der Jugendhilfe liegen, da auch das SGB VIII Beschränkungen für Menschen ohne deutsche Staatsangehörigkeit vorsieht: „Ausländer können Leistungen nach diesem Buch nur beanspruchen, wenn sie rechtmäßig oder aufgrund einer ausländerrechtlichen Duldung ihren gewöhnlichen Aufenthalt im Inland haben" (§ 6 SGB VIII, Abs. 2). Holzapfel kritisiert die Auslegung im Hinblick auf Flüchtlinge, da der Aufenthalt von Flüchtlingen zumeist als „vorübergehend" eingeordnet wird. Damit besteht die Gefahr, aus dem Leistungsangebot der Jugendhilfe ausgegrenzt zu werden (vgl. Holzapfel 1999, S. 180). Weitere Restriktionen resultieren aus dem Ausländergesetz, da eine Ausweisung mit der Inanspruchnahme der Hilfen zur Erziehung außerhalb der eigenen Familie begründet werden kann. Da UMF nur Hilfen „außerhalb ihrer Familie" z. B. im Rahmen einer stationären Unterbringung erhalten können, stellt dies eine Benachteilung dar (vgl. § 46, Abs. 7 AuslG). In Bezug auf die Situation von Flüchtlingskindern in der Jugendhilfe konstatiert sie:

*„Insgesamt muss festgestellt werden, dass im Bereich der allgemeinen und zielgruppenorientierten Angebote von einer deutlichen Benachteiligung derjenigen Flüchtlingskinder ausgegangen werden muß, die in ländlichen Gebieten leben." (Holzapfel 1999, S. 152)*

Dies bezieht sie auf die vorgegebene Residenzpflicht, die es den Asylsuchenden nicht ermöglicht, z. B. Beratungsangebote in anderen Kommunen aufzusuchen. Darüber hinaus weisen dörfliche Strukturen eher höhere Zugangsschwellen auf: „Im Dorf sind Flüchtlinge zwar geduldet, aber sie bleiben oft fremd" (ebd., S. 153). Weitere Zugangschwellen analysiert sie in dem unzureichenden Wissen der Flüchtlinge über Strukturen und Angebote sowie strukturelle Barrieren, die sich aus dem Rechtsstatus der Flüchtlinge ergeben können (ebd., S. 163).

Holzapfel verweist darauf, dass die Heimunterbringung in vielerlei Hinsicht – Vormundschaften, Zugang zum Bildungssystem etc. – gelingende Rahmenbedingungen schaffen kann. Allerdings unterstreicht sie als Handlungsbedarf die Weiterbildung und Professionalisierung der Fachkräfte in der Heimerziehung, die gerade in „gemischten" Gruppen nicht immer ausreichend für die besonderen Bedarfe der UMF vorbereitet seien (vgl. Holzapfel 1999, S. 186).

Weitere Studien liegen vor allem aus dem Ausland vor, die u.a. auch auf die verschiedenen psychischen Belastungen im Herkunftsland, während der Flucht und im Ankunftsland hinweisen (vgl. Athey/Ahern 1991; Kinzie/Sack 1991; Miller 1996).

Ein Forschungsdesiderat besteht hinsichtlich der UMF, die **nicht** im Rahmen der Jugendhilfe untergebracht sind. Einige Studien aber greifen insbesondere das Leben in der Gemeinschaftsunterkunft sowie die Bildungssituation von jungen Flüchtlingen auf. Dabei zeigt sich, dass sich die Schulplatzzuweisung verzögert und daher non-formale Bildungsangebote eine bedeutsame Rolle spielen (Pohl/Schroeder 2003). Junge Flüchtlinge leiden unter der Untätigkeit und sehen ihre Bildungsorientierung in non-formalen Bildungsangeboten, die für Klienten mit spezifischem Betreuungsbedarf konzipiert sind, nur unzureichend befriedigt (vgl. Niedrig 2003a). Schroeder zeigt auf, dass junge Flüchtlinge den Stempel „Asylbewerber" sensibel wahrnehmen. Ebenso wird hier der unstrukturierte und quasi sinnentleerte Alltag in den Gemeinschaftsunterkünften rekonstruiert (Schroeder 2003). Der Bildungsraum der Flüchtlinge wird als „totaler Raum" rekonstruiert, indem die Fremdbestimmung über den Körper, die Platzierung, über die Selbstbestimmung und Reglementierung von Identitätskonstruktionen und einer damit verbundenen Erzeugung permanenter Angst charakteristisch ist (vgl. Niedrig 2003b). Niedrig analysiert, dass die jungen Flüchtlinge mit aufmerksamkeitsabwendenden und passiven Bewältigungsstrategien reagieren (müssen). Dies verdeutlichen exemplarische Äußerungen der befragten Flüchtlinge in der Studie wie:

*„I wake up, I make my TV on, I watch TV to 12, you know (...) It's not good, (...) I don ´t have anything to do"* (Niedrig 2003a, S. 409).

*"I don't feel physical sickness, but mental sickness. Because I am doing nothing, and just walking around. My future is going – and I don't think I can have a good future"* (ebd.).

Täubig verortet in ihrer Studie die Lebenssituation „Asyl" zwischen prekärer Rechtslage, totaler Institution und Migrationserfahrung und analysiert die Lebenssituation von Flüchtlingen in Gemeinschaftsunterkünften als ein Zustand von „organisierter Desintegration" (Täubig 2009). Diese Form der Desorganisation überlagert nach Täubig die alltägliche Lebensführung im Hinblick auf die Gestaltung von Zeit, Raum und Beziehungen. In der rekonstruktiven Studie wird verdeutlicht, dass für die befragten Asylbewerber der Alltag aus einer Nicht-Aktivität besteht, die sich in ihrer Wahrnehmung zu einer „vergeudeten Lebenszeit" verdichtet.

*„Just we are sitting, eating, sleeping."*

*"Manchmal Fernseh gucken, manchmal Karten spielen, manchmal schlafen, Zigarette rauchen"* (ebd., S. 213).

*„Und ich verliere diese Zeit (...) ich sitze nur."*

*„Fünf Jahre nichts gemacht. In fünf Jahren macht man viele Sachen. Fünf Jahre. Macht man viel. Wir sind jung."*

*„Ich wollte auch mein Leben sehen. Ich wollt erstmal studieren, arbeiten, ein Auto kaufen, eine Freundin haben, Familie besuchen"* (ebd., S. 230).

Diese hier beispielhaft aufgeführten Auszüge aus der Studie zeigen, dass einer Alltagsstrukturierung große Bedeutung zukommt. Gleichwohl versuchen die befragten Asylsuchenden in der Studie, die empfundene Leere mit Tätigkeiten zu strukturieren und zu gestalten. Dennoch, so zeigt Täubig, geschieht dies unter erschwerten Bedingungen, da die erlebte und tatsächliche Ausgrenzung nicht aufzufangen ist und durch neue Diskriminierungserfahrungen verschärft werden kann (vgl. ebd.).[42]

Die Zugänge aus der Jugendhilfe können durch die Diskussionen in der **Flüchtlingssozialarbeit** ergänzt werden. Neben der Frage nach den Zugangsbarrieren zu Regeldiensten (vgl. Studie von Kothen 2000), befasst sich die Soziale Arbeit mit Flüchtlingen vor allem mit psychosozialer Unterstützung im Hinblick auf belastende Fluchterlebnisse, Stärkung der Selbsthilfe, Hilfen bei sprachlichen oder beruflichen Barrieren und Aktivierung von Unterstützergruppen sowie Öffentlichkeitsarbeit. Die Soziale Arbeit muss sich nicht allein darauf konzentrieren, „Flüchtlinge zu beraten oder zu bearbeiten, sondern sie muss massiv versuchen, Integrationsbarrieren abzubauen, die von der Gesellschaft selbst hervorgebracht werden" (Hamburger 1999).

Blickt man in das Feld der Flüchtlingssozialarbeit, können institutionalisierte und nicht-institutionalisierte Flüchtlingsarbeit unterschieden werden. Neben dem freiwilligen Engagement von Nichtregierungsorganisationen, Flüchtlingsorganisationen oder Einzelpersonen wird zugleich eine institutionalisierte Beratung und Betreuung[43] durch die Soziale Arbeit angeboten (vgl. Blahusch 1991). Darüber hinaus resultieren aus der föderalen Struktur der Bundesrepublik Deutschland verschiedene Ebenen der Flüchtlingssozialarbeit: Es existieren Einrichtungen auf Bundes-, Landesebene und kommunaler Ebene, die sich in staatlicher oder gemeinnütziger Trägerschaft befinden. Flüchtlingssozialarbeit wird auch in Organisationen eingebettet, die einer anderen Logik folgen: in Sammelunterkünften oder dezentralen Unterkünften

---

[42] Seukwa zeigt beispielsweise in seiner Fallstudie "Der Habitus der Überlebenskunst" auf, wie Flüchtlinge Bewältigungsstrategien entwerfen und trotz aller Widrigkeiten Zukunftsentwürfe entwickeln (Seuwka 2006).

[43] In diesem Kontext sei auf die schwierige Verbindung des Begriffs «Betreuung» mit traditionellen Momenten der «Fürsorge» hingewiesen, die auf eine Anpassung von «Randgruppen» an gesellschaftliche Normen zielt. Der Begriff der Beratung bezieht sich hier meist auf die Verfahrensberatung (vgl. Boumans/Ünal 1997, S. 207f.). Albert (2001) ordnet die diffuse Abgrenzung der Begriffe in die Vertragshandlungen der Kommunen und Träger ein. Den freien Trägern bleibt oftmals keine andere Chance, als Verträge für Sammelunterkünfte zu akzeptieren, die nur 80% des offiziellen Betreuungsbedarfs decken. Betreuungskonzepte und die Bedürfnisse der Flüchtlinge stehen für die Kommunen im Hintergrund (vgl. Albert 2001, S. 63f.).

sowie in Abschiebehaftanstalten. Methodisch orientiert sich die Flüchtlingssozialarbeit an der Einzelfallhilfe, wobei aufsuchende Ansätze ergänzt werden müssten. Wurzbacher arbeitet Widersprüche der Flüchtlingsarbeit auf und formuliert Anforderungen in dem paradoxen Feld: Notwendig wird eine kontinuierliche Öffentlichkeitsarbeit im Sinne einer entschiedenen advokatorischen Sozialen Arbeit, die Vernetzung mit anderen Feldern der Sozialen Arbeit sowie eine Soziale Arbeit im Dienst autonomer Adressaten (vgl. Wurzbacher 1997).

## 3.2 Das Besondere: Sozialpädagogische Arbeit mit UMF

Die Arbeit mit Flüchtlingen und damit auch mit Flüchtlingskindern ist in einem Spannungsfeld widersprüchlicher Interessen verortet: Einerseits bestehen gesetzliche Schutzmaßnahmen und Integrationsbemühen seitens der Jugendhilfe und des SGB VIII, andererseits wirkt das Asyl- und Ausländerrecht eher restriktiv. In den Debatten um die Flüchtlingsarbeit wird daher meist der fachpolitische Auftrag aus der Sozialen Arbeit heraus hervorgehoben. „Soziale Arbeit muss [...] das Kindeswohl unabdingbar in den Vordergrund stellen und sich aktiv für eine vorrangige Behandlung der Minderjährigen als Schutzbedürftige einsetzen." (Jordan/Riedelsheimer 2004, S. 152).

Jordan/Riedelsheimer zeigen auf, dass Flüchtlingskinder mit vielfältigen Verlusterfahrungen umgehen müssen: Neben dem Verlust von vertrauten Menschen müssen oftmals auch Gewalterlebnisse und Traumatisierung erfahren werden. Die Flucht selbst wird oft von Erwachsenen geplant, die Kinder kennen die Pläne zumeist nicht und finden sich dann mit ihnen unbekannten Fluchthelfern wieder. Auch der Fluchtweg ist geprägt von Angst und Gefahren und führt zu einer Aufschichtung von Mehrfachbelastungen (vgl. Ehring 2004). Die Erfahrungen ziehen einen Vertrauensverlust nach sich, so dass der Aufbau neuer Beziehungen recht beschwerlich verläuft (vgl. Jordan/Riedelsheimer 2004, S. 155). Neben unterschiedlichen Symptomen wie Angstzuständen, Schlafstörungen, depressiven Stimmungen, psychosomatischen Beschwerden und (auto-) aggressivem Verhalten kann eine „Sprachlosigkeit" als Trauer- und Entwurzelungsreaktion entstehen. Jordan/Riedelsheimer verorten die Sprachlosigkeit als Reaktion auf den „plötzlichen ungelebten Abschied von der Familie und in den Ängsten um sie" (ebd.). Belastungen erwachsen darüber hinaus aus der diffusen Zukunftsperspektive, der Ungewissheit und den damit verbundenen Ängsten. In Kombination mit den alltäglichen Herausforderungen (Schule, Ausbildung) erleben junge Flüchtlinge oftmals Diskriminierung und geraten umso eher in depressive Stimmungen.

Vor dem Hintergrund einer komplexen „Lebenslage" der UMF stellen sich für handelnde Pädagogen vielfältige Herausforderungen. Es bestehen einerseits vielfältige Wissensbestände, die sich die handelnden Pädagog/innen aneignen müssen. Neben dem spezifischen Wissen über Herkunftsländer, den Bedingungen der Flucht und den damit einhergehenden Belastungen sowie der rechtlichen wie psychosozialen Situation in Deutschland, müssen ebenso einzelfallspezifische Besonderheiten berücksichtigt werden. Diese beiden Bezugspunkte von „Wissen" und „Verstehen" stellen – in einem Modell professionalisierten Handelns – zentrale Momente dar: Professionalisiertes Handeln ist im widersprüchlichen Spannungsfeld von universalisierter Regelanwendung auf wissenschaftlicher Basis einerseits und hermeneutischem Fallbezug andererseits zu verorten. Die Anwendung wissenschaftlichen Wissens ist durch den Bezug auf die Lebenspraxis des Klienten durch die „stellvertretende Deutung" bzw. „stellvertretende Krisenbewältigung" (Oevermann 2000) zu erweitern:

*„In der sozialen Beziehung zum Klienten geht es also nicht einfach um technokratische Problemlösungen, sondern um Kommunikation, um das Verstehen von Bedeutungen und intuitiv-situative Anwendung von universalisierten Wissensbeständen auf den konkreten Fall." (Merten/Olk 1997, S. 577)*

Darüber hinaus findet auch die Arbeit mit UMF in dem widerspruchsvollen Mandat von „Hilfe und Kontrolle" statt, einerseits soll sie junge Menschen zu einer autonomen Lebensführung befähigen, anderseits gesellschaftliche Erwartungen erfüllen. Insbesondere für die Flüchtlingssozialarbeit sind die Rahmenbedingungen damit enger formuliert (vgl. Ehring 2008, S. 54).

Vor diesem Hintergrund lassen sich in der Fachdebatte – neben den Orientierungsaspekten Integration und Bewahrung der Herkunftsidentität – zentrale Merkmale der Arbeit mit UMF rekonstruieren, auf die im Weiteren eingegangen wird:

□ Dauerunsicherheit vs. Vertrauen,

□ Identitätsdiffusion vs. Anerkennung,

□ Aussichtslosigkeit vs. Zukunftsperspektive,

□ Entstrukturierte Lebenswelt- vS. Alltagsstrukturierung,

□ Autonomie vs. Betreuung.

Für die folgende Erläuterung wird auf die entsprechende Fachliteratur zurückgegriffen. Darüber hinaus wurde auf Interviewmaterial Bezug genommen, das im Rahmen einer Diplomarbeit erhoben wurde. In der Studie wurden Fachkräfte zu ihrer Arbeit mit UMF befragt. Die Zitate verweisen entsprechend auf die transkribierten Interviews aus der Diplomarbeit, die für den vorliegenden Bericht neu rekonstruiert wurden.

### 3.2.1 Dauerunsicherheit vs. Vertrauen

In den Studien wird deutlich, dass eine Herausforderung der sozialpädagogischen Arbeit mit UMF darin besteht, den jungen Menschen in einer von Verunsicherung und Ohnmacht gekennzeichneten Phase und ungeachtet aller prekären Bedingungen ein Gefühl von Sicherheit und Vertrauen zu vermitteln. Dabei steht der Aufbau von Sicherheit und Vertrauen im Zusammenhang mit der Bewältigung von Angst:

*„Bezieht man die unterschiedlichen Angaben zur Angst auf die Erfahrungen in sozialen Beziehungen, fällt auf, dass diejenigen, die den Verlust der Eltern bzw. der gesamten Familie beklagen, am häufigsten und am stärksten unter Ängsten leiden. Auch die jugendlichen Flüchtlinge, die keine Vertrauenspersonen hatten, litten stärker unter Ängsten"* (Weiss/Enderlein/Rieker 2001, S. 82).

Für die betreuenden Personen zeigt sich das Bedürfnis nach sozialer Nähe und Anbindung oft erst nach einiger Zeit, wenn nach der Klärung des Aufenthaltsstatus ein wenig Ruhe einkehren kann. In dieser Phase ist es notwendig, den Vertrauens- und Beziehungsaufbau zu gestalten. Der Beziehungsaufbau sowie die Erfahrungen, dass die Betreuer die Jugendlichen gut beraten und sie auch in Schutz nehmen, können Ängste mildern. Die in einer Diplomarbeit befragten Erzieher/innen schildern eindrücklich, dass der Beziehungsaufbau vor allem „Zeit" benötigt: Es bedarf viel Zeit, bis die Jugendlichen sich mit biographischen Erlebnissen anvertrauen – wenn sie überhaupt in der Lage sind, dies zu tun. Der Vertrauensaufbau „dauert unheimlich lange" (Wagner 2009b, S. 47) und läuft ständig Gefahr, dass er „schnell wieder zerbröselt" (ebd., S. 75). Daher wirkt sich die zeitliche Begrenzung bzw. die unklare Perspektive des Aufenthalts sehr belastend auf den Beziehungsaufbau aus. Zu dem Vertrauensaufbau gehört auch

*„Akzeptanz auch dessen zu signalisieren, was nicht ausgesprochen wird und durch Zuwendung emotionale Sicherheit anbieten, ohne eine eindeutige Position zu erzwingen. (...) Es müssen `distanzierende Hilfen´ entwickelt werden, die auch `heimliche´ Lebenswelten bewusst erhalten" (Ehring 2004, S. 61).*

Die Daueruns icherheit erschwert den Beziehungsaufbau, so dass man sich das „Vertrauen ganz hart erarbeiten" muss (Wagner 2009b, S. 45). Daraus resultiert umso mehr die Aufgabe, den jungen Flüchtlingen „eine gewisse Sicherheit hier zu geben, so schwierig das ist" (ebd., S. 108). Damit verbindet sich eine gewisse Sicherheit der Akteure im Hinblick auf das Verfahren sowie auf die Lebensbedingungen der jungen Menschen.

*„Wenn die irgendein Problem haben dann bist du an der Seite, ich bin an deiner Seite. Nicht nur, dass du sagst, ich bin an deiner Seite, die müssen erfahren, dass du an ihrer Seite bist, dass man sie in Schutz nimmt." (ebd., S. 145)*

Die jungen Flüchtlinge befinden sich „in einer Dauerunsicherheit, die sie in den Wahnsinn treibt" (ebd., S. 110). Neben den Unsicherheiten und Ängsten, die aus Vergangenem entstehen, hält die aktuelle Lebenssituation der jungen Flüchtlinge weitere Verunsicherungen bereit: Sie müssen sich in einem anderen Land in einer neuen Sprache orientieren, leben gezwungenermaßen in einer bestimmten Form des Zusammenlebens, müssen ein undurchschaubares Verfahren bestreiten, müssen in diesem Kontext ihre Geschichte erzählen, die sie oftmals aus Scham und Angst nicht erzählen können, müssen mit Bundesamt, der Ausländerbehörde, ihrem Vormund und Rechtsanwälten kommunizieren. Die Komplexität führt zu einem Gefühl der „Ohnmacht" und „Ausgeliefertsein" (ebd., S. 110). Ergänzend dazu ist die Rolle der Betreuer/innen für die Jugendlichen unklar:

*„aber erstmal ist schon die Polizei hier dein Freund und Helfer und die Lehrer sind es auch und die Betreuer sind es auch. Und das ist für die völlig fremd. Also diese Bezugspersonen zu haben, die praktisch nicht Familie sind, nicht Ersatzfamilie sind, aber trotzdem rund um die Uhr da sind. Aber auch keine Aufseher und Kontrolleure sind. (...) Die merken, oh hier bin ich ein Mensch, der behandelt mich wie ein Mensch. Und das ist glaube ich sehr neu, dieser Umfang, das die nicht wissen, wie die mit uns Betreuern umgehen sollen"* *(ebd., S. 18).*

Für den Vertrauensaufbau ist weiterhin zentral, als betreuende Person nicht „nach der Wahrheit" zu forschen, sondern die Schilderungen den Jugendlichen zu überlassen und die Zwänge, in denen sie stehen, zu reflektieren. Das bedeutet auch, eine Balance zwischen dem Nicht-Überprüfen der biographischen Schilderung und dem Signal, an der Geschichte interessiert zu sein, zu finden. Denn für die jungen Flüchtlinge ist es belastend, „mit zwei oder mehr Lebensgeschichten zu leben" (ebd., S. 90). In der befristeten Zeit sei eine Aufarbeitung der Vergangenheit zumeist nicht möglich. Aus Sicht der Betreuer sollte auch die Gegenwart bzw. die Entwicklung einer Zukunftsperspektive gestärkt werden, so dass die Vergangenheit ein Stück weit belassen wird: „Weil das, was sich hier vor Ort abspielt, das ist wichtig" (ebd., S. 38).

In diesem Zusammenhang muss auch der Rückzugswunsch der jungen Menschen ausbalanciert werden mit der Gefahr, dass die UMF als zu angepasst wahrgenommen werden. Einerseits neigen einige der jungen Flüchtlinge aufgrund ihrer spezifischen Lebenssituation dazu, sich zurückzuziehen. Andererseits kann ihr stilles Verhalten, im Leben der Einrichtung „mitzulaufen", dazu verleiten, dass sie „hinten runterfallen" und aus dem Blick geraten (ebd., S. 74). Es darf nicht vergessen werden, dass die Kinder und Jugendlichen belastet sind, „auch wenn es ihnen im Aufnahmeland inzwischen nach außen hin gut zu gehen scheint" (Weiss/Enderlein/Rieker 2001, S. 81). Und es besteht die Gefahr, dass die Kinder im Verlauf der Betreuung zu „Anpassungsspezialisten" werden, da ihr Überleben davon abhängt „herauszufinden, was andere hören wollen" (Holzapfel 1999, S. 196).

Die Erzieher/innen können „Begleiter für die Zeit" (Wagner 2009b, S. 145) werden, um die jungen Menschen mithilfe weiterer Vertrauenspersonen in der Phase der Dauerunsicherheit zu unterstützen. Auf diese Weise werden kontinuierliche Bezüge möglich, die insbesondere für die Arbeit mit traumatisierten Kindern und Jugendlichen jeglicher Herkunft zentral ist (vgl. Weiß 2004, S. 87f.).

### 3.2.2 Identitätsdiffusion vs. Anerkennung

Die jungen Flüchtlinge sehen sich damit konfrontiert, unter den Bedingungen der Flucht erwachsen zu werden und sich ihre Identität anzuzeignen – eine Entwicklungsaufgabe, die insbesondere in der Lebensphase Jugend zentral wird. Allerdings erschweren oder verhindern „die traumatisierenden Erfahrungen vor, während oder nach geglückter Flucht, (...) eine notwendige und angemessene Auseinandersetzung mit den sich hier stellenden Aufgaben der Adoleszenz" (Ehring 2004, S. 49). Die Kinder und Jugendlichen verschweigen „ihre Geschichte" aus Angst, die aus verschiedenen Motiven herrühren kann. „Sie können nicht ehrlich sein" – ein Moment, der die Jugendlichen sicher von anderen Jugendlichen deutlicher unterscheidet. Damit verbunden ist Schweigen, Schweigen über erlebte Gewalterfahrungen, über die Trennung von den Eltern und der Familie, verdeckten oder offenen Wünschen der Familie, Verlustängste und Unsicherheit. „Wenn es um die Frage geht, gibt es nicht Verwandte oder irgendwie Eltern im Heimatland, da können sie eigentlich nicht drüber sprechen" (Wagner 2009b, S. 92). Damit verbindet sich auch eine Abwertung der bislang erlebten Identität, die durch die neuen Rahmenbedingungen und Zuschreibungen untermauert wird und zu Diskrepanzen in der Identitätsstruktur führen kann (vgl. Zenk 2000a, S. 365).

Die Annahme einer zweiten Identität in Fluchtsituationen ist schon immer eine Überlebensstrategie, da es eine „wahre" zu schützende Identität geben kann (vgl. Zenk 2000b, S. 394). In der sozialpädagogischen Arbeit empfiehlt es sich, die unterschiedlichen „Identitäten" nicht zu bewerten oder es als Betrug oder Kränkung zu interpretieren, da dies wiederum die Glaubwürdigkeit der Person grundsätzlich in Zweifel zieht. Hilfreicher erscheint es, die „inneren Diskrepanzen" zu akzeptieren und sich auf die verschiedenen Identitätsentwürfe zu beziehen, um ein Spaltungsempfinden zu vermeiden. Dies bedeutet zugleich, auch auf „Klarheit" zu verzichten (vgl. ebd.) und durch selbstkritische Reflexion auf konstruierte Wahrheiten „nicht moralisch wertend oder mit Entzugsdrohungen" zu reagieren (Ehring 2004, S. 61). Demgegenüber sollten Selbstwirksamkeit und Selbstbewusstsein durch ein hohes Maß an Transparenz und Partizipation gestärkt werden (vgl. Weiss 2004, S. 90ff.). Die Anerkennung der verschiedenen Identitäten wird umso bedeutsamer, da sich Unbegleitete Minderjährige Flüchtlinge im Aufnahmeland Diskriminierungserfahrungen ausgesetzt sehen können.

### 3.2.3 Aussichtslosigkeit vs. Zukunftsperspektive

Die Orientierung an der Zukunft wird in der Befragung der Fachkräfte im Rahmen der Diplomarbeit von Wagner deutlich: Die Soziale Arbeit mit den jungen Flüchtlingen wird von den Befragten in die Entwicklung einer Zukunftsperspektive bzw. in die Gegenwart hinein verlagert. Ein Betreuer formuliert, er versuche zu vermitteln, dass „hier etwas Neues beginnt" (Wagner 2009b, S. 55) und dass der Aufenthalt eine Chance birgt, neue Ziele zu entwickeln:

*„Hier könnt ihr erstmal ohne irgendwelche Hintergrundgeschichten wieder komplett von Null anfangen und euch hier euer Leben so gestalten und so*

*anfangen, wie ihr das gerne hättet. Euch so zu geben, so zu sein, wie ihr das gerne wünscht. Weil hier kennt euch niemand, hier seid ihr nicht in irgend- welchen Zwängen drin, erstmal. Sondern hier seid ihr erstmal wie neugebo- ren, sag ich immer. Hier könnt ihr euch aussuchen, wie will ich sein, was will ich erreichen, wo will ich hin, was erwarte ich. Und ich glaube mit diesem Zukunftsausblick lässt sich ganz viel neu gestärkt in eine neue Situation ge- hen, aber auch ganz viel auf die Seite schieben. Es ist gar nicht, man muss gar nicht immer alles gleich bearbeiten. Ich glaube, viele brauchen erstmal was so ein bisschen Luft, um durchzuatmen"* (ebd., S. 55).

Diese Sequenz zeigt das Bemühen, die Unaussprechbarkeiten produktiv zu wenden. Inwiefern das Modell des „Tabula Rasa" als ein strategisch-biogra- phisches Projekt wirken kann, kann hier nicht abschließend beantwortet wer- den. In der Arbeit mit UMF zeigt sich jedoch, dass die Entwicklung einer Zu- kunftsperspektive sich mit der Aufnahme von Bildungsprozessen verschränkt und gegenseitig bestärkt. Die jungen Flüchtlinge sind meist sehr bildungs- orientiert und erfolgreich, sie können – in den geschilderten Grenzen – Schul- und Ausbildungsziele anvisieren: „Denen tut´s allen gut, die wollen alle Schule" (ebd., S. 20), „dass die sich entfalten können, das ein Leben ein- fach beginnt mit interessanten Dingen, Erfolgserlebnisse bestärken" (ebd., S. 41). Dies wird als Ressource eingeschätzt, „die Zukunft auch in die Hand zu nehmen und durch Arbeit die Ziele zu erreichen" (ebd., S. 98), wenngleich die Ambivalenz der Situation deutlich wird: „Es kann ein unheimliches Glück sein, hier zu sein. Es kann aber auch ein unheimliches Leid sein, wenn man hier ist" (ebd., S. 54).

Allerdings zeigt sich ein Forschungsdesiderat im Hinblick auf die Situation in der Schule, da Schule als Regelinstitution die eigene Heterogenität erst langsam entdeckt und wissenschaftlich reflektiert. Die Kooperation mit den jeweiligen Schulen, Schulleitern und Lehrer/innen stellt sich dabei sehr un- terschiedlich dar (vgl. weiterführend Apitzsch 2000).

### 3.2.4 Entstrukturierte Lebenswelt vs. Alltagsstrukturierung

Die Herstellung von sicheren und verlässlichen Bezügen wird auch durch die Alltagsstrukturierung ermöglicht, die insbesondere durch die Jugendhilfeeinrichtung umgesetzt und begleitet werden kann. Insbesondere bei traumatisierten Kinder und Jugendlichen erleichtert eine Struktur im Alltag die Bewältigung des Erlebten (vgl. Wagner 2009b, S. 229). Unter Alltagsstrukturierung fällt neben einer regelmäßigen Tagesstruktur mit Essenszeiten die Begleitung des Spracherwerbs. Die Einrichtungen der Jugendhilfe versuchen auf den jeweiligen Bedarf – teilweise mit eigenen Lernmaterialien – einzugehen. Dessen ungeachtet müssen die Sozialpädagog/innen auch die nonverbale Verständigung mit den Flüchtlingen nutzen können. Weiterhin übernimmt die Jugendhilfe die Aufgabe, die Zugänge zu Schule/Ausbildung und zu Beratungsangeboten, Vereinen und Gleichaltrigen sowie zu einem Vormund zu vermitteln. Dabei soll die Selbstwirksamkeit der jungen Flüchtlinge unterstützt werden. Die Einbindung von Peers erscheint bedeutsam, da sie eine Form des „solidarischen Rückhalts" und damit eine Ressource darstellen (ebd., S. 26). Ferner können einrichtungsspezifische Angebote wie Unternehmungen und Ausflüge, Angebote zum kunsttherapeutischen Arbeiten oder körperorientierte Aktivitäten entwickelt werden, um die Alltagsstrukturierung weiter zu entwickeln.

### 3.2.5 Autonomie vs. Betreuung

Die Heimunterbringung hat sich im Rahmen der Betreuung als zentrale Form ausgebildet. Dennoch sollte je nach individuellem Bedarf überprüft werden, inwieweit eine stationäre Unterbringung angemessen ist. Für ältere Jugendliche können im Zuge der Verselbstständigung auch betreute Wohnformen eine Möglichkeit darstellen, die dem Autonomiebedürfnis gerecht werden können. Andererseits zeigt sich auch, dass belastende Situationen entstehen können, wenn eine Jugendhilfemaßnahme mit 18 Jahren beendet wird und der Jugendliche erzwungenermaßen alleine leben muss: „Ich glaube schon, dass das viele emotional schlecht verkraften. Also, dass da ganz viele auch danach in richtig so ein Loch fallen" (Wagner 2009b, S. 52). Krisenhaft wird ebenfalls der Wechsel in eine Asylbewerberunterkunft eingeschätzt, da der Betreuungsschlüssel in den Einrichtungen völlig anders ausfällt: „Das ist eine ganz andere Situation und das ist dann schon sehr belastend" (ebd., S. 93).

Jugendhilfe bzw. Soziale Arbeit muss sich mit den rechtlichen Bedingungen für Menschen mit Flucht- und Migrationsgeschichte ebenso auseinanderset- zen wie mit dem kognitivem Erwerb von migrationsspezifischem Wissen. Auf der Erfahrungsebene wird allerdings deutlich, dass neben migrationsspezi- fischen Kompetenzen vor allem sozialpädagogische Basiskompetenzen be- nötigt werden: Neben der Fähigkeit zur differenzierten Wahrnehmung und Selbstreflexion wird kommunikative Kompetenz und Handlungskompetenz bedeutsam. Daher definiert Hamburger interkulturelle Kompetenz im Kon- text der Jugendhilfe als „ein Zustand besonderer Sensibilisierung (...) oder als Habitus der Offenheit" (Hamburger 2002, S. 41) und stellt fest: **„Das Beson- dere der Sozialen Arbeit mit Migrantinnen und Migranten besteht vor allem darin, das Allgemeine besonders gut zu können"** (ebd., S. 42).

## 3.3 Das Allgemeine: Von Lebenswelten und Subjekten

Die Jugendhilfe als ein Handlungs- und Praxisfeld der Sozialpädagogik insti- tutionalisiert die Bearbeitung „sozialer Probleme" und wendet sich mit ihren Leistungen an alle Kinder und Jugendlichen: „Jeder junge Mensch hat ein Recht auf Förderung seiner Entwicklung und auf Erziehung zu einer eigen- verantwortlichen und gemeinschaftsfähigen Persönlichkeit" (SGB VIII, § 1). Allerdings zeigt sich schon im SGB VIII eine Differenzierung, die sich auf den Aufenthaltsstatus der Familien bezieht: Jungen Menschen, Müttern, Vätern und Personensorgeberechtigten von Kindern und Jugendlichen werden die Leistungen nur dann gewährt, wenn sie ihren „tatsächlichen Aufenthalt" oder aufgrund einer ausländerrechtlichen Duldung ihren gewöhnlichen Aufenthalt im Inland haben (vgl. SGB VIII, § 6). Der aufenthaltsrechtliche Status beein- flusst insofern den Leistungsbezug und damit unter Umständen die Vorran- gigkeit des Kindeswohls. Die Jugendhilfe fokussiert auf die Statuspassagen von Kindheit und Jugend (bzw. von Statuspassagen im Erwachsenenalter der Eltern), die Sozialpädagogik „setzt in den Situationen an, wo die Bedingungen für eine altersspezifische Normalität oder für die durchschnittliche Bewältigung einer Statuspassage fehlen" (Hamburger 2003, S. 158).

Sozialpädagogik widmet sich – allgemein gesprochen – der Bearbeitung des Verhältnisses von **Individuum und Gesellschaft** insofern es sich konflikthaft gestaltet:

*„Sozialpädagogik ist nicht nur eine sozial- und erziehungswissenschaftliche Disziplin im allgemeinen Sinne, sondern gleichzeitig auch eine Theorie besonderer Praxisinstitutionen – vor allem der Jugendhilfe und Sozialarbeit. Als erziehungswissenschaftliche Disziplin beschäftigt sich die Sozialpädagogik mit jenen sozialstrukturell und institutionell bedingten Konflikten, welche im Verlauf der Sozialisation von Kindern und Jugendlichen auftreten: Konflikte zwischen subjektiven Antrieben und Vermögen der Kinder und Jugendlichen und gesellschaftlichen und institutionellen Anforderungen, wie sie in Familie, Schule, Arbeitswelt und Gemeinwesen vermittelt sind. Sie versucht, diese Konflikte aufzuklären, ihre Folgeprobleme zu prognostizieren und in diesem Kontext die Grundlagen für erzieherische Hilfen zu entwickeln" (Böhnisch 1979, S. 22).*

Soziale Arbeit mit Menschen mit Flucht- oder Migrationsgeschichte steht zunächst einmal vor den gleichen Herausforderungen wie die Soziale Arbeit mit Kindern, Jugendlichen, Erwachsenen oder älteren Menschen – zum einen, weil Individuen durch Gemeinsamkeiten verbunden sind, zum anderen, weil die Aufforderung, individuelle Lebenswelten mit ihrem jeweils subjektiven Sinn in den Blick zu nehmen, eine differenzierte Betrachtung unabdingbar werden lässt. Theoretische Konzepte in der Sozialpädagogik nehmen dabei je spezifische Blickwinkel ein wie beispielsweise die „Lebensweltorientierung" verdeutlicht (Thiersch 1986; Thiersch 1992; Thiersch/Grundwald/Köngeter 2002) oder die Reflexionskategorien „Subjekt" und „sozialpädagogischer Ort" aufzeigen (vgl. Winkler 1988). Den theoretischen Zugängen ist ein differenzierter Blick auf die Heterogenität der individuellen Lebensentwürfe und -bezüge sowie die Analyse der Wechselbeziehungen zwischen Individuum und Gesellschaft inhärent. Vor diesem Hintergrund der allgemein-theoretischen Auseinandersetzung können migrationstheoretische Entwürfe, die das

Verhältnis von Eigenem und dem „Migrationsanderen" beispielsweise in dem Konzept von Mehrfachzugehörigkeiten beschreiben, ergänzend hinzugezogen werden (vgl. exemplarisch Mecheril 2004; Nohl 2006).

Ein „sozialpädagogischer Blick" eröffnet insofern ebenso eine erweiterte Perspektive auf die Arbeit mit Unbegleiteten Minderjährigen Flüchtlingen. Ohne die theoretischen Diskurse in diesem Rahmen nachzeichnen zu können, soll anhand von drei Beispielen verdeutlicht werden, dass die theoretischen Entwürfe durchaus eine Grundlage bilden, um die sozialpädagogische Arbeit mit Unbegleiteten Minderjährigen Flüchtlingen zu begründen und zu gestalten:

(1)     Setzt man die Arbeit mit jungen Flüchtlingen in Bezug zur **lebensweltorientierten Sozialen Arbeit**, bedeutet Prävention eine angemessene Unterbringung der jungen Menschen und Regionalisierung eine Aufhebung von Quotierungen zugunsten einer freiwilligen Wahl des Umfelds. Partizipation kann im Grunde nur unter der Voraussetzung einer aufenthaltsrechtlichen Sicherung greifen und die Bearbeitung von Integration/Normalisierung bezieht sich auf Lebensbewältigungsstrategien im Kontext der erzwungenen Migration. Eine Alltagsorientierung kann darauf abzielen „im Erfahrungsraum der Minderjährigen präsent zu sein und es ihnen in jeder Lebenslage zu ermöglichen, Hilfsangebote und Beratung zu finden" sowie ein ganzheitlicher Blick auf die subjektive Lebenssituation, um „auch in scheinbar ausweglosen Situationen Handlungsmöglichkeiten zu entwickeln" (vgl. Jordan/Riedelsheimer 2004, S. 153; vgl. Thiersch/Grundwald/Köngeter 2002, S. 169ff.).

(2)     Die **sozialpädagogische Theorie der Lebensbewältigung** von Lothar Böhnisch beschreibt Sozialpädagogik als „gesellschaftlich institutionalisierte Reaktionen auf typische psychosoziale Bewältigungsprobleme in der Folge gesellschaftlich bedingter sozialer Desintegration" (Böhnisch 2002, S. 199). Die Lebensrisiken werden als „lebensalter- und sozialstrukturtypische Bewältigungskonstellationen in der industriellen Risikogesellschaft" konzipiert und sind damit hoch anschlussfähig an die Lebenslage junger Flüchtlinge. Böhnisch bezeichnet die Brüche zwischen den „gesellschaftlichen Erwartungen" und den „sozialstruk-

turell vermittelten biografischen Entwicklungschancen" als anomische Struktur, aus der Bewältigungsprobleme resultieren. Freisetzung und Bewältigung wird auf diese Weise als Zugang konzipiert, um die komplexen Verflechtungen zwischen sozialen Problemen und individuellen Lebensschwierigkeiten zu analysieren (ebd., S. 202). Insofern werden sozialpädagogische Orte nötig, „in denen dieser notwendige Halt in der unvermeidbaren gesellschaftlichen Offenheit gefunden und der selbstbestimmte Zugang zum Sozialen neu organisiert und gestaltet werden kann" (Böhnisch 2002, S. 201).

Böhnisch lehnt sich an die Stressforschung an, die aufzeigt, dass bei der Bewältigung von Stress ein Wiedererlangen des Gleichgewichts zentral ist.[44] Böhnisch erweitert dieses Verständnis im Sinne eines sozialpädagogischen Bewältigungskonzepts auf der Grundlage eines Mehrebenen-Modells:

| |
|---|
| Erfahrung des Selbstwertverlustes |
| Erfahrung sozialer Orientierungslosigkeit |
| Fehlender sozialer Rückhalt |
| Handlungsorientierte Suche nach Formen sozialer Integration (Bewältigungshandeln) |

(3) Michael Winkler formuliert in seiner Theorie der Sozialpädagogik zwei Grundbestimmungen sozialpädagogischen Handelns: **Subjekt und Ort** (Winkler 1988). Sozialpädagogik, so Winkler, möchte den Individuen helfen, „ihre Rolle als Opfer von Verhältnissen zu überwinden und ihre Lebensbedingungen als Subjekte selbst auszufüllen. Dazu sucht sie Lebensräume zu eröffnen" (Winkler 1988, S. 265). Die Orientierung am Subjektbegriff fordert dazu auf, Orte zu schaffen, die ein selbsttätiges Aneignungshandeln in Auseinandersetzung mit einer sozialen Situation ermöglichen. Auf diese Weise kann ein „Modus der Identität"

---

[44] Vgl. dazu auch aus der Psychologie Filipp 1995, insbesondere die Ausführungen zum Verlust der Ortsidentität.

entwickelt werden. Kann aber Aneignung nicht verwirklicht werden, entsteht ein „Modus der Differenz" (vgl. ebd., S. 152f.).[45] „Das sozialpädagogische Handeln muß die Gegenwart des Subjekts so strukturieren, dass in ihr eine offene Zukunft für dieses entsteht." (ebd., S. 276) Die Zukunft muss von den Subjekten selbst gestaltet und verwirklicht werden, daher kann sozialpädagogisches Handeln nur Bedingungen schaffen, die es ermöglichen, sich aus dem „Modus der Differenz" zu befreien und diesen zu verarbeiten. Der Modus der Differenz entzieht dagegen dem Subjekt die Möglichkeit, sich mit objektiven Bedingungen auseinanderzusetzen. Winkler führt an dieser Stelle z. B. die Auseinandersetzung in sozialen Beziehungen (Eltern-Kind), das Fehlen eines Ausbildungsplatzes, Verlust materieller Mittel im Zuge von Arbeitslosigkeit, den Tod von Eltern oder Lebenspartnern an. Die „biographisch erworbene Vorstellung von Zukunft" kann auf diese Weise zusammenbrechen (ebd., S. 159). Traumatisierend kann dabei sein, dass sich stabilisierende, regelmäßige Sozialbezüge und Handlungskontexte auflösen und damit die Grundlage für eine Orientierung erodiert: „Das Subjekt sieht also die futurische Dimension seines Lebens entleert und kann höchstens – freilich und idealisierend – auf seine Vergangenheit zurückgreifen" (ebd., S. 160). Der Modus der Differenz kann auch entstehen, wenn die vorhandene Objektivität vom Subjekt nicht angeeignet werden kann, da über sie verfügt werden kann wie z. B. bei der harten Realität von Institutionen: „Ohnmächtig steht man einer Wirklichkeit gegenüber, die fremd bleibt, das Handeln noch in die Grundstrukturen der Aktivität hinein paralysiert oder den Rückzug nahe legt" (ebd., S. 162).[46] Aufgrund dessen kommt der Gestaltung eines sozialpädagogischen Ortes zentrale Bedeutung zu.

---

[45] Winkler beschreibt den „Modus der Differenz" als einen Zustand, in dem das Subjekt mit sich „uneins" und unsicher ist, wie man sich verhalten soll. Das kann in einer Krise münden, in der die Kontrolle über Lebensbedingungen verloren wird. Sozialpädagogik kann insofern fragen, inwieweit das Aneignungshandeln dazu führt, dass der Einzelne über seine existentiellen Bedingungen verfügt bzw. inwieweit Aneignung eine künftige Entwicklung des Subjekts ermöglicht oder verhindert (vgl. Winkler 1998, S. 152f.).

[46] Auf weitere Formen wie den prozessual angelegten Modus der Differenz (z. B. Suchtverhalten) wird hier nicht weiter eingegangen, vgl. Winkler 1988, S. 163ff.

*„Es beginnt, wo überlegt wird, wie ein Ort beschaffen sein muß [sic!], damit ein Subjekt als Subjekt an ihm leben und sich entwickeln kann, damit er auch als Lebensbedingung vom Subjekt kontrolliert wird. Sozialpädagogisches Handeln stellt somit Räume zur Verfügung, in welchen sich die Individuen wieder bewegen und miteinander als Subjekte verkehren, zugleich auch sich selbst bilden können" (Winkler 1988, S. 278f.).*

Eine zentrale Funktion des Raums besteht darin, den Subjekten existenzielle Sicherheit zu geben. Auf diese Weise kann die Freiheit zurückgewonnen werden, die für die Aneignung und Bildung des Subjekts bedeutsam ist. Das bedeutet, dass „der Ort" Rahmenbedingungen für subjektive Bildungsprozesse absichert, die wiederum durch die Selbsttätigkeit des Subjekts gestaltet werden.

Resümierend zeigt sich vor dem Hintergrund des allgemein-theoretischen Blicks in die Sozialpädagogik, dass sowohl die Orientierung am Subjekt in der konflikthaften, aktiven Auseinandersetzung mit der „Umwelt" in den Blick genommen wird, als auch die Gestaltung von Orten, um eine gelingende Aneignung und Bewältigungshandeln zu ermöglichen. Dies gilt zunächst für alle Kinder und Jugendliche – nicht nur für Unbegleitete Minderjährige Flüchtlinge.

## 3.4   Zwischenresümee: Soziale Arbeit mit UMF

Der Blick in die sozialpädagogischen Debatten zeigt auf, dass Sozialpädagogik und Jugendhilfe angemessene Grundlagen bieten, um theoretisch wie methodisch die Arbeit mit der spezifischen Adressatengruppe der Unbegleiteten Minderjährigen zu gestalten. Die aus der Arbeit mit UMF gewonnenen Erkenntnisse beziehen sich zumeist auf Erfahrungen in der Heimerziehung mit je unterschiedlichen Settings. Dabei wird deutlich, dass die Unterbringung in der Jugendhilfe eine altersangemessene Form darstellt: Die sozialpädagogische Rahmung ermöglicht es, ungeachtet der prekären Bedingungen, Beziehungen und Vertrauen aufzubauen, die Identitäten der Jugendlichen anzuerkennen und über die Alltagsstrukturierung den Zugang zu Sprache, Bildung, rechtlicher Vertretung, Freizeit und Gleichaltrigen zu gestalten. Darüber hinaus bietet die sozialpädagogische Betreuung fachliche Standards in der Qualifikation der Betreuer/innen sowie reflexive Verfahren wie Supervision.

Dennoch bestehen auch Forschungsdesiderate im Hinblick auf die Praxis der Jugendhilfe: Die Ausgestaltung und Umsetzung in den jeweiligen Einrichtungen, die Interaktionen zwischen jungen Flüchtlingen und Pädagog/innen werden bislang unzureichend erhoben und diskutiert. Die Jugendhilfe muss ebenfalls danach fragen, welche Hilfen für welchen Unbegleiteten Minderjährigen angemessen erscheinen und wie sozialpädagogische Diagnosen vor dem Hintergrund der komplexen Belastungen erarbeitet werden können. Zugleich muss die Jugendhilfe die Perspektive der Adressaten systematisch beleuchten und rekonstruieren. Über eine Befragung der „Nutzer" können eigene Qualitätsstandards kontinuierlich hinterfragt und zu einer Praxisentwicklung beigetragen werden.

Darüber hinaus geraten die Unterbringungsformen außerhalb der Jugendhilfe aus dem Blick, die für einen großen Anteil der Asylsuchenden die Rahmenbedingungen ihres Alltags konstituieren. Die Art und Weise der Betreuung kann dort erheblich variieren, empirische Daten liegen dazu jedoch kaum vor. Darüber hinaus halten sich Unbegleitete Minderjährige in Deutschland auf, die keinen Asylantrag stellen bzw. nicht „auftauchen" und damit auch nicht von der Jugendhilfe betreut werden können.

Zusammenfassend lässt sich festhalten, dass eine sozialpädagogische Arbeit mit Unbegleiteten Minderjährigen Kindern und Jugendlichen bedeutet:

☐ Spezifisches Wissen mit einem lebensweltorientierten Blick auf die Individuen verbinden,

☐ Bewältigungsprozesse begleiten und unterstützen,

☐ als Vertrauensperson zur Verfügung stehen,

☐ den jungen Menschen die Aneignung ihres Lebens wieder ermöglichen,

☐ Orte schaffen, an denen Bewältigung und Aneignung möglich wird,

- Widersprüche in der Arbeit reflexiv bearbeiten,
- ein advokatorisches Selbstverständnis der Sozialen Arbeit zu stärken.

Auf struktureller und politischer Ebene der Jugendhilfe lassen sich vorläufig einige Aspekte festhalten, die nicht in Gänze die Handlungsbedarfe abbilden können:

- Das Kindeswohl bildet die zentrale Orientierung aller beteiligten Akteure.

- Neben der Rücknahme der Vorbehaltserklärung sollte die Bundesregierung ein befristetes Aufenthaltsrecht für Unbegleitete Minderjährige einräumen, um damit der besonderen Schutzbedürftigkeit Ausdruck zu verleihen. Sie sollten ebenso im Hinblick auf das Bleiberecht entsprechend bevorzugt behandelt werden.

- Jugendliche sollten – so wie es der § 42 SGB VIII formuliert – bis 18 Jahre Inobhut genommen werden und damit in ein strukturiertes Hilfeplanverfahren eingebunden werden. Das bedeutet auch, dass eine Unterbringung in Erstaufnahmeeinrichtungen und Gemeinschaftsunterkünften vermieden werden sollte.

- Spezifische kindgerechte Aufnahme- oder Clearingstellen sollten eingerichtet bzw. weiterentwickelt werden.

- Auf Landesebene empfiehlt sich eine Zusammenarbeit von Land, Landesjugendamt, den beteiligten Jugendämtern, den Freien Trägern und ehrenamtlichen Organisationen, um gemeinsam zu einer verbesserten Situation für UMF zu gelangen.

- Auf kommunaler Ebene empfiehlt sich ebenso eine Berücksichtigung der spezifischen Adressatengruppe im Rahmen der Jugendhilfeplanung und Vernetzungsstrukturen für die Organisation der Vormundschaften.

- Begleitung und Evaluation der Prozesse: Je nach Möglichkeit empfiehlt sich eine strukturierte Erhebung der Situation der Unbegleiteten Minderjährigen in den Bundesländern. Insbesondere über die Perspektive der Adressaten selbst, die sich in der Heimunterbringung oder an anderen Orten befinden, liegen unzureichende Kenntnisse vor.

- Fachliche Austauschforen sowie Fortbildungs- und Qualifizierungsangebote für die beteiligten Akteure müssen entwickelt werden.

# 4. Die Situation in Rheinland-Pfalz: Ein Blick in die Praxis

In Rheinland-Pfalz besteht bereits seit Anfang der 1990er Jahre ein Modell für die Unterbringung von Unbegleiteten Minderjährigen Asylbegehrenden. Rheinland-Pfalz orientierte sich dabei, wie andere Bundesländer, an der asylrechtlich relevanten Altersgrenze von 16 Jahren: Die Unbegleiteten Minderjährigen Asylbegehrenden bis 16 Jahre wurden in der Jugendhilfe im Rahmen der Heimerziehung untergebracht. Die über 16-Jährigen Jungen wie Mädchen verblieben in der damaligen Zentralen Aufnahmestelle – ZAST Ingelheim. Zentrales Element des Modells war die Entstehung eines Heimverbunds in Rheinland-Pfalz, der sich für die Unterbringung der UMF in der Jugendhilfe in Rheinland-Pfalz verantwortlich zeichnete (vgl. Kap. 4.3).

Im Jahr 1993 wurden, gleichzeitig mit Inkrafttreten des § 44 Asylverfahrensgesetz, neue Erstaufnahmeeinrichtungen für Asylbegehrende eingerichtet (Neustadt an der Weinstraße, Ingelheim und Trier) und damit die Entscheidung getroffen, künftig alle unbegleitet einreisenden minderjährigen weiblichen Asylsuchenden ebenfalls innerhalb des Heimverbunds unterzubringen. Damit verblieben nur die 16-17-Jährigen männlichen Asylsuchenden in den Erstaufnahmeeinrichtungen.

Mit der der Änderung des § 42 SGB VIII durch das „Gesetz zur Weiterentwicklung der Kinder- und Jugendhilfe (KICK)" knüpfte Rheinland-Pfalz an das bestehende Modell an und entwickelte eine zusätzliche Inobhutnahmeeinrichtung in den Räumen der Aufnahmeeinrichtung für Aslybegehrende (AfA) in Trier. Dies bedeutet, dass Mädchen bis 18 Jahre weiterhin in Jugendhilfeeinrichtungen des Heimverbunds untergebracht werden. Die männlichen Flüchtlinge werden nur bis zu einem Alter von 16 Jahren im Heimverbund untergebracht. Die über 16-Jährigen werden nunmehr in der neu eingerichteten Inobhutnahmeeinrichtung in der Erstaufnahmeeinrichtung in Trägerschaft des Landes betreut. Der allgemeine Sozialdienst der AfA wurde nunmehr auch mit der Betreuung der männlichen 16-17-Jährigen UMF betraut. Rheinland-Pfalz entwickelte in einer Arbeitsgruppe, bestehend aus dem Innen- und Sozialministerium, der AfA und dem Jugendamt Trier, für die Inobhutnahmeeinrichtung in den Räumlichkeiten der AfA ein spezifisches Betreuungskonzept, das konzeptionelle sowie räumliche Standards beinhaltet (vgl. Kap 4.2).

Da die Stadt Trier durch ihre regionale Lage sowohl Träger der Aufnahmeeinrichtung für Asylbegehrende als auch örtlich zuständiger Träger der Inobhutnahmeeinrichtung bzw. der Jugendhilfe, der Schulen und des Ausländerrechts ist, erhält sie entsprechend Entlastungen von Seiten des Landes. Eine Verwaltungsvorschrift zum Landesaufnahmegesetz regelt diesen so genannten Quotenvortrag als Ausgleich für die Standorte von Aufnahmeeinrichtungen im Sinne des § 44 AsylVfG. Hierdurch wird die Stadt Trier jährlich bei der Zuweisung von Asylsuchenden auf die Kommune entlastet und zwar in einer Größenordnung von 8 % der vorgehaltenen Unterbringungsplätze der AfA (entspricht z.Zt. 62 Personen). Das bedeutet, dass die Stadt Trier bei der Verteilung der Asylsuchenden auf die Städte und Landkreise jährlich um 62 Personen entlastet wird. Darüber hinaus erhält die Stadt Trier für die Aufgaben als Jugendamt durch das Land Unterstützung in Form einer Fallpauschale. Diese wurde im Jahr 1999 auf der Grundlage des von der Stadt Trier ermittelten Aufwands für die Betreuung der Minderjährigen Unbegleiteten Flüchtlinge ermittelt. Die Fallpauschale bezog sich dabei allerdings auf die unter 18-Jährigen weiblichen und die unter 16-Jährigen männlichen Jugendlichen und beträgt „pro Fall" seit 1999 unverändert rd. 658 €. Eine Anpassung der jeweiligen Fallpauschalen erscheint vor den veränderten Bedingungen erforderlich.

Nach Eintreffen unbegleitet einreisender minderjähriger Asylbegehrender in der AfA verständigt der Sozialdienst der AfA unverzüglich das Jugendamt der Stadt Trier. Die Inaugenscheinnahme der jungen Menschen wird in der AfA vom Jugendamt Trier durchgeführt. Das Jugendamt Trier ist „als örtlich und sachlich zuständiger Jugendhilfeträger verpflichtet, sich um die sofortige jugendhilfegemäße Unterbringung zu kümmern" (Landtag Rheinland-Pfalz 2005, S. 25). Nach der vorgenommenen Altersfestsetzung und der dann eingeleiteten Inobhutnahme wird die Unterbringung in der Inobhutnahmeeinrichtung der AfA oder im Heimverbund entsprechend veranlasst.[47]

Das Modell in Rheinland-Pfalz entwickelte sich vor dem Hintergrund der ursprünglichen Differenzierung nach Altersgruppen bei den männlichen Jugendlichen. Die Unterbringungsform in Einrichtungen des Heimverbunds und der Inobhutnahmeeinrichtung der AfA folgt insofern einer alters- und geschlechtsspezifischen Differenzierung. Die weiblichen bis 18 Jahre und alle männlichen Unbegleiteten Minderjährigen bis 16 Jahre werden regelmäßig in Einrichtungen des Heimverbunds untergebracht. Die männlichen 16-17-Jährigen UMF werden in der Regel in der Inobhutnahmeeinrichtung der AfA untergebracht und durch das spezifische Inobhutnahme-Betreuungskonzept in der Inobhutnahmeeinrichtung der AfA betreut.

Die weiblichen Minderjährigen und die männlichen Jugendlichen unter 16 Jahren verbleiben daraufhin zumeist in den jeweiligen Einrichtungen der Jugendhilfe. Demgegenüber verbleiben die männlichen 16-17-Jährigen UMF nur für ca. 2-3 Monate in der Inobhutnahmeeinrichtung der AfA, bevor sie im Zuge des Verteilungsverfahrens auf die rheinland-pfälzischen Kommunen weiterverteilt werden. Der Verbleib dieser Gruppe von Jugendlichen ist nach der Verteilung relativ ungeklärt.

Für die räumliche Unterscheidung in der Unterbringung der 16-17-Jährigen weiblichen und männlichen UMF wird geschlechtsspezifisch argumentiert:

---

[47] Es findet in Rheinland-Pfalz keine isolierte Altersfestsetzung durch die Vormundschaftsgerichte statt (vgl. Deutscher Bundestag 2009, S. 28). „Die Altersfeststellung wird vom Jugendamt in Kooperation mit den Fachkräften des Sozialdienstes der Aufnahmeeinrichtung für Asylbegehrende in Trier durchgeführt und erfolgt ausschließlich mittels Inaugenscheinnahme durch sozialpädagogisch ausgebildete und erfahrene Fachkräfte." (vgl. ebd., S. 31).

Den weiblichen Jugendlichen wird einer besondere Schutzbedürftigkeit zu-gesprochen, der eine Unterbringung in Jugendhilfeeinrichtungen außerhalb der Räumlichkeiten der AfA begründet (vgl. dazu Kap 5.2.2). Für männliche 16-17-Jährige wird die Unterbringung in der Inobhutnahmeeinrichtung der AfA vorgesehen.

Die unten aufgezeigte Darstellung dient der Vereinfachung: In den Räumlich-keiten der AfA befinden sich zwei Unterbringungsformen unter einem Dach.

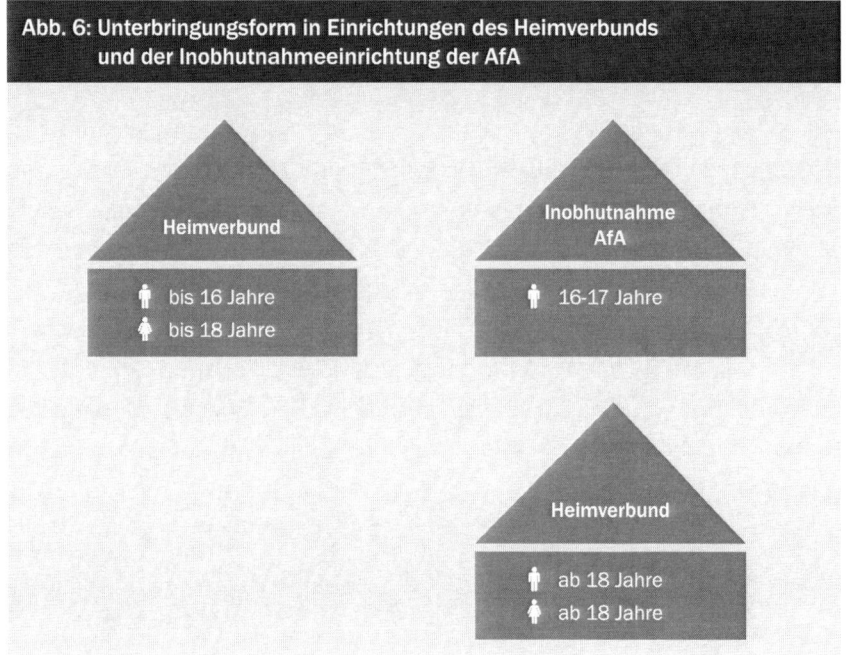

Abb. 6: Unterbringungsform in Einrichtungen des Heimverbunds und der Inobhutnahmeeinrichtung der AfA

Zwischen den Einrichtungen des Heimverbunds und der Unterbringung in der Inobhutnahmeeinrichtung der AfA kann bei Bedarf gewechselt werden. Stellt sich bei männlichen UMF zwischen 16 und 17 Jahren ein spezifischer Be-darf heraus, wird zumeist eine Unterbringung in einer Jugendhilfeeinrichtung angestrebt.

Bevor die Ergebnisse aus der Expertenbefragung in Kapitel 5 vorgestellt und damit ein differenzierter Blick auf das rheinland-pfälzische Modell ermöglicht werden soll, wird in Folge auf die Entwicklung der Fallzahlen sowie auf das Betreuungskonzept der Inobhutnahmeeinrichtung der AfA und des Heimverbunds eingegangen.

## 4.1 Entwicklung der Fallzahlen in Rheinland-Pfalz

Zur Dokumentation der Fallzahlen wird im Folgenden auf die Angaben des Jugendamtes Trier zurückgegriffen. Das Jugendamt Trier dokumentiert die Fallzahlen als Fälle von Minderjährigen Unbegleiteten Asylsbewerbern.

Ein erster Blick auf die Entwicklung der in der AfA Trier aufgenommenen Minderjährigen seit dem Jahr 1999 bezieht sich zunächst auf alle geführten Minderjährigen, die von Seiten der AfA und des Jugendamts Inaugenschein genommen wurden, die also bei ihrer Ankunft in der AfA ein Alter von unter 18 Jahren angaben oder dies dokumentieren konnten. Dies impliziert, dass in diesen Angaben Asylsuchende eingehen, deren Alter nach der Inaugenscheinnahme auf über 18 Jahre festgelegt wurde. Es kann keine Aussage darüber getroffen werden, inwieweit die jungen Menschen in der Folge einen Asylantrag stellen, einen anderen Aufenthaltsstatus erlangen oder ohne Antragstellung entweichen.

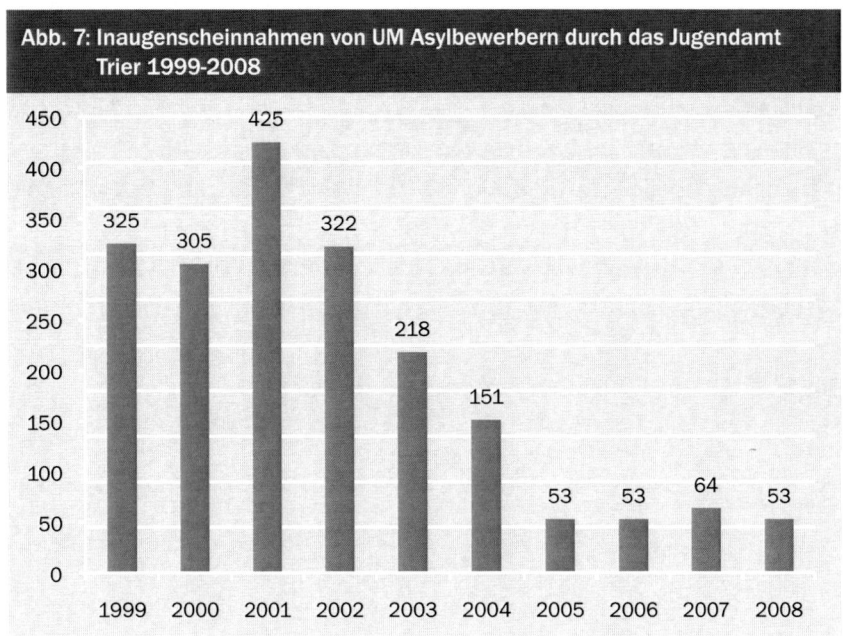

**Abb. 7: Inaugenscheinnahmen von UM Asylbewerbern durch das Jugendamt Trier 1999-2008**

Die hier in absoluten Zahlen angegebenen Inaugenscheinnahmen sind insofern nicht zwangsläufig identisch mit der Zahl derer, die als „Unbegleitete Minderjährige Asylsuchende" in Rheinland-Pfalz aufgenommen wurden. Die Fallzahlen zeigen an, in wie vielen Fällen eine Inaugenscheinnahme durchgeführt wurde. Wie in anderen bundesweiten Statistiken auch, lassen sich insofern keine Rückschlüsse auf die „absolute Zahl" von UMF in Rheinland-Pfalz ableiten. Darüber hinaus weist die Darstellung ebenfalls nicht auf, ob die Personen mit dem Status „Asylsuchende" gleichzusetzen sind und wenn sie in ein Asylverfahren einmünden, ob es im Laufe des Verfahrens zu einer Änderung der Altersfeststellung kommt.

Die Graphik zeigt eine hohe Aufnahmezahl im Jahr 2001 mit 425 Inaugenscheinnahmen an. In diesem Jahr konnten vor allem Asylsuchende aus dem Irak (107) und Sierra Leone (70) festgestellt werden. In den darauf folgenden Jahren nahm die Zahl kontinuierlich ab und sank auf einen Tiefstwert im Jahr 2005 mit 53 Inaugenscheinnahmen. Der rückläufige Trend entspricht dem bundesweit rückläufigen Trend der Asylzahlen, für die wiederum unterschiedliche Erklärungsmodelle herangezogen werden können. Grundsätzlich wirkt sich die europäische Asylpolitik und die damit von Drittstaaten umgebene Position Deutschlands auf die niedrigen Zugangszahlen aus. Von 2005-2008 bleiben die Zahlen auf einem eher niedrigen Niveau, für das Jahr 2009 wird – ebenfalls entsprechend zum Bundestrend – ein leichter Anstieg verzeichnet. Im Jahr 2009 (Zahlen gehen in die Darstellung nicht ein) wurden 77 minderjährige Asylbewerber aufgenommen, davon verblieben 63 UMF in der auf der Liegenschaft der AfA befindlichen Inobhutnahmeeinrichtung, 14 UMF davon wurden im Heimverbund untergebracht. Insgesamt sind damit eine Gesamtzahl von 2.045 Inaugenscheinnahmen vorgenommen worden.[48]

Die Herkunftsländer sind sehr unterschiedlich, daher sollen nur die „größten" Gruppen aufgezeigt werden: Im Jahr 2009 ist ein erheblicher Anteil von afghanischen Jugendlichen zu verzeichnen (32 UMF), in den Jahren 2007/2008 kam die größte Gruppe aus dem Irak (17 UMF). Im Jahr 2006 kamen sieben UMF aus dem Irak, sechs UMF aus Vietnam. Im Jahr 2004 dagegen kamen 34 UMF aus dem Sudan, im Jahr 2004 kamen die größten Gruppen aus dem Irak (24 UMF), Vietnam (21 UMF) und Guinea (20 UMF). Im Jahr 2002 waren ebenfalls irakische UMF die größte Gruppe (43 UMF), gefolgt von Algerien (27 UMF) und Sudan (26 UMF). Insgesamt zeigt sich eine sehr starke Diversifizierung der Herkunftsländer, in dem Zeitraum von 2002-2008 wurden junge Flüchtlinge aus insgesamt 53 Ländern (ohne unbekannte Länder) in Rheinland-Pfalz aufgenommen (Angaben des Jugendamtes Trier).

---

[48] Die Zahlen von 2009 lagen Ende Dezember vor und konnten daher vorab nicht in die Berechnung der folgenden Graphiken einbezogen werden.

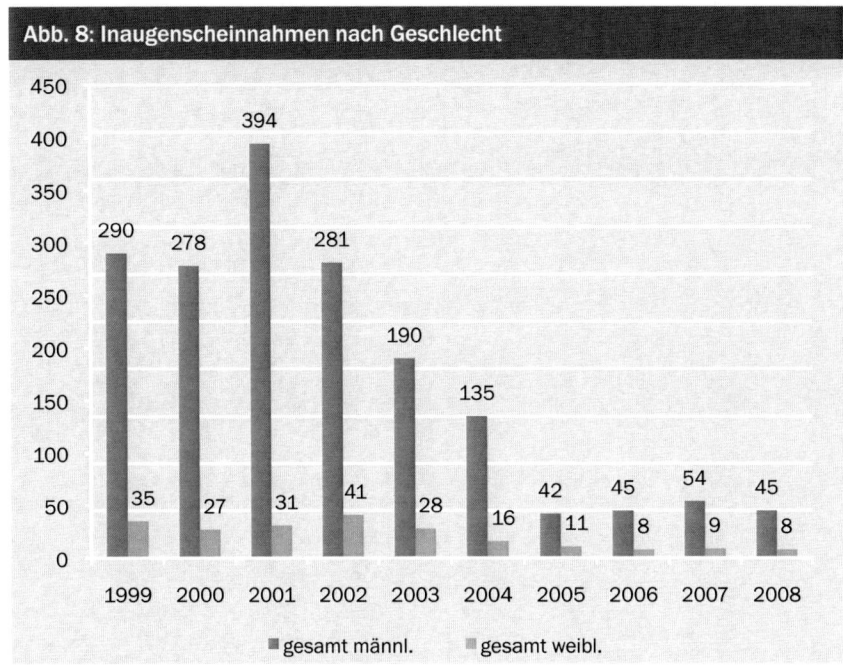

Abb. 8: Inaugenscheinnahmen nach Geschlecht

Die Differenzierung nach Geschlecht zeigt, dass ein weitaus größerer Anteil der Asylsuchenden männlich ist. Die weiblichen aufgenommenen UMF bzw. Asylsuchenden bilden in Rheinland-Pfalz nur eine kleine Gruppe. Betrachtet man die Anteile über die Jahre hinweg, so liegt der Anteil der weiblichen Flüchtlinge in keinem Jahr über 13 %. Die niedrigste Anzahl weiblicher Asylsuchender ist im Jahr 2001 mit anteilig 7 % zu verzeichnen. Der höchste Wert lässt sich für das Jahr 2003 mit 12,9 % weiblicher Asylsuchender verzeichnen. In Rheinland-Pfalz stellen also die männlichen Minderjährigen die weitaus größere Gruppe dar.

Auf der Grundlage der Daten des Jugendamtes Trier lassen sich die Gesamtzahlen nach dem jeweils festgesetzten Alter nach der Inaugenscheinnahme differenzieren.

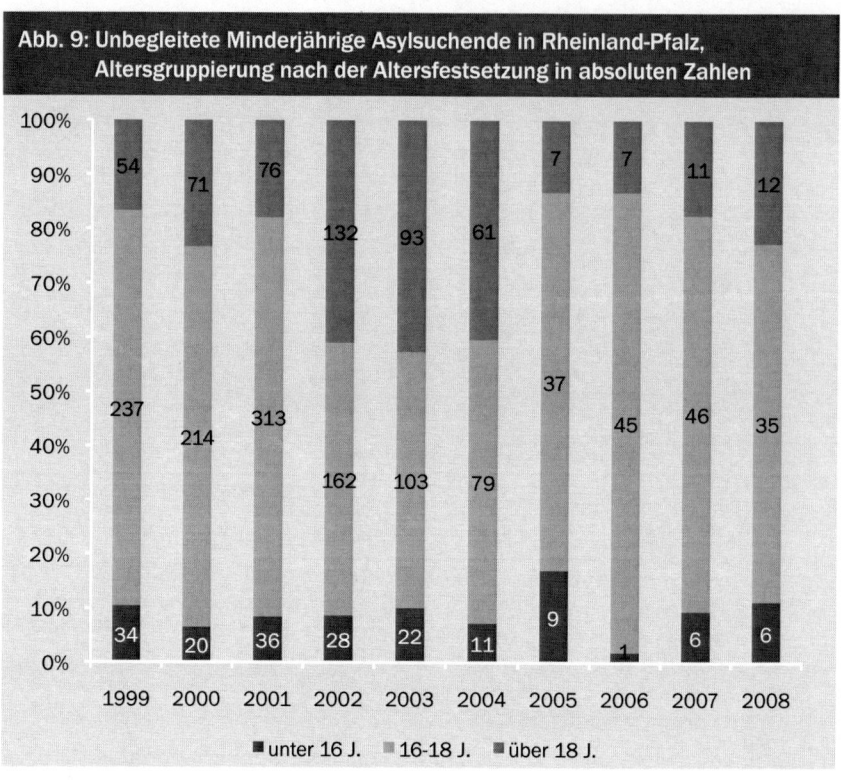

Abb. 9: Unbegleitete Minderjährige Asylsuchende in Rheinland-Pfalz, Altersgruppierung nach der Altersfestsetzung in absoluten Zahlen

■ unter 16 J.  ■ 16-18 J.  ■ über 18 J.

Die Darstellung in absoluten Zahlen zeigt zunächst für die gesamte Gruppe der aufgenommenen „Unbegleiteter Minderjährigen", dass nur ein geringer Teil in die Altersgruppe „unter 16 Jahren" eingeordnet wird (unterer Bereich). Ein weitaus größerer Anteil befindet sich in dem Altersabschnitt zwischen 16 und 18 Jahren (mittlerer Bereich). Die als über 18 Jahre festgesetzten – als UMF eingereisten – Asylsuchenden (oberer Bereich) variieren in den letzten Jahren.

Die Darstellung in Prozentangaben verdeutlicht das Verhältnis der Altersgruppierung:

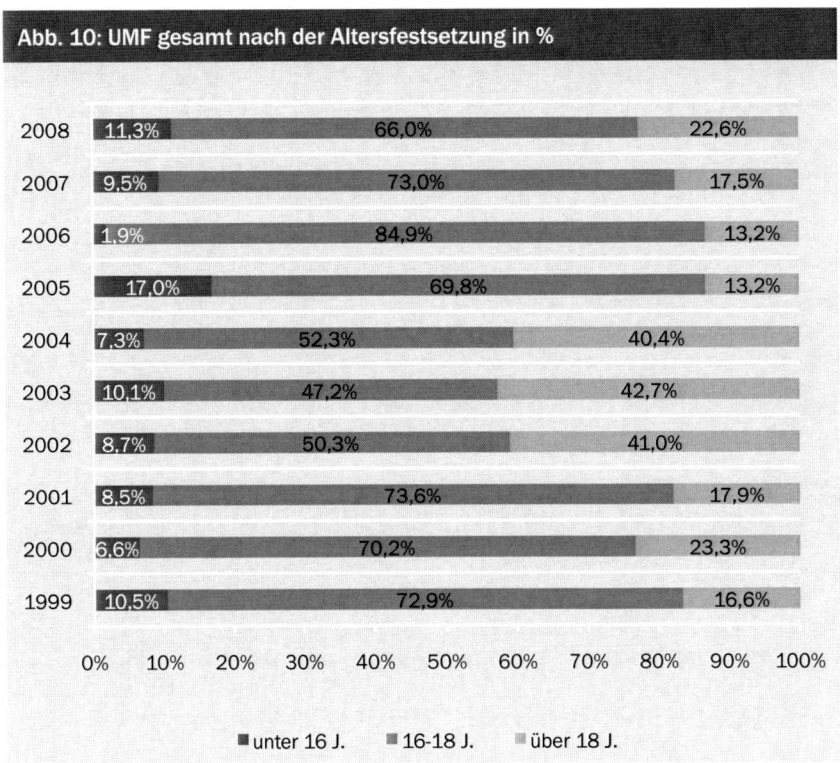

**Abb. 10: UMF gesamt nach der Altersfestsetzung in %**

| Jahr | unter 16 J. | 16-18 J. | über 18 J. |
|------|-------------|----------|------------|
| 2008 | 11,3% | 66,0% | 22,6% |
| 2007 | 9,5% | 73,0% | 17,5% |
| 2006 | 1,9% | 84,9% | 13,2% |
| 2005 | 17,0% | 69,8% | 13,2% |
| 2004 | 7,3% | 52,3% | 40,4% |
| 2003 | 10,1% | 47,2% | 42,7% |
| 2002 | 8,7% | 50,3% | 41,0% |
| 2001 | 8,5% | 73,6% | 17,9% |
| 2000 | 6,6% | 70,2% | 23,3% |
| 1999 | 10,5% | 72,9% | 16,6% |

■ unter 16 J.    ■ 16-18 J.    ■ über 18 J.

Die Altersfestsetzung unter 16 Jahre bewegt sich in einem Bereich zwischen 2 und 17 %, wobei im Jahr 2005 der Wert von 17 % der als unter 16 Jahre geschätzten bzw. festgestellten Unbegleiteten Minderjährigen Asylsuchenden etwas heraus sticht. Im Gesamt bewegt sich die Anzahl bei ca. 10 %. Ein weitaus größerer Anteil wird auf die Altersgruppe 16-18 Jahre geschätzt bzw. festgestellt, der Anteil liegt zwischen ca. 50-85 %. Die Gruppe der als über 18 Jahre geschätzten bzw. festgestellten UMF variiert zwischen kleineren Anteilen von um die 13 % bis zu größeren Anteilen um die 43 %.[49]

Selbstverständlich bleibt es schwer, die reale Altersstruktur der aufgenommenen UMF festzustellen, da die Altersfestsetzung als Verfahren – wie bereits in Kapitel 2.3 dargestellt – keine verlässlichen Standards entwickeln

---

[49] Zu den Schwierigkeiten der Altersfeststellung ohne vorliegende Personenstandspapiere vgl. Kapitel 2.3.2.

konnte. Insofern muss auch unterschieden werden zwischen Flüchtlingen, die Personenstandspapiere vorweisen können, und denjenigen, die „nur" im Rahmen der Inaugenscheinnahme auf ihr Alter hin geschätzt werden. Inwieweit externe Faktoren die Alterseinschätzung bzw. Altersfestsetzung beeinflussen, lässt sich an dieser Stelle nicht deutlich beantworten. Festzuhalten bleibt, dass die Differenzierung in drei Alterskategorien den Prozess der Altersfestsetzung verkompliziert, zumal in Rheinland-Pfalz für die männlichen Jugendlichen eine unterschiedliche Unterbringung vorgesehen ist.

Der Blick auf die Altersgruppen kann ferner geschlechtsspezifisch aufgeschlüsselt werden: Für die männlichen UMF zeigen sich nach der Altersfestsetzung folgende Altersgruppierungen in den Jahren 1999-2008:

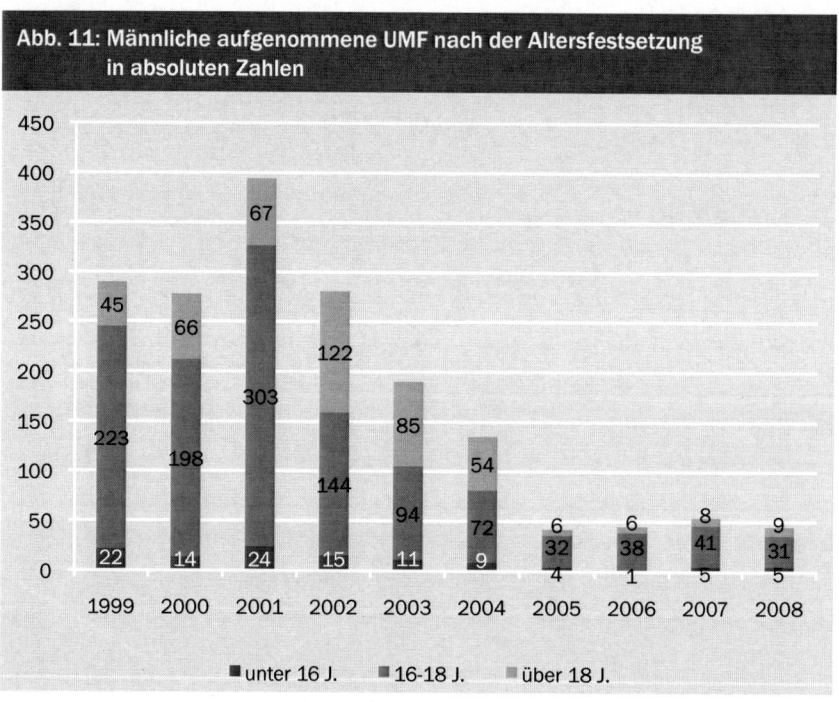

Abb. 11: Männliche aufgenommene UMF nach der Altersfestsetzung in absoluten Zahlen

Der Anteil der aufgenommenen männlichen UMF unter 16 Jahren ist eher gering. Im rheinland-pfälzischen Modell wird dieser kleine Teil in den Einrichtungen des Heimverbundes betreut. Der größere Anteil der über 16-Jährigen

wird in der Regel in der Inobhutnahmeeinrichtung der AfA betreut. Asylsuchende über 18 Jahre sind in der AfA untergebracht.

Um eine Vergleichbarkeit zu gewährleisten, zeigen die folgenden Abbildun-
gen – trotz sehr kleiner Fallzahlen – die Einteilung der Gruppierungen der
männlichen und weiblichen Asylsuchenden bzw. aufgenommenen UMF in
Prozent:

| Abb. 12: Einteilung der Gruppierungen der männlichen und weiblichen Asylsuchenden bzw. aufgenommenen UMF in Prozent | | | | | |
|---|---|---|---|---|---|
| | Unter 16 | | 16-18 Jahre | | Über 18 | |
| Jahr | Mädchen | Jungen | Mädchen | Jungen | Mädchen | Jungen |
| 1999 | 34,3 % | 7,6 % | 40,0 % | 76,9 % | 25,7 % | 15,5 % |
| 2000 | 22,2 % | 0,5 % | 59,3 % | 71,2 % | 18,5 % | 23,7 % |
| 2001 | 38,7 % | 6,1 % | 32,3 % | 76,9 % | 29,0 % | 17,0 % |
| 2002 | 31,7 % | 5,3 % | 43,9 % | 51,2 % | 24,4 % | 43,3 % |
| 2003 | 39,3 % | 5,8 % | 32,1 % | 49,5 % | 28,6 % | 44,7 % |
| 2004 | 12,5 % | 6,7 % | 43,8 % | 53,3 % | 43,8 % | 40,0 % |
| 2005 | 45,5 % | 9,5 % | 45,5 % | 76,2 % | 9,0 % | 14,3 % |
| 2006 | 0,0 % | 2,2 % | 87,5 % | 84,4 % | 12,5 % | 13,3 % |
| 2007 | 11,1 % | 9,3 % | 55,6 % | 75,9 % | 33,3 % | 14,8 % |
| 2008 | 12,5 % | 11,1 % | 50,0 % | 68,9 % | 37,5 % | 20,0 % |
| | 24,8 % | 6,9 % | 49,0 % | 68,4 % | 26,2 % | 24,7 % |

Quelle: Jugendamt Trier/Eigene Berechnung
Die Bezugsgröße (100 %) bezieht sich jeweils auf die Gruppe der weiblichen bzw.
der männlichen UMF pro Jahr bzw. gesondert für den Durchschnittswert.

Zum einen zeigt sich in der Gruppe der unter 16-Jährigen, dass durchschnittlich ein höherer Anteil von Mädchen unter 16-jährig festgestellt wird bzw. 16
Jahre ist, je nach den vorliegenden Personenstandspapieren. Durchschnittlich werden 24,8 % der Mädchen als unter 16 Jahre festgestellt. Der Anteil

männlicher Minderjähriger dieser Gruppe ist mit 6,9 % weitaus kleiner. Inwieweit die weiblichen UMF insgesamt eine jüngere Altersstruktur als die männlichen UMF aufweisen, lässt sich auf der Grundlage der Daten jedoch nicht eindeutig beantworten. Die Datengrundlage bezieht sich auf den Prozess der Altersfestsetzung und nicht per se auf das tatsächliche Alter der Jugendlichen.

Für die Gruppe der 16-18-Jährigen zeigt sich, dass die weiblichen Jugendlichen durchschnittlich zu 49,0 % dieser Altersgruppe zuzuordnen sind. Dabei schwankt die Zahl zwischen dem niedrigsten Stand im Jahr 2003 mit 32,1 % und 87,5 % im Jahr 2006. Die Jungen weisen hier einen deutlich höheren Durchschnittswert mit 68,4 % auf und liegen beständig mit über 50 % in der Gruppe der 16-18-Jährigen. Der Anteil der über 18-Jährigen liegt in beiden Gruppen durchschnittlich ähnlich hoch und schwankt zwischen ca. 10 % und 45 % in diesem Zeitraum.

Die Schwierigkeit bei der Interpretation der Datenstruktur ergibt sich dadurch, dass keine verlässlichen Aussagen über das Alter getroffen werden können. Da die Altersstruktur der UMF auch bundesweit nicht erhoben wurde, lassen sich keine Vergleiche zu einem Bundestrend ziehen.

Allerdings lässt sich aufzeigen, dass die Einteilung in Altersgruppen für die aufgenommenen UMF in Rheinland-Pfalz eine unterschiedliche Betreuung bedeutet und nach sich zieht.

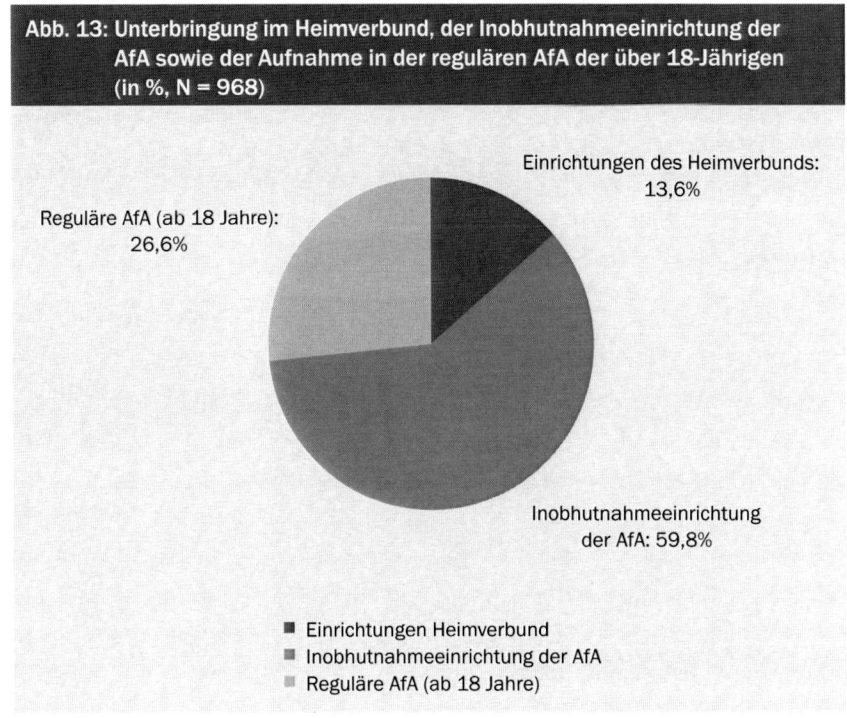

Abb. 13: Unterbringung im Heimverbund, der Inobhutnahmeeinrichtung der AfA sowie der Aufnahme in der regulären AfA der über 18-Jährigen (in %, N = 968)

Nur knapp 14 % der aufgenommenen UMF werden im Anschluss an die In-augenscheinnahme zu Adressaten der Einrichtungen des Heimverbunds in Rheinland-Pfalz. Darunter fallen die Mädchen unter 18 Jahren, die insge-samt eine kleinere Gruppe darstellen sowie die männlichen UMF unter 16 Jahren. Die mit knapp 60 % größte Gruppe der männlichen Jugendlichen zwischen 16-18 Jahren verbleibt nach dem Entscheid des Jugendamts der Stadt Trier in Abstimmung mit dem Sozialen Dienst der AfA voraussichtlich in der Inobhutnahmeeinrichtung der AfA unter den spezifischen Betreuungs-bedingungen für diese Gruppe. Die Gruppe der über 18-Jährigen (27 %) wird in der regulären Einrichtung der AfA untergebracht.

Summiert ergibt sich daraus, dass im Erhebungszeitraum 86,4 % auf dem Gelände der AfA (Inobhutnahmeeinrichtung und reguläre Unterbringung) un-tergebracht werden, während 13,6 % Adressaten des Heimverbunds werden. Das bedeutet, dass nur ein kleiner Teil in die Heimerziehung einmündet. Der weitaus größere Teil verbleibt für höchstens 2-3 Monate in der AfA und wird auf der Grundlage des entwickelten Konzepts betreut. Im Anschluss daran werden die männlichen 16-17-Jährigen in die Kommunen wie im gängigen Verfahren im Sinne einer „gleichmäßigen Kostenverteilung" nach dem Verteilungsschlüssel des Landesaufnahmegesetzes weiterverteilt. Über die Verteilung der Betreuungssettings in der Jugendhilfe liegen keine belastbaren Daten vor.

Hinsichtlich der Situation von UMF im Hinblick auf **Abschiebungen** soll bei Unbegleiteten Minderjährigen entsprechend der Entschließung des Rates vom 26. Juni 1997 sichergestellt werden, dass in Abstimmung mit den zuständigen Jugendbehörden, dem Internationalen Sozialdienst und den deutschen Auslandsvertretungen im Einzelfall sichergestellt wird, dass am Zielort eine – gemäß den Bedürfnissen, die seinem Alter und dem von ihm erreichten Maß an Selbstständigkeit entsprechen – angemessene Aufnahme und Betreuung des rückzuführenden Minderjährigen durch Verwandte oder die zuständigen staatlichen Stellen gewährleistet ist (vgl. Information des Innenministeriums Rheinland-Pfalz).

In den Jahren 2000 bis zum 30.06.2009 wurden insgesamt sieben Unbegleitete Minderjährige Flüchtlinge aus Rheinland-Pfalz abgeschoben:

| Abb. 14: Abschiebungen von Minderjährigen in Rheinland-Pfalz, ISM RLP | | | | | | | | | |
|---|---|---|---|---|---|---|---|---|---|
| Jahr | 00 | 01 | 02 | 03 | 04 | 05 | 06 | 07 | 08 | 09 |
| Heimatland | 1 | 1 | 1 | | 1 | | | | | |
| Dublin II-VO | | | | | | 1 | 1 | 1 | 1 | |

Von den sieben abgeschobenen Minderjährigen wurden drei in das Heimatland überführt und vier nach der Dublin II-Verordnung in ein anderes Land zurückgeführt.

Im Anschluss an die Darstellung der Fallzahlen werden nun die beiden zentralen Akteure bzw. Orte zur Betreuung der UMF in Rheinland-Pfalz beschrieben.

## 4.2 Das Inobhutnahmekonzept der AfA zur Betreuung der männlichen 16-17-Jährigen

Die Aufnahmeeinrichtung für Asylbegehrende in Trier (AfA) besteht seit 1993. Die AfA ist als Erstaufnahmeeinrichtung auf eine Belegungskapazität von 700 Betten ausgelegt und ist, nachdem die beiden Aufnahmeeinrichtungen in Neustadt und Ingelheim geschlossen wurden, seit 1999 die einzige Aufnahmeeinrichtung des Landes. Organisatorisch ist die AfA in die Aufsichts- und Dienstleistungsdirektion (ADD) eingegliedert und untersteht somit dem Innenministerium des Landes Rheinland-Pfalz. Die Aufgabe der AfA besteht darin, „Asylbegehrende im Sinne des Asylverfahrensgesetz (AsylVfG) aufzunehmen, unterzubringen, zu betreuen und auf die Kommunen innerhalb des Landes Rheinland-Pfalz zu verteilen. Dabei darf gemäß § 47 Abs. 2 Asylverfahrensgesetz der Aufenthalt der Asylbegehrenden in der AfA drei Monate nicht übersteigen."[50]

Die AfA befindet sich auf einem ehemaligen französischen Kasernen-Gelände. In den verschiedenen Gebäuden sind ebenfalls die Landesunterkunft für Ausreisepflichtige (LUfA), die Notunterkunft für Kommunen, die Inobhutnahmeeinrichtung für Unbegleitete Minderjährige Asylbegehrende, das BAMF, die Ermittlungsgruppe Migration der Polizeiinspektion Trier sowie eine Ökumenische Beratungsstelle untergebracht.

Betrachtet man die unterschiedlichen Aufgaben der AfA, so kann in einem ersten Schritt auf den Sozialen Dienst in der AfA hingewiesen werden. Der Soziale Dienst betreut die Asylsuchenden in der regulären Aufnahmeeinrichtung (vgl. Konzept zur sozialen Betreuung in der Aufnahmeeinrichtung für Asylbegehrende Trier; Stand Juni 2008). Das allgemeine Konzept beschreibt die Arbeit der Sozialdienstes des Landes im Hinblick auf die Betreuung der Asylsuchenden allgemein:

*„Für die soziale Betreuung, einschließlich der medizinischen Versorgung und der schulischen Betreuung der Asylbegehrenden, stehen derzeit acht Voll-*

---

[50] Vgl.: http://www.add.rlp.de/icc/ADD/nav/43c/43c40dc1-a663-2e11-4da2-6f410a2b720f&class=net. icteam.cms.utils.search.AttributeManager&class_uBasAttrDef=a001aaaa-aaaa-aaaa-eeee-000000000 054.htm.

*zeit- und 5 Teilzeitkräfte zur Verfügung. Die Schulung und Fortbildung der Mitarbeiterinnen und Mitarbeiter, beispielsweise durch interkulturelle Seminare, Deeskalationstraining und Supervision, ist Teil des sozialen Konzepts"* (vgl. ebd., S. 1).

Die allgemeine Konzeption beschreibt unter den organisatorischen Aufgaben die Einweisung in die Unterkunftsräume, tägliche Rundgänge und die Mitwirkung bei der Weiterleitung an die Kommunen. Die Aufgabe der sozialen Betreuung bezieht sich auf Orientierungshilfen und Unterstützung, dabei werden z. B. Informationen zum Tagesablauf in und außerhalb der Einrichtung gegeben und Hilfe bei dem Umgang mit Behörden geleistet (vgl. ebd., S. 2). Traumatisierte Flüchtlingen werden durch „Gespräche und andere Hilfen" aufgefangen. Die medizinische Versorgung wird durch eine Krankenstation organisiert. Darüber hinaus informiert der Soziale Dienst zum Verlauf des Asylverfahrens, entwickelt zielgruppenspezifische Angebote (Sportangebote, Projekt Cafe International, Spielfeste, Sommerfeste) und unterstützt durch die Organisation gemeinnütziger Tätigkeiten die Alltagsstrukturierung der Asylsuchenden.[51] Eine schulische Betreuung der Asylsuchenden findet in der AfA zwischen 9-13 Uhr täglich an den Wochentagen statt. Weiterhin sieht der Sozialdienst seine Aufgaben auch in einer gezielten Öffentlichkeitsarbeit, um bestehende Vorbehalte gegenüber der AfA bzw. den Asylsuchenden abzubauen. Auf die Zusammenarbeit des Sozialdienstes mit Freien Trägern wird ebenfalls hingewiesen.

In einem zweiten Schritt kann der Blick auf die Konzeption der Inobhutnahmeeinrichtung gelegt werden. Im Zuge des geänderten § 42 SGB VIII entwickelte sich für die 16-17-Jährigen männlichen Jugendlichen, die bis zu diesem Zeitpunkt in der AfA untergebracht waren, eine neue Betreuungsform und -einrichtung in den Räumlichkeiten der AfA. Im Jahr 2006 entwickelte vor diesem Hintergrund eine Arbeitsgruppe, die aus dem Innen- und Sozialressort, der ADD, dem Landesjugendamt und dem Jugendamt Trier sowie der AfA bestand, eine spezifische Konzeption:

---

[51] Nach dem Konzept der AfA sollen neben Reinigungs-, Instandhaltungs- und Sanierungsarbeiten in der Einrichtung auch Tätigkeiten beim Deutschen Roten Kreuz (Altkleidersammlung) oder im städtischen Bereich der Parkpflege eingesetzt werden, vgl. ebd., S. 4.

Das „Konzept zur Unterbringung und Betreuung unbegleiteter minderjähriger männlicher Flüchtlinge in der Aufnahmeeinrichtung für Asylbegehrende Trier" erörtert die Grundlagen der Unterbringung und Betreuung in der Inobhutnahmeeinrichtung der AfA. Der Erstellung der Konzeption liegt die Entscheidung zugrunde, die Inobhutnahmeeinrichtung in der AfA als eine „sonstige betreute Wohnform" gemäß § 42 Abs. 1 Nr. 3 SGB VIII einzuordnen. Das Konzept beinhaltet eine räumliche Trennung der Unterbringung der männlichen UMF in der AfA, indem der konzeptionell und räumlich abgegrenzte Bereich in der AfA als Inobhutnahmeeinrichtung gestaltet wird. Dem Jugendamt Trier obliegt in diesem Kontext die fachliche Verantwortung für das Verfahren.

Das „Konzept zur Unterbringung und Betreuung unbegleiteter minderjähriger männlicher Flüchtlinge in der Aufnahmeeinrichtung für Asylbegehrende Trier (AfA) (Inobhutnahme gemäß § 42 SGB VIII)" vom 11. Juni 2008 beschreibt die Rahmenbedingungen für die Arbeit mit den männlichen UMF (vgl. Anhang).

In einer Vorbemerkung der Konzeption wird darauf hingewiesen, dass „soweit das Persönlichkeitsbild des Jugendlichen nach Einschätzung des Jugendamtes Trier eine Unterbringung in einer Jugendhilfeeinrichtung nicht zwingend erforderlich anzeigt", die Jugendlichen in der Inobhutnahmeeinrichtung der AfA untergebracht werden.

Im Konzept wird zunächst das Raumkonzept beschrieben: Die drei Mehrbettzimmer für männliche UMF befinden sich im Erdgeschoss in der Nähe des Pfortenbereichs, der 24-Stunden besetzt ist. Es stehen ein abgetrennter Sanitärbereich sowie eine Teeküche zur Mitbenutzung zur Verfügung.

Weiterhin wird das Aufnahmeverfahren beschrieben, in dem das örtlich zuständige Jugendamt Trier entscheidet, ob der männliche Jugendliche in der Inobhutnahmeeinrichtung der AfA verbleibt oder aber bei „einer geeigneten Gruppe gleicher ethnischer Herkunft" in der AfA untergebracht wird. Als Kriterienkatalog für die Entscheidung dient eine Auflistung von Punkten (vgl. Anhang des Konzepts). Das Konzept sieht folglich auch die Möglichkeit vor, auf

Wunsch des betroffenen Jugendlichen unter den vorgenannten Kriterien eine Unterbringung in den Räumen der regulären Erstaufnahmeeinrichtung zu ermöglichen.

In der Betreuung durch den Sozialdienst werden die Belange der männlichen UMF als vorrangig betrachtet. Der Sozialdienst besteht insgesamt aus vier Vollzeitkräften und einer Halbtagskraft, die montags bis donnerstags von 7:00 Uhr bis 17:00 Uhr und freitags bis 15:30 Uhr, die Betreuung sicherstellen. Diese Mitarbeiter/innen stehen für die Betreuung der 16-17-Jährigen Asylsuchenden im Umfang von 1,8 Vollzeitstellen zur Verfügung. Nachts und an den Wochenenden sind zwei Beschäftigte eines privaten Wachdienstes anwesend. Weiterhin sollen pädagogische Angebote von Freien Trägern an den Wochenenden genutzt und die Betreuung durch studentische Honorarkräfte ausgebaut werden.

Am Aufnahmetag wird der Konzeption entsprechend mit dem jeweiligen männlichen UMF ein ausführliches Informationsgespräch geführt.

*„Neben den allgemeinen Informationen wird auf die besondere Situation der Unterbringung der Jugendlichen eingegangen. Dabei werden die zu beachtenden Vorschriften und besonderen Regelungen zur Aufsichtspflicht für Jugendliche in Deutschland verdeutlicht."* (s. Anhang 2)

Die Konzeption regelt im Verlauf der Betreuung einen täglichen Kontakt, zu dem der Jugendliche verpflichtet ist, und in dem die persönliche Situation geprüft und Hilfestellung angeboten wird. Ferner werden Möglichkeiten zur Alltagsstrukturierung angeführt wie z. B. Essensausgabe, Teilnahme an der schulischen Betreuung, Arbeitsgelegenheiten, Sportprojekte, die Möglichkeit zur Nutzung des Fernsehraums sowie Angebote am Wochenende (vgl. ausführliche Konzeption im Anhang).

Im Hinblick auf das Schutzbedürfnis der männlichen Jugendlichen wird auf die Bestimmungen des Jugendschutzes verwiesen. Die Jugendlichen werden auf die Gefahren von Alkohol- und Drogenmissbrauch, von sexuellem Missbrauch oder Diebstählen „durch das Aushändigen der Hausordnung aufmerksam gemacht" (Konzept, S. 3). Ferner wird dem Schutzbedürfnis nachgekommen, da eine „ständige Kontrolle durch Mitarbeiter/innen des Sozialen Dienstes und des Wachpersonals" möglich ist. Das Konzept formuliert ferner Kriterien, die nach Entscheidung des Jugendamtes zu einer sofortigen Verlegung und weiterer Unterbringung in den Einrichtungen des Heimverbundes führen.

Es bleibt an dieser Stelle darauf hinzuweisen, dass nach der Verteilung der männlichen UMF auf die jeweiligen Städte und Kommunen die Zuständigkeit des örtlichen Jugendamtes wechselt. Dies impliziert formal, dass die entsprechenden Unterlagen an das neu zuständige Jugendamt weitergeleitet werden. Über diese Phase des Verbleibs der männlichen 16-17-Jährigen Asylsuchenden und die Art und Weise der Betreuung in dieser Phase existieren in Rheinland-Pfalz jedoch keine verlässlichen Daten. Insofern bleibt an dieser Stelle offen, inwieweit diese Gruppe nach dem Aufenthalt in der Inobhutnahmeeinrichtung der AfA im Rahmen der Jugendhilfe weiter betreut wird.

## 4.3 Das Verbundsystem für erzieherische Hilfen in Rheinland-Pfalz

Der so genannte „Heimverbund" in Rheinland-Pfalz entstand 1991/92 ursprünglich vor dem Hintergrund der „Heimwanderer." Diese Bezeichnung bezog sich auf Kinder und Jugendliche, die mehrere Einrichtungen durchliefen und es immer wieder zu Hilfeabbrüchen kam. In diesem Kontext schlossen sich vier Jugendhilfeeinrichtungen zusammen: Die Kinder-, Jugend- und Familienhilfe der Kreuznacher Diakonie in Niederwörresbach, die evangelische Kinder-, Jugend- und Familienhilfe Schmiede in Nannhausen, die Kinder- und Jugendhilfe St. Hildegard in Bingen sowie das Jugendhilfezentrum Don Bosco Helenenberg bei Trier (vgl. Darius/Hellwig/Schrapper 2001, S. 64).

Die Kooperation der vier Einrichtungen ermöglichte ein flexibleres Netzwerk unterschiedlicher Hilfeangebote, das sich auch mit der Frage der Unterbringung der Unbegleiteten Minderjährigen Flüchtlinge befasste. Es entwickelte sich ein Modell zur Inobhutnahme und Erstversorgung gemeinsam mit dem Ministerium für Kultur, Jugend, Familie und Frauen des Landes Rheinland-Pfalz, dem Landesjugendamt und den jeweiligen Jugendämtern.[52]

Im November 1991 wurde ein erstes Konzept vorgelegt, welches ab 1992 umgesetzt werden konnte („Rahmenplan für die Betreuung minderjähriger Flüchtlinge"). Zunächst waren drei Heime (Schmiedel, Niederwörresbach und der Evangelische Jugendhof TrabenTrabach) beteiligt. Ziel des Verbundsystems war es minderjährigen Flüchtlingen Aufnahme und Schutz, verbunden mit gezielter pädagogischer Hilfestellung anzubieten. Die Betreuung in dem Heimverbund sollte darüber hinaus die Möglichkeit bieten, die Kinder nach „ethnischen Gesichtspunkten, Geschlecht, Alter, sozialer Herkunft" unterzubringen und gemeinsame Fördermöglichkeiten wie „Sprachkurse, Berufsvorbereitung, Berufsausbildung, Dolmetscherdienste" anzubieten (vgl. Internes Konzeptpapier vom 18.11.1991). Zum damaligen Zeitpunkt wurden im Verbund 14 Plätze eingerichtet, acht Plätze entfielen auf den Evangelischen Jugendhof Traben-Trabach, drei Plätze auf Niederwörresbach und drei Plätze auf das Evangelische Jugendheim Schmiedel. Der Evangelische Jugendhof Traben-Trabach (Martin Luther King) schied 1996 aus dem Verbund aus, betreute aber in einer Übergangszeit bis 1998 noch weiterhin die UMF, die in Traben-Trabach aufgenommen worden waren.

Ein Jahr später kommen die beteiligten Akteure über das erste Jahr im Kooperationsverbund zu einem positiven Fazit (Internes Protokoll des Landesamts für Jugend und Soziales Rheinland-Pfalz, 14.01.1993). Zu diesem Zeitpunkt befanden sich elf minderjährige Kinder und Jugendliche in den drei Einrichtungen. Alle drei Jugendhilfeeinrichtungen arbeiten zugleich mit Pflegefamilien bei der Unterbringung zusammen. In den Gruppen wird die Aufnahme der UMF bzw. Asylsuchenden durchaus als Belastung wahrgenommen, da sie „sehr viel Unruhe mit sich bringt" (vgl. A, S. 2). Das Evangelische Jugendheim in Traben-Trabach richtete daher die Gruppe „Zugvögel" ein, die ausschließlich für UMF vorgesehen war. Die Arbeit und Kooperation im

---

[52] Die folgenden Schilderungen beziehen sich auf erhobene Informationen im Rahmen eines Experteninterviews (A) sowie auf Materialien, die zur Einsicht zur Verfügung gestellt wurden.

Verbundssystem hat sich aus Sicht der beteiligten Akteure bewährt, da insbesondere die Kooperation und Kommunikation eine fachliche Möglichkeit für Problemlösungen offeriert und ein flexibles, auf individuelle Bedarfe abgestimmtes Vorgehen eröffnet. Auch die unterschiedlichen Angebotsformen (Pflegefamilien und Heimunterbringung) werden befürwortet. Deutlich wird in der Arbeit auch, dass die „Arbeit mit ausländischen Kindern und Jugendlichen besondere Anforderungen an die Mitarbeiter der Einrichtungen stellt. Umdenken und empathisches Eingehen auf die unterschiedlichen Mentalitäten und kulturellen Hintergründe sind notwendig" (ebd.). Die Erfahrungen können allerdings im Verbundsystem auch entsprechend kommuniziert und geteilt werden. Auf einer Tagung des Internationalen Sozialdienstes im März 1993 wurde das Verbundsystem mit seinem Modellcharakter als Ansatz vor dem Hintergrund des veränderten Asylverfahrensgesetzes positiv bewertet, wie die Traben-Trabacher Zeitung berichtet:

*„Die beispielhafte Form der Zusammenarbeit von Jugendhilfeeinrichtungen unterschiedlicher Rechtsträger wurde allgemein hoch gelobt und gerade in ländlich strukturierten Bundesländern als guter Lösungsansatz diskutiert. Im Zuge der Weiterentwicklung wurde ebenfalls das katholische Hildegardishaus in Bingen in den Verbund aufgenommen (vgl. Trierischer Volksfreund Nr. 71, 25.03.1993).*

Dennoch benennt auch die Zwischenbilanz des Verbunds aus dem Jahre 1994 Herausforderungen: Einerseits sind die Kinder und Jugendlichen in besonderem Maße schutzbedürftig, andererseits lässt sich die Aufnahme, Betreuung sowie Entlassung nicht in gleicher Art und Weise planen wie bei anderen Kindern und Jugendlichen in den Einrichtungen (vgl. Ev. Kinder- und Jugendheim Niederwörresbach et al 1994, S. 3).

In einer Bestandsaufnahme nach ca. elf Jahren im Jahr 2003 (Interner Erfahrungsbericht 2003, Kreuznacher Diakonie) wird deutlich, dass die Aufnahmezahlen in dem Zeitraum erheblichen Schwankungen unterliegen. Der Jahresdurchschnitt wird für diesen Zeitraum auf 45 Unbegleitete Minderjährige Flüchtlinge in Rheinland-Pfalz benannt. Im Vergleich zu anderen Bundesländern wie z. B. Hessen stellt das eine relativ kleine Zahl dar. Insgesamt wurden in dem Zeitraum seit Beginn der Kooperation bis 2003 491 UMF im Heimverbund betreut. Der Altersdurchschnitt lag zu dieser Zeit bei 15 Jahren, die Verweildauer bei ca. einem Jahr. Die männlichen Jugendlichen ab 16 Jahren wurden bereits damals in der Aufnahmestelle für Asylbegehrende untergebracht. Durch die Kooperation im Verbund wird konstatiert, dass sich das System eingespielt hat und der Personalschlüssel im Wesentlichen stabil blieb. Es können dadurch die Standards erreicht werden, die auch für „deutsche" Kinder und Jugendliche angelegt werden. Die pädagogischen Standards wie das Hilfeplanverfahren, die Unterstützung durch Vormünder und Sprachkurse sind ebenfalls gewährleistet. Es wird resümiert:

*„Im rheinland-pfälzischen Jugendhilfesystem sind die UMF im Vergleich zu deutschen Jugendlichen nicht erkennbar benachteiligt. Selbst bei jungen Erwachsenen ist im begründeten Einzelfall eine Verlängerung der Jugendhilfemaßnahme möglich" (ebd., S. 7).*

In den vier Jugendhilfeeinrichtungen konnte „so viel Erfahrung und Know-How konzentriert" werden, „dass eine Anpassung der pädagogischen Arbeit an die schwerpunktmäßig wechselnden Herkunftsländer der UMF und an die wechselnde Kapazitätsauslastung immer gelingt" (vgl. ebd.). Die Fachkräfte werden weiter qualifiziert, „die inzwischen jahrelange Erfahrung vieler Mitarbeiter trägt gute Früchte in der Arbeit mit UMF" (ebd.).

Der Heimverbund besteht nach wie vor, allerdings sind aufgrund der niedrigen Zugangszahlen im Jahr 2009 nur zwei Heime bei der Inobhutnahme der Unbegleiteten Minderjährigen, also der Mädchen und der Jungen bis unter 16 Jahren, eingebunden. Die weiblichen UMF werden in der Kinder-, Jugend- und Familienhilfe der Kreuznacher Diakonie in Niederwörresbach betreut, die männlichen UMF im Jugendhilfenzentrum Don Bosco Helenenberg bei Trier (zu den konzeptionellen Grundlagen der Einrichtungen vgl. Kap. 4.3.2).

### 4.3.1 Entwicklung der Fallzahlen im rheinland-pfälzischen Heimverbund

Im Rahmen des Heimverbunds wird bereits seit 1992 eine Statistik über die UMF geführt. Die folgenden Daten beziehen sich auf diese Datengrundlage. Die Entwicklung der Belegungszahlen bzw. Aufnahmen im Heimverbund sind damit seit 1992 erfasst.

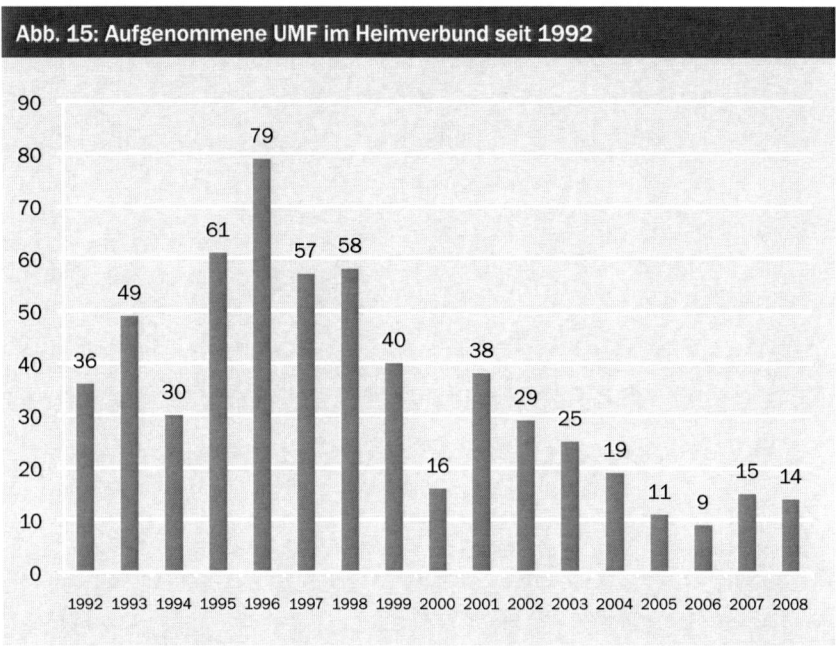

Abb. 15: Aufgenommene UMF im Heimverbund seit 1992

Die Zahlen zeigen eine Belegungsspitze im Jahr 1996 mit 79 UMF im Heimverbund, die dann auf einen niedrigen Stand im Jahr 2000 absank. Die 2000-er Jahre sind zunächst von einem Anstieg gekennzeichnet, der sich aber in den Jahren 2005/2006 auf den niedrigsten Aufnahmewert von elf bzw. neun UMF absenkte. Mittlerweile ist wieder ein leichter Anstieg der Aufnahmezahlen zu erwarten, insbesondere auch für das Jahr 2010.

Die Verteilung innerhalb des Heimverbunds stellt sich wie folgt dar:

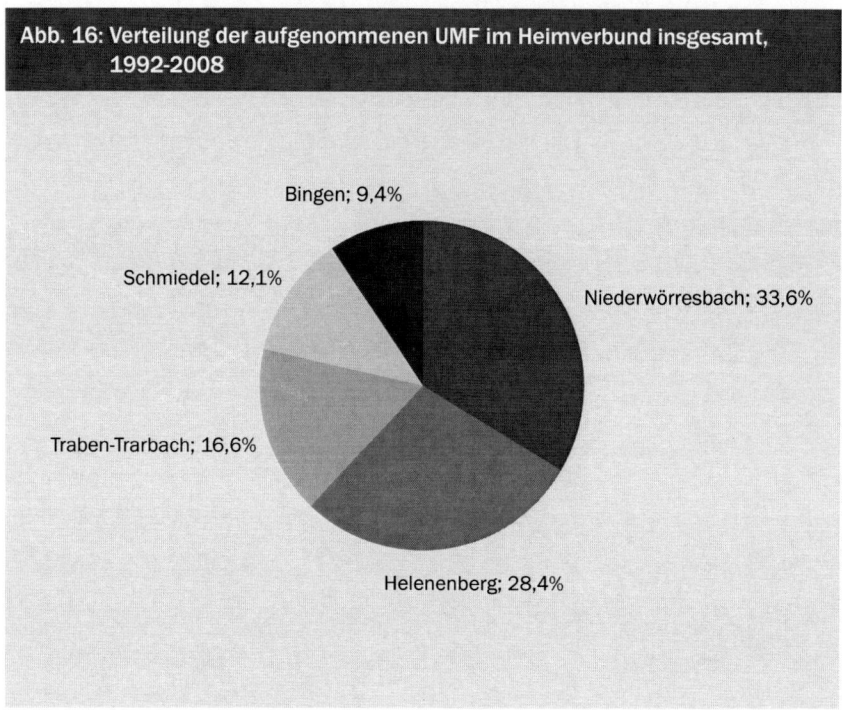

**Abb. 16: Verteilung der aufgenommenen UMF im Heimverbund insgesamt, 1992-2008**

Bingen; 9,4%

Schmiedel; 12,1%

Niederwörresbach; 33,6%

Traben-Trarbach; 16,6%

Helenenberg; 28,4%

In Niederwörresbach werden über 30 % der UMF aufgenommen, auf dem Heleneberg 28,4 %. Die beiden Einrichtungen sind auch aktuell noch mit Unbegleiteten Minderjährigen belegt. Die niedrigen Zahlen in den anderen Einrichtungen resultieren aus dem Rückgang der Fallzahlen. Aufgrund niedriger Fallzahlen in den letzten Jahren werden die Einrichtungen auf dem Schmiedel oder in Bingen zurzeit nicht mit UMF belegt. Es ist auch zu berücksichtigen, dass z. B. Traben-Trabach nur eine begrenzte Zeit im Heimverbund blieb. Insofern stellen über den Zeitraum seit 1992 vor allem die Einrichtung in Niederwörresbach und die Einrichtung Helenenberg eine konstante „Größe" bei der Aufnahme der UMF dar. Anzumerken ist dabei, dass die Einrichtungen Schmiedel und Bingen als Mitglieder des Heimverbunds bei höheren Fallzahlen auch wieder aktiv in der Belegung einzubinden wären.

Die Altersstruktur der aufgenommenen UMF im Heimverbund zeigt, dass über 50 % zwischen 15 und 16 Jahre alt sind bzw. auf dieses Alter hin geschätzt wurden. Der zweitgrößte Anteil der Jugendlichen ist mit 23 % in einem Alter zwischen elf und 14 Jahren. Unter elf Jahren „sind" insgesamt 11 % der UMF, wobei nur 6 % unter sechs Jahre alt sind. Ein ebenso kleinerer Anteil von 10 % ist über 17 Jahre und älter.

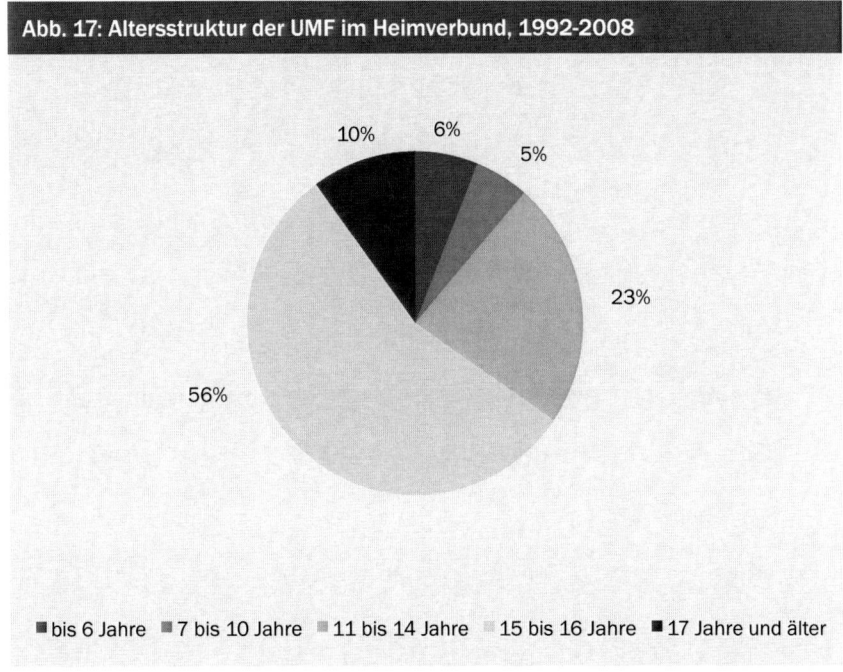

**Abb. 17: Altersstruktur der UMF im Heimverbund, 1992-2008**

■ bis 6 Jahre ■ 7 bis 10 Jahre ▨ 11 bis 14 Jahre ▨ 15 bis 16 Jahre ■ 17 Jahre und älter

Im Heimverbund sind 37 % der untergebrachten Unbegleiteten Minderjährigen weiblich und 63 % männlich.

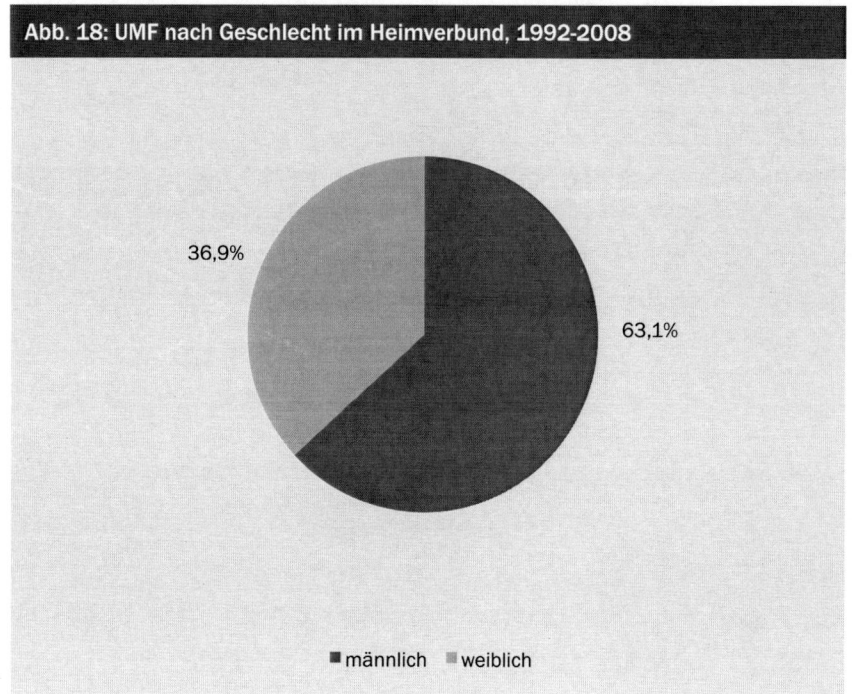

**Abb. 18: UMF nach Geschlecht im Heimverbund, 1992-2008**

Von den 280 Jungen und 167 Mädchen entfallen jeweils folgende Anteile auf die Jugendhilfeeinrichtungen:

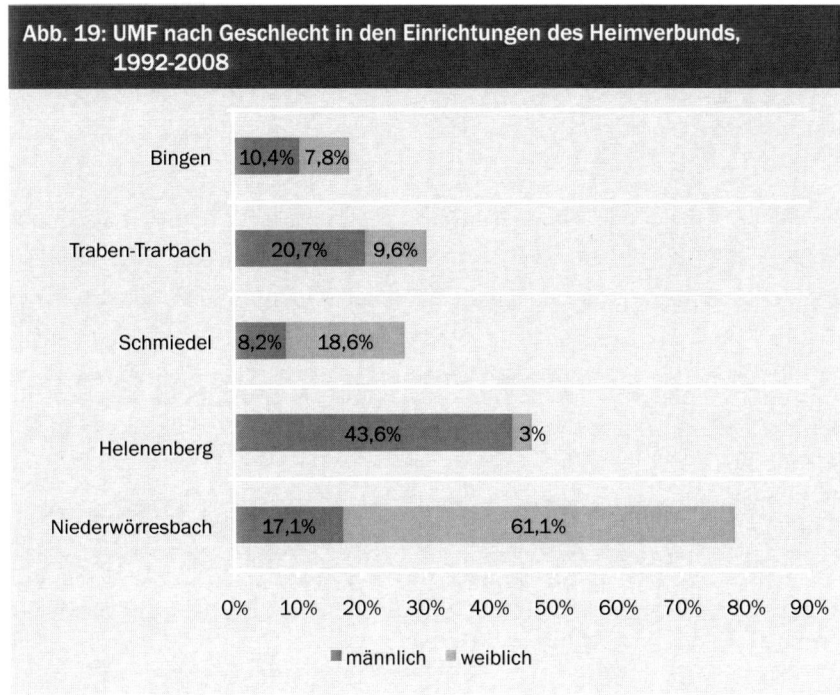

Abb. 19: UMF nach Geschlecht in den Einrichtungen des Heimverbunds, 1992-2008

Betrachtet man die weiblichen UMF, so wurden über 61 % der Mädchen in Niederwörresbach aufgenommen. Weitere 18,6 % sind auf dem Schmiedel aufgenommen worden, ein Anteil von 9,6 % in Traben-Trabach und 7,8 % der Mädchen wurden in Bingen betreut. Auf den Helenenberg entfällt aufgrund der geschlechtspezifischen Aufteilung unter den Heimen nur ein geringer Anteil von 3,0 % der weiblichen UMF. Demgegenüber wird der größte Anteil der männlichen UMF auf dem Helenenberg aufgenommen und betreut (43,6 %). Dementsprechend wurden nur 20,7 % der Jungen in Traben-Trabach, 17,1 % in Niederwörresbach, 10,4 % in Bingen und 8,2 % auf dem Schmiedel betreut.

Insgesamt wurden im Heimverbund Minderjährige aus rund 68 Ländern aufgenommen. Über die Gesamtzeit betrachtet waren die Hauptherkunftsländer der UMF im Heimverbund von diesen 68 Ländern die Türkei (17,4 %), die Länder des ehemaligen Jugoslawien (13,4 %) und Vietnam (13,2 %). In einem kleineren Umfang kamen die UMF aus China (4,7 %), Albanien (3,7 %), Sierra Leone (3,5 %), Afghanistan und Zaire (jeweils 3,3 %).

Der Verbleib bzw. der Verlauf des Hilfeprozesses ist aus verschiedenen Gründen schwer abzubilden. Einerseits wurde der Verbleib individuell notiert, aber nicht nach Kategorien statistisch eindeutig erfasst. Insofern bezieht sich die folgende Darstellung auf die Daten im Heimverbund von 2003-2008, da in diesem Zeitraum Einzelfälle in Kooperation mit den Pädagogischen Leitungen der Einrichtungen nachvollzogen werden konnten. Für den Verbleib wurden auf der Grundlage der vorliegenden Dokumentation folgende Kategorien rekonstruiert und angelegt:

| Verbleib-Kategorien |
| --- |
| Zurück zur AfA, zurück zur Polizei (Altersfestsetzung verändert) |
| Verlegung innerhalb des Heimverbunds |
| Weiterleitung in andere JH-Einrichtungen o. Betreuungsformen |
| Zusammenführung mit Familie/Verwandten bzw. Entlassung zu Familie, Vormund |
| Entlassung aus Heim in die Selbstständigkeit, Betreutes Wohnen |
| Entweichung |
| Rückführung/Rückreise |
| Keine Angabe |
| Verbleib im Heimverbund |

Dabei entstehen leichte Ungenauigkeiten, da die Verlegung im Heimverbund natürlich ein Verbleib im Heimverbund bedeutet. Die Kategorien sollen jedoch auch die Fluktuation im Rahmen der Betreuungsarbeit mit den jungen Flüchtlingen aufzeigen.

Die Daten beziehen sich nur auf den Zeitraum von 2003-2008 und umfassen 93 Fälle, die in dieser Zeit vom Heimverbund aufgenommen wurden.

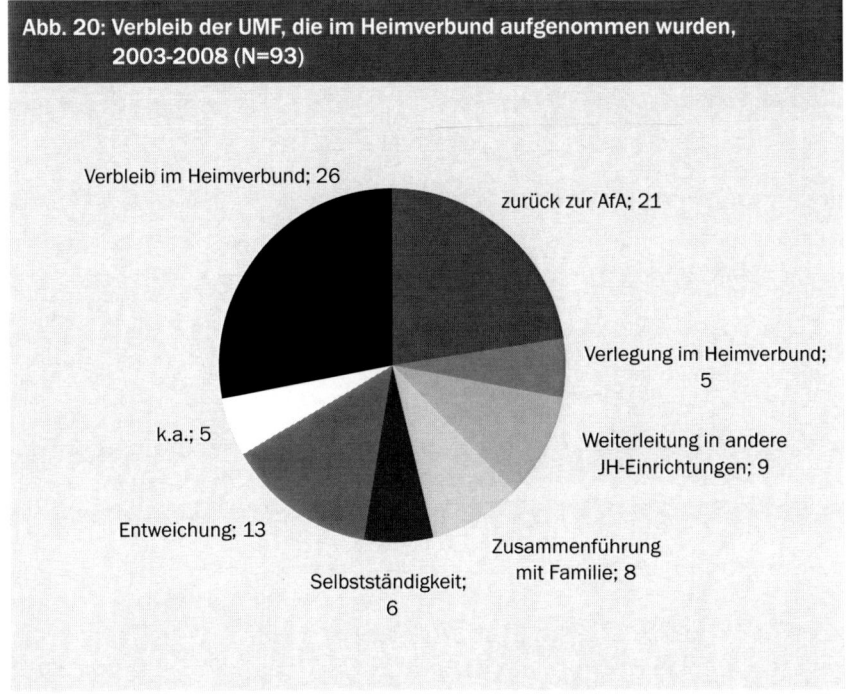

**Abb. 20: Verbleib der UMF, die im Heimverbund aufgenommen wurden, 2003-2008 (N=93)**

Verbleib im Heimverbund; 26

zurück zur AfA; 21

Verlegung im Heimverbund; 5

Weiterleitung in andere JH-Einrichtungen; 9

Zusammenführung mit Familie; 8

Selbstständigkeit; 6

Entweichung; 13

k.a.; 5

Der größte Anteil der aufgenommen UMF verbleibt im Heimverbund, auch wenn die Wahl der Einrichtung gewechselt wird (insgesamt 31 UMF und damit 33,3 %). Addiert man die Weiterleitungen in andere Jugendhilfeeinrichtungen hinzu, die sich z. B. durch den Wechsel der örtlichen Zuständigkeit ergeben können, bleiben zunächst 43 % der UMF in der Heimerziehung. Ein weiterer größerer Anteil wird direkt nach der Aufnahme bereits wieder in die AfA zurückgebracht, dies geht meist mit der durchgeführten Altersfestsetzung einher. Wird das Alter nach der Aufnahme entsprechend verändert, werden die UMF in die AfA zurückgebracht (22,6 %). Ein kleinerer Teil wird vom Heimverbund aus mit Familienmitgliedern oder Verwandten zusammengeführt. 6,5 % der UMF wechselten in diesem betrachteten Zeitraum in die „Selbstständigkeit". Dies umfasst den Bezug einer eigenen Wohnung sowie den Wechsel in das Betreute Wohnen, da dies im Rahmen der Jugendhilfe als „Verselbstständigung" eingeordnet wird. Es ergibt sich ein recht heterogenes Bild, das vor allem in der ersten Zeit der Aufnahme viel Bewegung mit sich bringt, die von den Akteuren und den UMF bearbeitet werden muss. Es zeigt sich jedoch, dass offenbar neben dem Anteil der UMF, die wieder aus der Jugendhilfe zurück in die AfA müssen, und UMF, die entweichen, mehr als ein Drittel (43 %) längerfristig in der Jugendhilfe verbleibt.

Betrachtet man nur die Jugendlichen, die im Heimverbund verblieben und von dort aus in die Selbstständigkeit wechseln, zeigen sich geschlechtsspezifische Unterschiede. Diese Gruppe umfasst insgesamt 77 Jugendliche (N=77), davon sind 21 männliche UMF und 56 weibliche UMF. Es wird deutlich, dass weitaus mehr Mädchen im Heimverbund verbleiben und von dort aus auch in die Verselbstständigung wechseln.

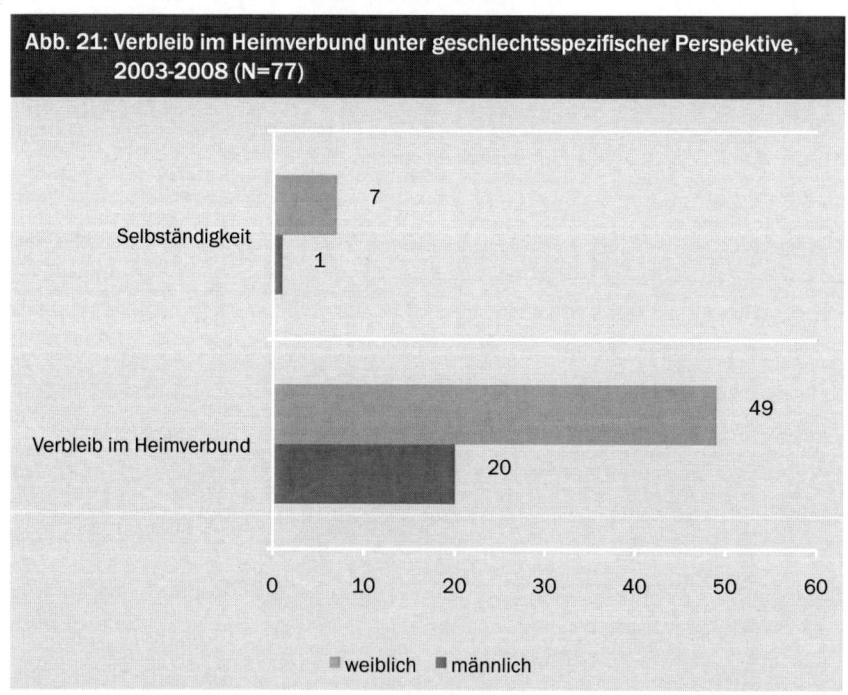

Abb. 21: Verbleib im Heimverbund unter geschlechtsspezifischer Perspektive, 2003-2008 (N=77)

Obwohl bei den Aufnahmezahlen im Heimverbund die männlichen UMF über-wiegen, verbleibt jedoch ein höherer Anteil der Mädchen im Heimverbund. Über die Ursachen für einen längeren Verbleib der Mädchen kann dabei nur spekuliert werden: Da die Fallzahlen so gering sind, kann keine Aussage da-rüber getroffen werden, ob geschlechtsspezifische Begründungen für den längeren Verbleib vorliegen.

### 4.3.2 Konzeptionelle Grundlagen der Betreuung in den Einrichtungen

Das Verbundsystem erzieherischer Hilfen in Rheinland-Pfalz für die Aufnah-me und Betreuung Unbegleiteter Minderjähriger Flüchtlinge entstand zu Be-ginn der 1990er Jahre (vgl. Kapitel 4.3). Die teilnehmenden Jugendhilfeein-richtungen der Kinder-, Jugend- und Familienhilfe der Kreuznacher Diakonie in Niederwörresbach, der evangelischen Kinder-, Jugend- und Familienhilfe Schmiedel in Nannhausen, der Kinder- und Jugendhilfe St. Hildegard in Bin-gen sowie des Jugendhilfezentrums Don Bosco Helenenberg bei Trier ent-wickelten gemeinsam eine Rahmenkonzeption für die Betreuung der UMF. Das Ziel bestand darin, den jungen Flüchtlingen Aufnahme und Schutz im Rahmen einer pädagogischen Hilfestellung anzubieten.

Organisatorisch zeichnet sich der Heimverbund durch eine hohe Flexibilität aus: Durch die Kooperation der Einrichtungen kann bis heute entsprechend flexibel auf notwendige Plätze für die Unterbringung reagiert werden. Zum ak-tuellen Zeitpunkt sind besonders die Einrichtungen in Niederwörresbach so-wie auf dem Helenenberg mit UMF belegt. Sollten aber größere Bedarfe ent-stehen, kann der Heimverbund auch auf aktuelle Entwicklungen reagieren.

Konzeptionelle Schwerpunkte der Rahmenkonzeption liegen zum einen in der kriteriengeleiteten Aufnahme der UMF: Bei der Aufnahme und Verteilung der UMF wird danach gestrebt, einer Balance zwischen „ethnischen Gesichts-punkten, Geschlecht, Alter, sozialer Herkunft" der jungen Menschen herzu-stellen und diese mit den jeweils verfügbaren Platzkapazitäten in Einklang zu bringen. Die Einrichtungen bieten Fördermöglichkeiten wie „Sprachkurse, Berufsvorbereitung, Berufsausbildung und Dolmetscherdienste" (vgl. Inter-nes Konzeptpapier vom 18.11.1991).

Die Profile der aktuell belegten Einrichtungen geben einen vertieften Einblick in die Ausstattung, konzeptionelle Rahmenbedingungen sowie die damit verbundene Angebotsstruktur.

**Kinder-, Jugend- und Familienhilfe der Kreuznacher Diakonie in Niederwörresbach**

In Niederwörresbach werden UMF in „Interkulturellen Regelgruppen" aufgenommen und betreut (vgl. Ev. Kinder- und Jugendheim Niederwörresbach; Anhang). Die interkulturellen Regelgruppen sind heterogen zusammengesetzte Gruppen, in denen neben UMF auch Kinder und Jugendliche mit und ohne Migrationshintergrund aufgenommen werden. Wie in Kapitel 3 aufgezeigt, entspricht diese Betreuungsform einer integrierten Unterbringung in Regelgruppen bzw. bei Verselbstständigungsprozessen in Gruppen des Betreuten Wohnens. Bei der Aufnahme der UMF bildet sich zurzeit insofern eine Differenzierung ab, da Niederwörresbach vor allem die weiblichen UMF aufnimmt.

Für die Interkulturelle Regelgruppe sind mit 9 Plätzen insgesamt 5,2 Personalstellen verfügbar, die sich wie folgt verteilen: 1,0 Stelle Gruppenleitung (Diplomsozialpädagoge/in), 3,7 Stellen Erzieher/innen (i. d. R. mit Zusatzqualifikationen) und 0,5 Stelle Hauswirtschaft.

Das Heim selbst verfügt über ein parkähnliches Gelände. Die Regelgruppe umfasst die Räumlichkeiten von einer Küche und Essbereich, einem Gemeinschaftsraum, drei Doppelzimmern, drei Einzelzimmern, einem Wirtschaftsraum, einem Dienstzimmer und den sanitären Anlagen (vgl. ebd., S. 6). Auf dem Gelände der Einrichtung befinden sich ein Jugendraum, eine kleine Sporthalle, ein Holzwerkraum, eine Fahrradwerksatt und ein Computerraum.

Die Jugendhilfemaßnahme richtet sich neben der Förderung von der Entwicklung der Kinder und Jugendlichen explizit auf die Erstversorgung der UMF, auf die Phase des Clearings und der Begleitung im Asylverfahren. Darüber hinaus sollen „die kulturellen, ethnischen und religiösen Werte der ausländischen Kinder und Jugendlichen [...] lebbar bleiben und somit Identitätsprobleme abgebaut werden" (ebd., S. 1).

Die Ziele der integrierten Regelgruppe sind:

☐ „Begleitung des Heranwachsenden und der Herkunftsfamilie, um neue Entwicklungen zu ermöglichen,

☐ Verbesserung der Lern- und Entwicklungschancen, Abklärung schulischer und beruflicher Perspektiven, Problemeinsicht und Lebensperspektiven aufzeigen,

☐ Einstellung auf die kulturellen Werte des sozialen Umfelds der ausländischen Kinder und Jugendlichen,

☐ Rückführung des Kindes aus einer lebensfeldersetzenden oder -ergänzenden Hilfe in die Herkunftsfamilie bzw. bei minderjährigen Asylbewerbern zu Verwandten, falls dies möglich ist,

☐ Bewältigung von Trennungs- und Trauererfahrungen, Verarbeitung von Verlusterlebnissen,

☐ Abklärung der weiteren Unterbringung, Beheimatung, Verselbständigung und Erarbeitung einer realistischen Perspektive,

☐ ggf. Vorbereitung und Organisation der freiwilligen Ausreise in Kooperation mit den zuständigen Ausländerbehörden, der IOM (Bonn) und des ISD (Frankfurt),

☐ Erarbeitung der Voraussetzung zur Beschulung (intensiver, heiminterner Sprachunterricht durch sprachkompetente Mitarbeiter),

☐ für alle Kinder und Jugendliche besteht Schulpflicht" (ebd., S. 2).

Die Leistungsbeschreibung der Jugendhilfemaßnahme zeigt darüber hinaus, wie die verschiedenen Phasen der Erstversorgung und die Clearingphase umgesetzt werden. Bei der Erstversorgung steht nach der Abholung der Jugendlichen in der AfA zunächst die Auftragsklärung an. Darauf aufbauend wird eine ärztliche Untersuchung durchgeführt und eine Unterbringung in einem Einzel- bzw. Doppelzimmer umgesetzt. Dabei wird auf kind- und jugendgerechte Lebensbereiche in den Wohngruppen geachtet. Die Atmosphäre soll ferner zu einer Entwicklungsförderung und Enttraumatisierung beitragen. Die Mitwirkung an der Hilfeplanung schließt sich entsprechend an die Erstversorgung an.

Als Grundleistung ist die Betreuung im Kinder- und Jugendheim durch pädagogische Fachkräfte 24 Stunden pro Tag sichergestellt. Zur Grundleistung zählt die Erstversorgung, das Clearing bei Unbegleiteten Minderjährigen Flüchtlingen und Asylsuchende, die Aufsicht und Betreuung, die Gestaltung des Wohnumfelds, die alltägliche Versorgung und Freizeitgestaltung, die Schaffung von Voraussetzungen für eine körperlich gesunde Entwicklung, Einübung lebenspraktischer Kompetenzen und Fertigkeiten, die sozial-emotionale Förderung und Anregung der Persönlichkeitsentwicklung, die schulische und berufliche Förderung, eine Entwicklungsdiagnostik bzw. Erziehungsplanung/ Hilfeplanung sowie die Nachbetreuung, z. B. im Betreutem Wohnen.

Das pädagogische Fachpersonal gestaltet im Sinne einer Alltagsstrukturierung die Aktivitäten der jungen Flüchtlinge. Ein besonderer Augenmerk liegt darüber hinaus auf der Sicherung des Kindeswohls der jungen Menschen (vgl. ebd., S. 3).

Im alltäglichen Versorgungsbereich werden als weitere Grundleistung heiminterne Sprachkurse bzw. -förderung angeboten, die lebensweltnah konzipiert sind. Auf der Grundlage einer intensiven Kooperation mit Schulen und Betrieben wird zugleich eine Perspektive auf schulische und berufliche Bildungsperspektiven gelegt und diese gemeinsam mit den UMF überprüft.

Für die spezifische Clearingphase bei UMF stehen einerseits die Kontaktanbahnung zu etwaigen Verwandten, die Klärung der Vormundschaft sowie die Abklärung der Perspektiven im Asylverfahren im Vordergrund (vgl. ebd., S. 2f.).

Weitere Schwerpunkte und Grundleistungen der Betreuung sind eine differenzierte Freizeitgestaltung (z. B. Sport- und Spielangebote, Ausflüge und Besuch kultureller Veranstaltungen, Erweiterung sozialer, handwerklicher und sprachlicher Kompetenzen durch Workshops u.ä.) sowie Unterstützung bei Fragen der Gesundheitserziehung und das Sicherstellen notwendiger Therapieangebote (die Therapieangebote können dann im Rahmen individueller Zuatzleistungen in Anspruch genommen werden).

Die Grundleistungen des Angebotes erstrecken sich auch auf die Einübung lebenspraktischer Kompetenzen (Einübung des Umgangs mit Ämtern und Geld, Zubereitung von Mahlzeiten etc.), die sozial-emotionale Förderung der Persönlichkeitsentwicklung (z. B. durch den Beziehungsaufbau mit der/dem Erzieher/in, Reflexionen in „Kinderteams", Übernahme von Aufgaben und Erarbeitung von Konfliktlösungsstrategien).

Die schulische und berufliche Förderung und die damit verbundenen Klärungsprozesse sind insbesondere auch für UMF bedeutsam. Neben der Auswahl einer geeigneten Schulform wird auf die Zusammenarbeit mit der Berufsbildenden Schule hingewiesen. Hier können UMF bei entsprechenden Voraussetzungen ein Berufsvorbereitungsjahr absolvieren und auf diesem Weg den Hauptschulabschluss erreichen (vgl. ebd., S. 5). Die Unterstützung bei Hausaufgaben und der Kontakt zu Lehrer/innen oder Ausbildungsbetreuern wird von dem pädagogischen Personal begleitet.

Als weitere Grundleistung wird im Rahmen der Jugendhilfe der Hilfeplan-Prozess eingeleitet, sowie eine Eingangs- und Verlaufsdiagnostik durchgeführt.

Die Qualitätssicherung wird durch die Dokumentation des Hilfeplanprozesses, interne und externe Fortbildungen sowie eine Gruppensupervision sichergestellt.

**Jugendhilfezentrum Don Bosco Helenenberg (bei Trier)**

Im Jugendhilfezentrum Helenenberg ist für UMF eine multiethnische Gruppe eingerichtet. Die Mandela-Gruppe wird derzeit vor allem mit männlichen UMF unter 16 Jahren belegt.

Das Jugendhilfezentrum ist eine Einrichtung des Caritasverbands Trier und orientiert sich darüber hinaus an den pädagogischen Werken Don Boscos. Für die Einrichtung insgesamt besteht die Zielsetzung darin, „jungen Menschen aus schwierigen Lebensumständen zu einer selbstbestimmten Lebensbewältigung zu verhelfen. Neben der notwendigen schulischen und beruflichen Bildung sehen wir die Entwicklung von sozialen Kompetenzen und die therapeutische Aufarbeitung individueller Problemstellungen als unerlässlich an" (Jugendhilfezentrum 2004, S. 1, vgl. Anhang).

Das Jugendhilfezentrum bietet 120 vollstationäre Plätze in neun Regelgruppen (davon zwei Außenwohngruppen, eine Gruppe mit familienaktivierendem Schwerpunkt). Ferner bietet der Helenenberg vier Intensivgruppen für Jugendliche an. Weitere Angebote im Bereich der Hilfen zur Erziehung erstrecken sich über die Sozialpädagogische Familienhilfe, Erziehungsbeistandschaften etc.

Dem Jugendhilfezentrum sind weiterhin die Valdocco-Förderschule, eine Berufsbildungsstätte mit 26 anerkannten Berufsabschlüssen (in den Berufsfeldern Metall, Holz, Elektro, Gartenbau, Ernährung, Farben) sowie eine Berufsschule mit berufsvorbereitenden Maßnahmen zugehörig.

**Die Mandela-Gruppe**

Die Mandela-Gruppe ist eine vollstationäre und integrative Wohngruppe vorrangig für minderjährige, ausländische, unbegleitete und zumeist asylsuchende Jugendliche. Die Mandela-Gruppe ist die Erstversorgungs- und Clearingstelle für die jungen Menschen. Eine weiterführende Unterbringung über die Clearingphase hinaus ist auf dem Helenenberg im Rahmen des § 34 SGB VIII möglich. Ältere UMF können auch im Rahmen der Hilfen für junge Volljährige (§ 41 SGB VIII) in Verselbstständigungsangeboten wie z. B. dem Betreuten Wohnen betreut werden (vgl. ebd., S. 2).

Die integrierte Wohngruppe befindet sich auf dem Gelände des Jugendhilfezentrums und ist für ca. 10 Jugendliche ab 12 Jahren konzipiert. Der Gruppe stehen vier Einzelzimmer und drei Zweibettzimmer sowie ein Wohnzimmer, ein Werk- und Spielraum, eine Kochküche mit Essraum, ein Büro, ein Duschraum sowie Vorratsräume zur Verfügung. Ein Kleinbus für Versorgungsfahrten steht ebenfalls zur Verfügung.

In der Gruppe sind 5,3 Planstellen vorgesehen: 1 Erziehungsleiter (anteilig), 1 Heimleiter (anteilig), 1 Heilpädagoge, 1 Diplom-Psychologin (anteilig), Verwaltungskräfte, Reinigungsdienst und Hausmeister (anteilig).

Die Ziele der Betreuung werden durch den gesetzlichen Auftrag gerahmt, der sich im Hilfeplanverfahren niederschlägt. Für die spezifischen Bedarfe der Gruppe werden folgende Ziele formuliert:

☐ „Direkte, umgehende Aufnahme mit Primärversorgung wie Essen und Schlafen,

☐ Klärung der Aufenthaltsumstände (in der Regel Asylbegehren),

☐ Abklärung von familiären Kontaktmöglichkeiten innerhalb Deutschlands,

☐ Begleitung und Einleitung des Asylverfahrens in Zusammenarbeit mit dem Jugendamt,

☐ Abklärung vormundschaftsrechtlicher Regelungen,

☐ Vermittlung erster Sprachkenntnisse, bei längerfristigerem Aufenthalt Intensivierung der Sprachkenntnisse,

☐ Erste berufliche Orientierung in Teilzeitform, bei längerem Aufenthalt Ausbildung mit dem Ziel der Vermittlung eines Abschlusses,

☐ Begleitung im Asylverfahren incl. Rechtsberatung und Hilfestellung bei ausländerrechtlichen Regelungen,

☐ Vermittlung von Einsicht in mitteleuropäische Normen und Werte, sowie von Kulturtechniken bei größtmöglicher Akzeptanz der eigenen Gebräuche,

☐ Herstellung und Pflege von Kontakten nach außen (Vereine etc.),

☐ Fortsetzung der Jugendhilfe zur weitergehenden Verselbständigung auch über die Volljährigkeit hinaus.

Angestrebt wird:

☐ Abschluss des Asylverfahrens bzw. Klärung des ausländerrechtlichen Status,

☐ Die Rückführung in das Heimatland (je nach den politischen Verhältnissen),

☐ Die Verselbständigung (je nach Alter),

- Ggf. die Integration in die BRD, wenn eine Rückführung in das Heimatland nicht absehbar ist und eine Aufenthaltsgenehmigung vorliegt" (ebd., S. 2f.).

Vor dem Hintergrund der formulierten Ziele werden in der Mandela-Gruppe folgende Leistungen angeboten:

- „Betreuung der Jugendlichen über Tag und Nacht in Zweier- und Einzelzimmern,

- Vermittlung von Deutschkenntnissen,

- Integration der MuFs [Minderjährige unbegleitete Flüchtlinge, Anm. d. Verf.] in den Heimalltag (Beteiligung an der Teestube oder beim Fußballtraining etc.),

- Auffangen des Kulturschocks,

- Auffangen von Flüchtlingstraumata,

- Besondere Vermittlung eines Sicherheitsgefühls (Angenommensein, Ausbleiben von Bedrängen),

- Möglichkeit zum Kochen in landesüblicher oder religiös bestimmter Weise,

- Toleranz und Unterstützung in der Ausübung religiöser Riten,

- Vermittlung des Wertesystems unserer demokratischen bzw. christlichabendländischen Kultur,

- Vermittlung der gleichberechtigten Rolle der Frauen in unserer hiesigen Gesellschaft,

- Regeltraining im Gruppenalltag,

- Erziehungsplanung,

- Hinführung zu der Möglichkeit, ein Schul- oder Ausbildungsangebot wahrzunehmen,

- Gesundheits- und Hygieneerziehung,

- Hilfen zur Bewältigung der Trennung der MuFs von ihren Eltern,

☐ Freizeitgestaltung, Ferienfahrten, Planung und Organisation von Festen,

☐ Spätere Vermittlung von Einzelzimmern oder Kleinwohnungen im städtischen Bereich,

☐ Leistungen zur Verbesserung der Erziehungsbedingungen in der Herkunftsfamilie, Kontaktpflege und Elternarbeit (Elternarbeit im herkömmlichen Sinne lässt sich bei den MuFs nicht machen. Es wird aber nichts unversucht gelassen, um mit Verwandten der Jugendlichen in Kontakt zu treten, sei es mit Bezugspersonen im Heimatland, oder ganz besonders mit anderen Verwandten, die ebenfalls in der BRD leben),

☐ Zusammenarbeit mit dem Jugendamt (Kooperation im Rahmen der Hilfeplanung),

☐ Psychologische, therapeutische und jugendpastorale Leistungen im Regelangebot (Problemanalysen und Begleitung bei Krisenintervention, psychologische und heilpädagogische Förderangebote, wie z. B. Einzelgespräche, heilpädagogische und psychotherapeutische Maßnahmen),

☐ Vorbereitung und Begleitung von ethnischen Feiern und Ritualen für Angehörige nicht-christlicher Religionen" (ebd., S. 5).

Das Leistungsangebot wird durch die Zusatzleistungen wie der Teilnahme an beruflichen Qualifizierungsmöglichkeiten sowie durch die Aufnahme in die Valdocco-Schule ergänzt. Darüber hinaus können die UMF Einrichtungen wie die Turnhalle, die Muskelschmiede, die Kegelbahn, Disco und Teestube auf dem Helenenberg nutzen. Gruppenübergreifende Angebote wie Fußballtraining, Badminton, Lauftreff etc. stehen ebenso offen.

Qualitätssichernde Regelleistungen des Jugendhilfezentrums sind auf institutionelle Ebene die konzeptionellen Entwicklungsprozesse der jeweiligen Gruppen vor dem Hintergrund fachlicher Diskurse, die Kooperation mit unterschiedlichen Akteuren im Umfeld der Jugendlichen und die Beteiligung der Jugendlichen. Für die Mitarbeiter/innen stehen interne sowie externe Supervisions- und Fortbildungsangebote und wöchentliche Teambesprechungen zur Reflexion zur Verfügung. Neben internen statistischen Auswertungen findet die wissenschaftliche Begleitung und Dokumentation durch das IKJ in Mainz (EVAS) statt.

Auf der Ebene fachlicher Standards beziehen sich Qualitätskriterien auf einen vertrauensvollen Bezugsrahmen zur Entfaltung der Persönlichkeit, ein förderndes Milieu sowie gezielte Lernarrangements.

Als personelle Qualitätsstandards beruhen auf dem pädagogisch ausgebildeten Personal mit entsprechenden Fachkompetenzen, einer Mehrfachbetreuung zu ausgewählten Zeiten (Nachmittag, Wochenende) sowie Einführungskurse für neue Mitarbeiter (vgl. ebd., S. 6f.).

## 4.4   Das Jugendamt als zentrale Fachorganisation für UMF

Den Jugendämtern kommt bei der Betreuung der UMF eine zentrale Rolle zu. Ihre Bedeutung resultiert zunächst aus der in § 79 SGB VIII formulierten Gesamtverantwortung für die Erfüllung der im SGB VIII formulierten Aufgaben. Damit verbunden ist ebenfalls eine Planungsverantwortung für eine bedarfsgerechte Angebotsstruktur.

Der Allgemeine Soziale Dienst (ASD) ist innerhalb der Jugendämter der zentrale Dienst, der das Kindeswohl sichert und zugleich Familien und ihre Kinder bei allen sozialen Problemen unterstützen soll. In dieser umfassenden Zuständigkeit kann der ASD selbst Beratungsangebote unterbreiten bzw. die notwendigen Hilfen je nach Bedarf gewähren (Hilfen zur Erziehung, §§ 27 ff., SGB VIII).

Im Hinblick auf die Betreuung von minderjährigen, ausländischen und unbegleiteten Kindern und Jugendlichen obliegt dem ASD insbesondere die Pflicht, sie vor Gefahren für ihr Wohl zu schützen und ihr Recht auf Förderung ihrer Entwicklung und Erziehung zu einer eigenverantwortlichen und gemein-schaftsfähigen Persönlichkeit unter den belastenden Bedingungen der Aus-länder- und Asylgesetzgebung zu verwirklichcn (vgl. Killguß 2000, S. 340).

Die Jugendämter sind in Bezug auf UMF dafür verantwortlich, die Inobhutnah-me einzuleiten und durchzuführen sowie eine Hilfegewährung zu überprüfen. „Die fallzuständige Fachkraft des ASD koordiniert die Hilfeplanung und die Tätigkeiten der an der Hilfeerbringung beteiligten Institutionen. Sie kontrol-liert zudem den Hilfeverlauf." (ebd., S. 341) Konzeptionell ist die Arbeit des ASD mit UMF voraussetzungsreich: Sie erfordert spezifische rechtliche sowie ethnisch-kulturelle Kenntnisse über die Herkunftskontexte. Darüber hinaus bedarf es spezifischer Kompetenzen, um die psychosoziale Situation der jun-gen Menschen in ihrer neuen Umgebung angemessen bearbeiten zu können (vgl. ebd.). Die Fachkraft ist für die Erstgespräche und der damit verbunde-nen Inobhutnahme befasst. Die Altersfeststellung spielt dabei eine bedeut-same Rolle. Die Erstberatung ist von vielen Schwierigkeiten geprägt, da kein Vertrauen der jungen Menschen vorausgesetzt werden kann. Die UMF „kön-nen nicht einschätzen, was sie von ihrem jeweiligen Gegenüber zu erwarten haben. Eine relative Sicherheit kann erst im Laufe der Beziehungsentwick-lung erworben werden" (ebd., S. 343). Dies wird durch den Handlungsspiel-raum und die Ressourcen des ASD häufig konterkariert.

Das **Jugendamt der Stadt Trier** richtet im Rahmen des Allgemeinen Sozialen Dienstes (ASD) einen Aufgabenbereich „Asylbewerber" ein, der mit 0,5 Perso-nalstellen besetzt ist. Der Aufgabenbereich umfasst folgende Punkte:[53]

☐ Erstkontakt unmittelbar nach Aufnahme in der AfA: Inaugenschein-nahme, Alterseinschätzung, Sondierung des „physischen und psychi-schen Zustandes", Klärung möglicher Verwandtschaftsverhältnisse innerhalb Deutschlands, ggf. Recherche, Inobhutnahme, Hilfepla-nung.

---

[53] Die folgende Aufzählung beruht auf einer Zusammenstellung des Jugendamtes Trier.

- Einleitung der für die Inobhutnahme notwendigen Formalien, z. B. Mitteilung an das Familiengericht (FamGericht), Kostenzusage gegenüber der Träger, Klärung der Kostenübernahme überörtlicher Träger, Mitteilung an das Bundesamt zwecks Anhörungstermin, Regelung der Krankenbehandlungsscheine etc.

- Beantragung der Vormundschaft beim Familiengericht, Übernahme der Vormundschaften für alle UMF, bei unter 16-Jährigen Beantragung von Asyl.

- Bearbeitung und Entscheidung von Anträgen der UMF, Kontakt zu den unterschiedlichen Kooperationspartnern des jeweiligen Falles, ggf. Begleitung zur Anhörung beim Familiengericht und zur Anhörung beim Bundesamt.

- Nach der Zuweisung: Schriftliche Kontaktaufnahme zu der zugewiesenen Kommune, Zusendung des kopierten Aktenbandes mit der Bitte um Mitteilung der neuen Adresse und Übernahme der Vormundschaft.

- Mitteilung der Zuweisung an das FamGericht und der Bitte um Änderung der Vormundschaft. Das FamGericht besteht auf eine schriftliche Zustimmung der zugewiesenen Kommune, die wiederum durch das Jugendamt Trier angefordert bzw. angemahnt werden muss. Berichterstattung gegenüber dem FamGericht über den Entwicklungsverlauf des zugewiesenen Jugendlichen.

- Antrag auf Hilfe zur Erziehung und Überwachung der einzuleitenden Hilfe bis zur Klärung der Vormundschaft, Ansprechpartner für die Mündel und jeweiligen Kooperationspartner.

- Erneute Hilfeplanung vor Ort.

- Führung der Statistik.

Aufgrund der Änderungen des § 42 SGB VIII fallen zunehmend deutlich höherer Verwaltungsvorgänge für das Jugendamt Trier an. Insbesondere vor dem Hintergrund steigender Zugangszahlen von UMF wirft dies Fragen auf. Besondere Problembereiche entstehen im Hinblick auf die Übergabe der Vormundschaften. Die Akteure aus dem Jugendamt unterstreichen, dass bei der Gruppe der unter 16-Jährigen männlichen und der unter 18-Jährigen weiblichen UMF hinsichtlich der Übergabe der Vormundschaft Probleme für das JA Trier entstehen. Die Probleme resultieren aus der Weigerung der zugewiesenen Kommunen, die anfallenden Vormundschaften nicht zu übernehmen. Bei der Gruppe der 16-17-Jährigen UMF entsteht ebenfalls das Problem, dass die neu zugewiesenen Kommunen trotz einer Aufforderung, in einem befristeten Zeitraum die Übernahme des Vormunds zu bestätigen, erst nach mehrmaliger Kontaktaufnahme nachkommen.

Eine Weiterentwicklung des rheinland-pfälzischen Konzepts sollte vor diesem Hintergrund gemeinsam mit dem Jugendamt Trier sowie den verantwortlichen Jugendämtern vor Ort diskutiert werden.

# 5. Eine bessere Situation für junge Flüchtlinge – Ergebnisse der Befragung

Im Zuge der Bestandserhebung wurden mit unterschiedlichen Akteuren in Rheinland-Pfalz Experteninterviews mit dem Ziel geführt, die Perspektiven der beteiligten Akteure auf das Feld der Arbeit mit Unbegleiteten Minderjährigen zu erheben und deren Erfahrungswissen einzubinden. Das Vorgehen im Rahmen der Bestandaufnahme soll damit verschiedene Zugänge und Perspektiven miteinander verschränken und eine kontrastierende Betrachtung explizit ermöglichen. Die Bestandsaufnahme versteht sich nicht als „festgelegte Ergebnispräsentation", sondern als ein Impuls für weitere Fachdiskussionen.

Im Folgenden werden nach einer kurzen methodischen Vorbemerkung die Ergebnisse aus den Experteninterviews sowie aus der Befragung der Flüchtlinge vorgestellt.

## 5.1 Methodische Vorbemerkungen

Im Rahmen der Bestanderhebung wurden neun Experteninterviews mit verschiedenen Vertreter/innen aus Organisationen und Einrichtungen durchgeführt. Dabei wurden Akteure wie die AfA in Trier, das Jugendamt Trier und Vertreter/innen des Heimverbunds sowie Akteure aus dem lokalen und regionalen Beratungsumfeld befragt. Einige der Interviews fanden mit mehreren Personen statt, so dass insgesamt 16 Personen in die Gespräche eingebunden waren.

Das methodische Vorgehen orientierte sich an den sozialwissenschaftlichen Standards des Experteninterviews (vgl. zur Diskussion Bogner/Littig/Menz 2002) und lehnt sich an das Vorgehen Meuser/Nagels an (Meuser/Nagel 1991; 1994; 1997). Experten werden als Funktionsträger eines Hand-

lungsfelds verstanden, die mit ihren spezifischen Erfahrungen und Wissensbeständen auf den ausgewählten Wirklichkeitsausschnitt bezogen sind. Insofern werden die Experten im Unterschied zu offenen Interviews nicht als
Gesamtperson zum Gegenstand des Forschungsinteresses, sondern im Kontext eines „organisatorische[n] oder institutionelle[n] Zusammenhang[s], der
mit dem Lebenszusammenhang der darin agierenden Personen gerade nicht
identisch ist" (Meuser/Nagel 1991, S. 442).

Die Interviews wurden anhand eines Leitfadens geführt und protokolliert. Der
Leitfaden und die thematischen Schwerpunkte können flexibel eingesetzt
werden, um eine offene Interviewführung zu ermöglichen (vgl. Meuser/Nagel
1991, S. 449).

Die Auswertung orientiert sich an dem mehrstufigen Verfahren des „Thematischen Vergleichs" von Meuser/Nagel. Dabei steht die Rekonstruktion des
Expertenwissens im Vordergrund, das durch den Vergleich der Interviews
mit Hilfe der Kontrastierung von Gemeinsamkeiten und Unterschieden he-
rausgearbeitet wird. Auf diese Weise wird nach „gemeinsam geteilten Wissensbeständen, Relevanzstrukturen, Wirklichkeitskonstruktionen, Interpre-
tationen und Deutungsmustern" gefahndet (Meuser/Nagel 1991, S. 452).
Der „Thematische Vergleich" sucht nach vergleichbaren Textstellen in allen
Interviews. Darauf folgend wird die Zusammenstellung „theoretisch genera-
lisiert und rekonstruktiv geordnet" (ebd., S. 489). Das Vorgehen folgt einem
konstruktivistischen und interpretativen Verständnis, dies unterstreicht den
diskursiven Charakter der Bestandserhebung. Das Vorgehen bedeutet auch,
dass die Ergebnisse mit einem methodisch-angeleiteten Interpretations-
verfahren eingeordnet werden und damit nicht allein auf einer deskriptiven
Darstellungsebene verbleiben können.

Darüber hinaus wurde in Ansätzen versucht, die Perspektive der jungen Flüchtlinge einzufangen. Es gestaltet sich jedoch schwierig, den Zugang zu diesem „Feld" herzustellen. Bereits Weiss/Enderlein/Rieker weisen in ihrer Studie auf ein Methodenproblem in der Flüchtlingsforschung hin, das sich u.a. mit der Frage von Zugängen befasst. Da die jungen Menschen sich in einer prekären Situation befinden und vielen „Befragungen" unterzogen werden, löst der Begriff „Interview" Irritationen aus, da er zumeist auch für die BAMF-Befragungen und -Anhörungen verwandt wird. Das Misstrauen gegenüber einem „Befragungsanliegen" kann relativ ausgeprägt sein. Es müssen darüber hinaus sprachliche Verständigungsschwierigkeiten berücksichtigt oder Interviews in der jeweiligen Erstsprache geführt werden, die wiederum einer präzisen Übersetzung bedürfen (vgl. Weiss/Enderlein/Rieker 2001, S. 21).

Es empfiehlt sich daher, den Kontakt zu den jungen Flüchtlingen über Multiplikator/innen herzustellen, die bereits in einem Vertrauensverhältnis zu den jungen Menschen stehen. Auf diesem Weg ergaben sich im Rahmen der Bestandserhebung zwei unterschiedliche Zugänge: Einerseits wurde ein kleiner Fragebogen entworfen, der dank der Unterstützung des Teams vom Multikulturellen Zentrum in Trier im Rahmen ihrer Bildungsangebote für UMF an die Flüchtlinge weitergeleitet wurde. Die Akteure des MKZ konnten die jungen Flüchtlinge in einem geschützten und vertrauten Raum ansprechen und sie zugleich bei Verständnisschwierigkeiten unterstützen. Die Fragebögen wurden von den jungen Flüchtlingen mit hohem Engagement ausgefüllt. Aufgrund der Sprachschwierigkeiten übernahmen die Flüchtlinge untereinander Formulierungen, dies bleibt bei der Darstellung zu berücksichtigen und ist den Sprachkompetenzen geschuldet. Über diese Form der Erhebung wurden elf junge Flüchtlinge befragt.

Ein weiterer Zugang ergab sich über die Beratungsarbeit eines Trägers in einer Gemeinschaftsunterkunft und damit zu einem „ehemaligen" UMF, der in der Gemeinschaftsunterkunft lebt und sich für ein Gespräch bereit erklärte.

Es wurde auch gemeinsam mit den Heimen überlegt, UMF anzusprechen, die sich noch im Heimverbund befanden oder diesen verlassen haben. In diesem

Kontext dauert die Kontakt- oder Beziehungsaufnahme aber eine längere Zeit. Darüber hinaus wurde auf die Einschätzung der Fachkräfte Rücksicht genommen, wenn sie eine Befragung der UMF in ihrer jeweiligen Lebenssituation eher als unangemessen befanden.

## 5.2 Das rheinland-pfälzische Modell in der Diskussion

Die folgenden Aspekte beziehen sich auf die rekonstruierten Themen in den Experteninterviews. Die zitierten Sequenzen aus den einzelnen Interviews werden zusammengestellt und interpretativ eingeordnet.

### 5.2.1 Die UMF im Blick

Die befragten Akteure nehmen im Feld der Betreuung der UMF jeweils verschiedene Positionen ein. Insofern überrascht es auch wenig, dass der Blick auf die UMF unterschiedlich ist. Die verschiedenen Wahrnehmungen der Unbegleiteten Minderjährigen Flüchtlinge werden im Folgenden rekonstruiert.

Einerseits zeichnen befragte Akteure ein Bild der Unbegleiteten Minderjährigen Flüchtlinge, das eine differenzierte Sichtweise auf die Ressourcen und die Problemlagen der jungen Menschen hervorhebt. Die Gruppe der UMF wird zwar als heterogen beschrieben, dennoch werden Gemeinsamkeiten für diese Gruppe formuliert. Die UMF werden als „wissbegierig und ehrgeizig" wahrgenommen (C, S. 1) und „ wollen im Prinzip alle" lernen (B, S. 6). Das Bildungsbewusstsein der UMF wird als sehr hoch beschrieben, „man konnte sie oft gar nicht vom Lernen abhalten" (D, S. 1). Der Bildungsweg würde sich bei entsprechender Unterstützung gut gestalten, „die allermeisten gehen einen sehr guten Weg" und viele der UMF könne im Verlauf ihres Aufenthaltes eine weiterführende Schule besuchen (ebd.). Bedauert wird, dass die jungen Menschen von Abschiebung bedroht sind bzw. abgeschoben werden. „Wir können die jungen Menschen doch hier absolut gebrauchen" (B, S. 6) und durch Abschiebungen gehe viel „Know-how" wieder verloren (D, S. 1). Insofern sei es notwendig, diesen jungen Menschen mit ihren Potenzialen eine Perspektive eröffnen zu können und auch ihre Schlechterstellung in der Bleiberechtsregelung zu ändern (vgl. B, S. 6).

Es wird zugleich betont, dass die Gründe für die Flucht der jungen Menschen für die sozialpädagogische Arbeit als irrelevant betrachtet werden. Die Entscheidung darüber, ob manche bessere Bildungsmöglichkeiten suchen oder aber hochgradig traumatisiert flüchten müssen, spiele in der Betreuung keine Rolle (vgl. A, S. 1). Viele der jungen Flüchtlinge haben „ihre Identität verloren" und erleben die Phase der Duldung als sehr belastend: „Die fallen dann durchaus auch mal in eine Traurigkeit rein" (A, S. 1). Differenziert wird die Gruppe der UMF im Hinblick auf ihre Altersstruktur gesehen: Für die jüngeren Flüchtlinge sei es gut möglich, Bildung und Spracherwerb zu organisieren. Bei Älteren sei die Perspektive für ihren Verbleib in der Heimerziehung zeitlich begrenzter. Das allein verringere bereits die Motivation der Jugendlichen: Denn wozu eine Ausbildung anfangen, von der man weiß, dass man sie aller Voraussicht nach nicht zu Ende bringen kann (vgl. A, S. 1).

Insgesamt zeige sich, dass die Flüchtlinge zunehmend mit stärkeren Belastungen in Rheinland-Pfalz ankommen, es sind „viele Problemfälle", Schwerstkranke und Traumatisierte dabei (vgl. E, S. 1). Insofern wird mit unterschiedlichen Beratungsangeboten versucht, auf die Gruppe der traumatisierten UMF einzugehen.

Andererseits wird eine Perspektive entwickelt, die neben pädagogischen Blickwinkeln auf verwaltungs- bzw. asylrelevante Aspekte hinweist. Es müsse auch aus Sicht des Fachpersonals geprüft werden, „ob es einfach nur Wirtschaftsflüchtlinge sind" (F, S. 1). Ferner müsse man prüfen, „wer daran interessiert ist, sich in unsere Gesellschaft zu integrieren" (E, S. 3). Die hier erkennbaren Zugänge oder Orientierungen der befragten Akteure weisen auf das Asylverfahren bzw. auf die Frage hin, inwieweit ein „Anrecht" auf den Flüchtlingsstatus besteht. Der verwandte Begriff des „Wirtschaftsflüchtling" knüpft beispielsweise an öffentliche Debatten an, die den jungen Menschen unlautere Gründe für ihr Asylgesuch unterstellen bzw. Armut als Ursache für erzwungene Migration diskreditieren. Es zeigt sich hier, dass auch in sozialpädagogischen Praxisfeldern diese Orientierung zum Tragen kommen kann. Die zweite Sequenz verweist auf die „Integrationswilligkeit" bzw. das Interesse, sich zu integrieren. Der Begriff „Integration" wird analog zu öffentlichen

Debatten als eine Anforderung formuliert, dass sich „die Anderen" in einen vermeintlich homogenen Raum einfügen, in dem bestimmte Normalitätserwartungen vorliegen. Integrationsbereitschaft wird in dieser Sequenz als Voraussetzung verstanden, Zugang zu der Gesellschaft zu erhalten. Das Recht auf Schutz und Unterstützung tritt in diesem Bild zugunsten eines Anforderungskatalogs in den Hintergrund.

Es zeigt sich an den beiden Wahrnehmungsmustern, dass je nach der Position im Feld die Sicht auf die jungen Menschen variieren kann. Für die Arbeit mit Unbegleiteten Minderjährigen ist es – vor dem Hintergrund der entfalteten Fachdebatte – bedeutsam, den „sozialpädagogischen Blick" auf die Kinder und Jugendlichen weiter zu stärken.

### 5.2.2 Die Schutzbedürftigkeit von Mädchen und Jungen

Vor dem Hintergrund des geänderten § 42 SGB VIII wurde die Inobhutnahmeeinrichtung für die männlichen 16-17-Jährigen Flüchtlinge in der AfA in Trier entwickelt. Die Jungen verbleiben im Anschluss an die Inobhutnahme für ca. 2-3 Monate in der Inobhutnahmeeinrichtung der AfA. Die neueingeführte Einrichtung bzw. die Notwendigkeit, alle UMF bis 18 Jahre Inobhut zu nehmen, zog einen hohen verwaltungstechnischen Aufwand nach sich. Dieser betrifft die Inaugenscheinnahmen, die (Amts-)Vormundschaften sowie die Bearbeitung der Kostenübernahme (F, S. 1).

Die beteiligten Akteure beschreiben das entwickelte Konzept der Inobhutnahmeeinrichtung in der AfA als eine „gemeinsame Arbeit" des Sozial- und Innenministeriums, des Landesjugendamts und des Jugendamts Trier (E, S. 1). Mit Blick auf die Entwicklungsphase wurde von einigen Befragten kritisch angeführt, dass die Vertreter/innen des Heimverbunds nicht in die Konzeptarbeit eingebunden waren. In einem gemeinsamen Gespräch wurde es jedoch möglich Kritik zu artikulieren und konstruktive Schnittstellen herauszuarbeiten. Mittlerweile sei es daher unter den Akteuren zu einer „guten Verständigung" gekommen. Ein regelmäßiger Austausch wird weiterhin als sinnvoll erachtet (B, S. 4f.).

Die befragten Akteure diskutieren vor diesem Hintergrund die Schutzbedürftigkeit der jungen Menschen. Dabei entstehen zwei unterschiedliche
Argumentationsmuster:[54]

Einerseits wird insbesondere der Gruppe der Mädchen „besonderes Schutzbedürfnis" zugeschrieben. Die Mädchen seien im Vergleich zu den Jungen
in einer besonderen Gefahrensituation und müssten daher spezifische Rahmenbedingungen in der Betreuung und Unterbringung erfahren. Die Argu-
mentation bezieht sich ferner auf „andere Kulturkreise", in denen Frauen
ein „niedriger Stellenwert" zukomme. Die geringere Schutzbedürftigkeit der
Jungen wird ebenfalls kulturell begründet. Vor dem Hintergrund „kultureller
Erziehungsziele" resultiere ein ausreichendes „Durchsetzungsvermögen".
Dessen ungeachtet gewährleiste ein Blick auf den Einzelfall, dass keiner der
Jungen untergehe. Zum anderen wird das Alter der Jungen herangezogen.
Die Gruppe der 16-17-Jährigen Jungen sei im Rahmen einer engmaschigen
stationären Unterbringung schwer zu betreuen, da sie ein hohes Maß an
Selbstständigkeit gewöhnt seien. Ferner wolle diese Gruppe ihre Sprache
und Kultur in ihrem Umfeld vorfinden.

Andererseits wird in einem zweiten Argumentationsmuster das Schutzbedürfnis aller Kinder und Jugendlichen als Handlungsnorm betont. Eine unterschiedliche Unterbringung wird insofern abgelehnt, da auch männliche
UMF bedroht sein können. Der Schutzgedanke, der auch in § 8a SGB VIII formuliert wird, könne für die Jungen in der Inobhutnahmeeinrichtung der AfA
nicht in gleicher Weise umgesetzt werden. Alle UMF benötigen insofern eine
angemessene Betreuung und Unterbringung, die Gefährdungen reduzieren
kann. Insofern unterstreicht dieses Argumentationsmuster die Frage nach
bestmöglichen Bedingungen und lehnt eine Diskussion über die unterschiedliche Gewichtung von Gefährdungslagen für Jungen und Mädchen ab.

---

[54] Da die Befragungsgruppe relativ klein war, wird aus Gründen der Anonymisierung an dieser Stelle auf
die Angaben der Zitate verzichtet.

### 5.2.3 Inaugenscheinnahme und Altersfestsetzung

Beim ersten Kontakt bzw. bei der der Inaugenscheinnahme der UMF sind Vertreter/innen des Jugendamts und des Sozialdienstes der AfA sowie im besten Fall ein Dolmetscher zugegen. Der Unbegleitete Minderjährige wird nach dem Weg und dem Grund seiner Reise gefragt. Es wird darüber hinaus über Vormundschaften, das Asylverfahren und die Unterbringung informiert.

Das Jugendamt Trier beruft sich für das weitere Verfahren darauf, dass Inobhutnahmen nicht direkt in einem Hilfeplanverfahren münden (müssen). Daher werde nicht grundsätzlich ein Hilfeplanverfahren eingeleitet, sondern „im Einzelfall geprüft", ob weitere Hilfen zur Erziehung nötig sind (vgl. ebd.). Die Jugendlichen erhalten darüber hinaus das Info-Blatt (vgl. Anhang).[55]

Die Altersfestsetzung wird von unterschiedlichen Akteuren als „größter Knackpunkt" beschrieben" (G, S. 1). Die Altersfeststellung erfolge auf einer Erfahrungsgrundlage, dies umschreibt die Sequenz „man kriegt da einen Blick für" (E, S. 3). Die Altersfestsetzung laufe zwischen den beteiligten Akteuren nicht immer konsensual ab, aber „das letzte Wort hat das Jugendamt" (ebd.). Deutlich wird, dass die Altersfestsetzung die beteiligten Akteure quasi zwingt, ohne verlässliche Verfahren eine weitreichende Entscheidung zu treffen. Eine andere Perspektive bewertet die Altersfestsetzung daher kritisch, da keine „goldene Regel" existiere und unterschiedliche Gründe für eine Altersangabe vorliegen können (G, S. 1). Die Schwierigkeit ein Alter festzulegen, ist insofern den Beteiligten sehr bewusst. Befragte Akteure berichten exemplarisch von einem jungen Flüchtling, der bei seiner Ankunft nahezu weiße Haare hatte, die nach ein paar Monaten wieder schwarz wurden. Das Problem sei daher, dass „keiner gleich alt aussieht" (I, S. 1) und es daher sehr schwierig sei, ein Alter zu bestimmen. Insbesondere auf eine längere Sicht könne man am Verhalten der Jungen im Verlauf ihres Aufenthaltes erkennen, dass sie in vielerlei Hinsicht noch nicht erwachsen seien (vgl. ebd.).

---

[55] Das Informationsblatt enthält Hinweise auf das Jugendschutzgesetz und die damit verbundenen Sanktionen für die Jugendlichen.

Einige Befragte kritisieren, dass die UMF vor der Inaugenscheinnahme unzureichend über das Verfahren, die Bedingungen und Konsequenzen informiert seien. Die erste Befragung im Rahmen des Asylverfahrens erfolge jedoch meist recht zeitnah. Da die weitreichende Entscheidung relativ schnell falle und schwer widerrufbar sei, sollte umfassender und mit ausreichend Zeit über die Zusammenhänge von Altersangabe und Konsequenzen informiert werden. Da die jungen Flüchtlinge bei ihrer Ankunft in der AfA „auch noch gar keinen Plan hätten, was sie wollen", gingen zu viele Informationen unter (G, S. 1). Zugleich formulieren Befragte den Wunsch, dass auf Fragestellungen im Kontext der Altersfestsetzung wie „oder willst Du etwa ins Heim?" verzichtet werden solle. Suggestive Fragen, die mit Vorstellungen von „Heimen" bestimmte Ängste ansprechen, entsprächen nicht einer differenzierten Information über die Situation (vgl. ebd.). Weiterreichende Informationen sollen nicht vorenthalten werden, um Forderungen der jungen Flüchtlinge abzuwehren.

### 5.2.4 Das Betreuungskonzept der Inobhutnahmeeinrichtung der AfA

Das Konzept für die Inobhutnahmeeinrichtung der AfA (vgl. Anhang) geht aus Sicht von Befragten mit einem „höheren Betreuungsaufwand" für den Sozialen Dienst der AfA einher. Die Situation wird von Akteuren der AfA selbst unterschiedlich bewertet:

Die Schwierigkeit, den Anspruch des SGB VIII unter strukturell schwierigen Rahmenbedingungen umzusetzen, wird in den Äußerungen der Befragten deutlich: Einerseits wird eine gute Betreuung konstatiert. Es wird ferner auf die Angebotsstruktur der regulären AfA sowie auf die „kulturelle Umgebung" mit den „Landsleuten" verwiesen. Darüber hinaus arbeiten studentische Hilfskräfte in der regulären AfA, die eine gute Nähe zu den UMF aufbauen können (vgl. E, S. 3). Zugleich werden strukturelle Probleme durchaus benannt: Die momentane Situation der Unterbringung wird von den Akteuren als „Notbehelf" beschrieben. Die Personalstruktur reiche bislang nicht aus, um eine „tägliche Intensivbetreuung" garantieren zu können, wenngleich Vertrauensbeziehungen durchaus in der Zeit des Aufenthalts aufgebaut werden können (vgl. ebd., S. 2). Aufgrund des niedrigen Betreuungsschlüssels sei es sehr schwierig, die im Konzept geregelten täglichen Kontakte mit den UMF zu dokumentieren. Zusätzliche Anforderungen entstehen auch, da z. B. die Begleitung der jungen Flüchtlinge zu Behördengängen zumeist nicht vom Amtsvormund übernommen werden (vgl. ebd.). Eine verbesserte Personalstruktur sei notwendig, ebenso wie zusätzliches Personal für eine tägliche und verpflichtende Sprachförderung der UMF. Zurzeit sehe man, dass die Jugendlichen in den Einrichtungen der Jugendhilfe deutlich schneller die Sprache erlernen können (vgl. ebd.). Bei vorliegender Traumatisierung werde auf die Vermittlung des jungen Flüchtlings zur Beratungsstelle auf dem Gelände der AfA hingewirkt.

Weitere Akteure erkennen auch die Schwierigkeit, mit den unzureichenden strukturellen Bedingungen und der Personalausstattung die erforderliche Betreuung leisten zu können. Darüber hinaus unterliege die gesamte AfA als Institution einer anderen Logik und „funktioniert unter völlig anderen Bedingungen" (A, S. 3) als originäre Einrichtungen der Jugendhilfe. Der Soziale Dienst der AfA müsse daher im Rahmen der AfA auch andere Aufträge ausführen und umsetzen als z. B. Freie Träger. Allerdings wird auch deutliches Verständnis für die Kolleg/innen formuliert, da es eine neue Situation mit vielen Unsicherheiten sei, die „Kollegen in der AfA müssen schauen, wie sie über die Runden kommen" (B, S. 4f.). Aufgrund der strukturellen unzureichenden Rahmenbedingungen entstehe ein hoher Druck auf alle Beteiligten, da die Ziele der Konzeption unter diesen Bedingungen nicht befriedigend umgesetzt werden könne.

Es wird ferner kritisch angemerkt, dass in der AfA, und damit auch in der Inobhutnahmeeinrichtung der AfA, nachts sowie am Wochenende kein pädagogisches Personal zur Betreuung der UMF anwesend sei. Im Zweifelsfall sei nur das Wachpersonal anwesend, die Nacht werde von vielen der Flüchtlinge als sehr unangenehm erlebt und insofern sei eine Betreuung über 24 Stunden notwendig. In der momentanen Situation sei das Wochenende eine unstrukturierte Zeit, in der den Kindern und Jugendlichen kein Rahmen geboten werde, „die hängen dann da auf dem Gelände rum und dann kommen die Probleme" (B, S. 5). In zwei Interviews[56] wird darauf hingewiesen, dass aus Sicht der Befragten die AfA keinen geschützten Raum darstelle, zumal die Belegung der Zimmer für die UMF nicht obligatorisch sei. Ebenso schätzen die Befragten die bestehenden Bildungs- und Betreuungsangebote als unzureichend für junge Menschen ein, da bei den vorliegenden Rahmenbedingungen ein Sprachkursbesuch nicht als obligatorisch angesetzt werden könne. Im Rahmen der AfA-Betreuung stehe eine kontinuierliche Beratung und Betreuung oder gar Therapie „auf einem ganz anderen Blatt" (B, S. 5). Es sei aus Sicht des Befragten in diesem Setting nicht möglich, die notwendigen intensiven Bindungen zu den jungen Flüchtlingen aufzubauen und traumatisierte Kinder und Jugendliche angemessen zu betreuen. Darüber hinaus sei zurzeit nicht systematisch sichergestellt, dass die Jugendlichen an weitere bzw. externe Beratungsangebote weitergeleitet werden, so dass einige UMF „durchrutschen" (vgl. G, S. 2). Für alle Beteiligten wird angeregt, die Betreuung mithilfe spezifischer Qualifizierungs- und Weiterbildungsmöglichkeiten zu flankieren (vgl. G, H).

Zusammenfassend lässt sich vorläufig festhalten, dass die Schwierigkeiten bei der Umsetzung des Inobhutnahme-Betreuungskonzepts für die männlichen 16-17-Jährigen von allen Befragten differenziert geschildert werden. Deutlich wird dabei, dass die Befragten die entstehenden Schwierigkeiten nicht als ein Versagen von handelnden Personen beschreiben. Von den Befragten werden strukturelle Gründe für die Schwierigkeiten benannt. Die daraus entstehenden Widersprüche müssen von den handelnden Personen täglich ausbalanciert und ausgehalten werden, was eine hohe Anforderung darstellt.

Darüber hinaus behindern die räumlichen Bedingungen der AfA die Umsetzung von Jugendhilfestandards im Hinblick auf eine Inobhutnahmeeinrichtung. Die unzureichende Personalausstattung des Sozialen Dienstes erschwert es ferner, ein angemessenes Betreuungsangebot mit einem Vertrauensaufbau und differenzierten Bildungsangeboten entwickeln zu können.

---

[56] Die Aspekte beziehen sich auf die Interviews G und H.

Darüber hinaus entstehen für den Sozialen Dienst sowie für das Jugendamt eine hohe Anzahl von temporären oder auch längerfristigen Amtsvormundschaften. In der kurzen Zeit bzw. nach dem Transfer der Jugendlichen werden die Amtsvormundschaften zwar formal ausgeführt, sie können aber in der Praxis meist nicht angemessen ausgefüllt werden.

### 5.2.5 Verbleib der männlichen 16-17-Jährigen

Die männlichen UMF werden nach ca. 2-3 Monaten nach einem Schlüssel auf die rheinland-pfälzischen Kommunen verteilt (der so genannte Transfer). Die Verteilung wird von der AfA organisiert. Zumeist wird überprüft, ob in Rheinland-Pfalz Verwandte leben, um die Wünsche der UMF berücksichtigen zu können. Im Anschluss an die Entscheidung über eine Weiterverteilung wird das neu zuständige Jugendamt durch eine Verteilungsverfügung informiert. Das Jugendamt Trier sendet eine Kopie der Akte an das neu zuständige Jugendamt, verweist auf die Notwendigkeit eines „adäquaten Wohnraums" für den Jugendlichen (vgl. F, S. 1f.) und informiert das Familiengericht über die Verlegung des Jugendlichen. Es findet darüber hinaus keine weitere „Fall-Übergabe" statt.

Im Zuge der Verteilung entstehen aus Sicht der Befragten viele Fragen hinsichtlich des Verbleibs der männlichen Flüchtlinge: Sie formulieren, zur Situation der 16-17-Jährigen nach dem Transfer, „können wir gar nichts sagen", denn es sei völlig unklar, „was mit ihnen passiert". Insbesondere nach der Verteilung stelle sich die Frage „wo sind sie, wer betreut sie, wer kümmert sich um die Jugendlichen?" (A, S. 4). Auch weitere Akteure konstatieren, „das kriegen wir gar nicht mit" und verweisen darauf, dass keiner genau wisse, wo die männlichen 16-17-Jährigen verbleiben (vgl. H, S. 2).

Die Betreuung in den Kommunen von Seiten der Jugendämter verlaufe aus Sicht der Befragten im Anschluss an die Verteilung recht unterschiedlich. Daher wird die Befürchtung geäußert, dass für die männlichen UMF über 16 Jahre keine systematische Anschlussbetreuung im Rahmen der Jugendhilfe zur Verfügung steht.

An der zentralen Stelle der Weiterverteilung entsteht für die Betreuung der UMF ein umfassender Handlungsbedarf. Durch das nicht per se eingeleitete Hilfeplanverfahren im Zuge der Inobhutnahme von Seiten des Jugendamtes in Trier und durch die rein formale Weitergabe der Fälle erwächst keine Gewährleistung, dass die Jugendlichen im Anschluss an den AfA-Aufenthalt nach wie vor im Sinne einer „Inobhutnahme" betreut werden. Es besteht die Gefahr, dass die 16-17-Jährigen UMF gänzlich aus der Jugendhilfe herausfallen, in Gemeinschaftsunterkünften untergebracht werden und vom zuständigen Jugendamt nur formal „betreut" werden, ohne dass eine bedarfsorientierte Hilfemaßnahme eingeleitet wird (vgl. G, S. 2).

Festzuhalten bleibt, dass über die Situation in den jeweiligen Städten und Kommunen keine belastbaren Daten vorliegen. Handlungsbedarfe entstehen folglich ebenfalls im Hinblick auf die Verteilung. Es muss eine Unterbringung und Betreuung nach § 42 SGB VIII für die männlichen 16-17-Jährigen Jugendlichen sichergestellt werden. Darüber hinaus muss ebenfalls die Übergabe der Vormundschaften entsprechend umgesetzt werden. Das Jugendamt Trier berichtet von erheblichen Schwierigkeiten, da einige Jugendämter die zugewiesenen Amtsvormundschaften nicht annehmen bzw. diese verweigern. Die Amtsvormundschaften verbleiben dann – unabhängig vom Aufenthaltsort des Jugendlichen – gezwungenermaßen beim Jugendamt in Trier, bis eine Klärung erreicht ist.

### 5.2.6 Der Verbund erzieherischer Hilfen für UMF in Rheinland-Pfalz

Die Arbeit des Heimverbunds und der damit verbundenen Kooperation mit dem Land Rheinland-Pfalz wird von den Akteuren positiv bewertet. Die „ziemlich guten pädagogischen Standards" (B, S. 1; H, S. 1) werden aus Sicht der Befragten auch von Seiten des Sozialministeriums und Landesjugendamtes mitgetragen. Die Akteure von Landesseite werden als verlässliche Ansprechpartner beschrieben. Insofern haben alle Beteiligte ein hohes Interesse, „die guten Bedingungen für die Arbeit aufrecht zu erhalten" (ebd.). Mittlerweile sei auch die Zusammenarbeit der Jugendhilfeeinrichtungen mit den Kommunen im Rahmen des Clearingverfahrens eingespielt (B, S. 1). Auch die Zusammenarbeit mit der AfA insgesamt laufe – ungeachtet aller konzeptionellen Kritik – auf der operativen Ebene zufrieden stellend: „Wir versuchen alle, das Beste daraus zu machen" (A, S. 3).

Die Rahmenbedingungen der Arbeit in den Einrichtungen des Jugendhilfeverbunds werden von den Befragten durchaus kritisch reflektiert und auf die Spannungsverhältnisse der Heimerziehung zwischen Hilfe und Kontrolle bezogen. Die Gesellschaft erwarte einerseits eine Verwahrung und Kontrolle der Jugendlichen, andererseits sei die pädagogische Arbeit ebenso Auftrag und Aufgabe von Jugendhilfe (vgl. A, S. 1). Es wird unterstrichen, dass in der Vergangenheit bereits Auseinandersetzungen für bessere Bedingungen für die UMF geführt wurden und man sich „immer auch als Anwalt" für UMF verstanden habe (vgl. B, S. 4). Neben einer anwaltschaftlichen Interessenvertretung für die jungen Flüchtlinge könne im Rahmen der Heimunterbringung auch eine Vernetzung mit Akteuren im zivilgesellschaftlichen Umfeld gewährleistet werden (vgl. C, S. 1).

In der Arbeit mit den Unbegleiteten Minderjährigen stehe im Heimverbund der Schutzgedanke stark im Vordergrund,[57] zumal Mädchen zumeist in irgendeiner Form z. B. mit Missbrauch, Vergewaltigungen, Beschneidungen oder Ausbildung zur Beschneiderin und Prostitution konfrontiert gewesen seien (vgl. C, S. 1). Demgegenüber sei die Frage nach der „Wahrheit" der Geschichte der Kinder und Jugendlichen in der sozialpädagogischen Arbeit nicht bedeutsam: „Wir sind nicht Sherlock Holmes und nicht der verlängerte Arm des Bundesamtes" (ebd.). Die Heimerziehung konzentriere sich auf die jeweilige Bedarfslage des Kindes und des Jugendlichen in Verbindung mit den jeweiligen Herkunftskontexten. Auch für die UMF müsse im Rahmen der Heimerziehung die Frage beantwortet werden, „welches Umfeld braucht jemand, um sich optimal entwickeln zu können?" (A, S. 2). In der Arbeit mit den

---

[57] Im Vergleich zur AfA kann die Heimunterbringung einen größeren Schutzraum bieten. Dies zeige sich z. B. in Situationen, in denen fremde Personen am Heim auftauchen o.ä. Auch wenn nicht alle Kinder und Jugendlichen rundum beschützt werden können, wird die Zugangsschwelle zu den Heimen vergleichsweise höher eingeschätzt als in der AfA (vgl. C, S. 2f.).

UMF zeige sich beispielsweise, dass eine ausgeprägte Selbstständigkeit der jungen Menschen entsprechender Freiräume im Betreuungskontext bedürfe (vgl. ebd.).

Die Fachkräfte sehen in dem Vertrauensaufbau eine Besonderheit der Arbeit, die viel Zeit in Anspruch nehme: „Dazu gehört Zeit, viel Zeit und Ruhe, damit die Flüchtlinge erstmal zu sich selbst finden, oft sind sie einfach total kaputt und haben eine Odyssee hinter sich". Insofern biete es sich an, die jungen Menschen „erstmal in Ruhe zu lassen" (B, S. 5). Das „Zeitlassen" sei eine zentrale pädagogische Herausforderung und Voraussetzung, um das Vertrauen aufzubauen. Die UMF müssen erfahren können, „dass man sie nicht verpfeift" und „dass sie hier neu anfangen können" (D, S.1). Es brauche eine Balance, sie in Beziehungen einzubinden, ohne sie zugleich damit zu überfordern (vgl. ebd.).

In der ersten Phase der Betreuung stehen die Erarbeitung alltagspragmatischer Dinge sowie der Spracherwerb im Vordergrund. Darüber hinaus muss mit der Situation umgegangen werden, dass eine Verständigung über Sprache zunächst nicht möglich ist. Man „ist der Sprache als Vermittlung beraubt" und muss die nonverbale Kommunikation einüben (vgl. A, S. 2). Hilfreich sei es, wenn andere Jugendliche mit der gleichen Sprache in der Einrichtung sind. Auf diese Weise könne mit Hilfe der Kommunikation unter den Kindern und Jugendlichen schneller ein Vertrauen zu den Erzieher/innen aufgebaut und Ängstlichkeit aufgelöst werden. Die jungen Flüchtlinge benötigen zunächst Zeit zu verstehen, wo sie sind: „Sie können sich nichts unter einem Heim vorstellen" (A, S. 2).

In der sozialpädagogischen Arbeit werden dann die spezifischen Geschichten, Lebenslagen und -welten der UMF zentral. Es sei „eine sehr komplexe Geschichte, gewisse Dinge zu verstehen" (B, S. 5). Eine weitere Besonderheit mache das Wissen über die asyl- und aufenthaltsrechtlichen Bedingungen aus. Insofern sei es hilfreich, wenn die Erzieher/innen ein Interesse an politischen Zusammenhängen und an den Herkunftsländern mitbringen (vgl. A, S. 2).

Die Einrichtungen der Jugendhilfe ermöglichen aus Sicht der Befragten eine Alltagsstrukturierung sowie die Integration in Schule/Ausbildung und außerschulische Aktivitäten (Freundschaften, Vereine). Die Heime seien „geeignete Orte", in denen die Jugendlichen ihre Bildungsorientierung umsetzen können (D, S. 1). Darüber hinaus stellen die Einrichtungen auch eine Unterstützungsstruktur nach dem 18. Lebensjahr dar, denn gerade in dieser Phase der Ausbildungs- und Arbeitssuche entstehe für Kinder ohne Eltern ein hoher Beratungsbedarf (C, S. 2).

Da die Kinder und Jugendlichen unter starkem Druck stehen und ihre Geschichte nicht frei erzählen können, müssen sie oftmals ihre Identität verbergen. Diese komplexe Lage führe zu hohen Belastungen. Dazu tragen die Kinder und Jugendlichen die (unterschiedlichen) Aufträge der Familie mit sich, die auch stärker wiegen als die Vertrauensbeziehungen zu Betreuern (C, S. 1). Insofern sei es wichtig, einer Identitätsbildung und -suche Raum zu geben. „Sie sind ja schon örtlich entwurzelt, da braucht man sie nicht auch noch inhaltlich zu entwurzeln." Die symbolischen Handlungen können ihnen ein Stück Identität zur Aneignung ermöglichen (vgl. C, S. 2f.).

Darüber hinaus bemühen sich die Einrichtungen um den Aufbau von Netzwerken hinsichtlich der Sprachunterstützung, Vormundschaften, Beratung für traumatisierte Flüchtlinge und der Integration in die Regelschulen. Die jungen Menschen erreichen oftmals ein hohes Leistungsniveau, „sind oft zu guten Leistungen in der Lage" und können sich auch durchaus in der Nähe eines Schulabschlusses bewegen (B, S. 7). Im Hinblick auf die Vormundschaften wird von den Akteuren auf informelle Netzwerkstrukturen verwiesen (B, S. 4). Die Amtsvormundschaften werden von Befragten kritisch gesehen, private Vormundschaften „wären aus unserer Sicht angemessener, da die Jugendämter auch oftmals gar nicht genau wissen, was wann zu tun ist" (A, S. 3). Darüber hinaus käme es zu Interessenkollisionen: Ist der Vormund zugleich Kostenträger, „spielen sich die Beteiligten gerne in die Hände und Maßnahmen werden dann auch schon mal schneller beendet" (C, S. 2). Die privaten Vormundschaften müssten gestärkt werden, auch wenn dies für alle Akteure mehr Arbeit bedeute (ebd.).

Die jungen Flüchtlinge stützen sich untereinander und suchen die gemeinsame Zeit. Sie suchen die Nähe zu den Gleichaltrigen, insbesondere weil die Nähe zu Erwachsenen oftmals mit belastenden Erfahrungen verbunden war oder sie sich in ihrer Gegenwart nicht nach ihren eigenen Vorstellungen entwickeln konnten. Es sei nicht entscheidend, dass UMF aus demselben Land kommen. Entscheidend seien vielmehr die ähnlichen und damit geteilten Erlebnisse, „das ist ein Halt für die Jugendliche, ein ähnliches Schicksal verarbeiten zu müssen" (B, S. 6).

In den jeweiligen Gruppen verlaufe es unterschiedlich: In einer spezifischen Gruppe für UMF lasse sich schon bemerken, dass die Gruppe im Hinblick auf andere Regelgruppen der Einrichtungen sehr unter sich bleibe. Es sei „nicht so einfach, die Jugendlichen mit anderen Jugendlichen aus Regelgruppen zusammenzubringen" (A, S. 2). Eine andere Perspektive wird im Hinblick auf die integrierte Unterbringung formuliert. Die jungen Mädchen werden als Vorbilder für die anderen Jugendlichen beschrieben, vor allem wenn sie bereits eine sehr hohe Selbstständigkeit mitbringen (vgl. D, S. 1).

Hinsichtlich der Hilfeplangespräche weisen die Akteure aus der Jugendhilfe darauf hin, dass eine Vorbereitung wichtig sei: Zur Vorbereitung eines Hilfeplangesprächs sei es „ganz wichtig, die Jugendlichen aufzuklären, was das bedeutet, dass es um sie geht und dass sie Rechte haben" (B, S. 7). Es sei ein Qualitätsstandard, dass die jeweilige Vertrauensperson das Hilfeplangespräch gemeinsam mit dem jungen Mensch vorbereitet. Dann entstehe ein „Sachstandsbericht", der als Grundlage für das Gespräch diene, um dann weitere Ziele benennen zu können. Es sei immens wichtig, immer „aufzuklären" und zu verdeutlichen, dass die Interessen der Kinder berücksichtigt werden. Die Vorbereitung sei sehr entscheidend, „das Wichtigste ist in Ruhe und unter vier Augen" (ebd.). Über die Partizipation im Hilfeplanverfahren können die Jugendlichen durchaus selbstbewusst ihre eigenen Anliegen vertreten. Im Verlauf des Prozesses können sie darin „Meister" werden, ihre Anliegen zu formulieren. Die Jugendämter seien über dieses Engagement oft begeistert (vgl. D, S. 2). Das Element des Hilfeplanprozesses und der Partizipation wird als sehr wichtig für UMF angesehen, da sie in einer ohnmächtigen Situation

Selbstwirksamkeit erleben können: „Das Verfahren kann sogar ein Mosaiksteinchen von Heilung bedeuten (...), jetzt ist hier eine Situation, wo ich als Mensch ernst genommen werde und meine Standpunkte berücksichtigt werden" (ebd.).

Allerdings lassen sich aus Sicht der Befragten auch Probleme mit zuständigen Jugendämtern aufzeigen, da es ein großes Unwissen und Unsicherheit bzgl. der Arbeit mit UMF gäbe: „Wir müssen eher den ASD einweisen, welcher Weg zu gehen sein könnte, um eine optimale Hilfe für die UMF zu planen." Der Hilfebedarf stünde da nicht immer im Vordergrund, obwohl die Bedarfsfeststellung am Anfang stehe (vgl. A, S. 3).

In einem Interview wird von Erfahrungen berichtet, die sich auf Schilderungen von UMF beziehen, die in der Jugendhilfe untergebracht sind. Wenn Erzieher/innen den notwendigen Vertrauensaufbau nicht herstellen können, über unzureichende Kenntnis über das Asylverfahren verfügen und ein ungewohnter Umgangston herrscht, ist dies eine unbefriedigende Situation in der Heimunterbringung. Dies kann die jungen Menschen belasten. „Und sobald die Flüchtlinge merken, das macht da jemand mit Herzblut und der ist dabei, dann nehmen die auch alles an und respektieren die Person. Ist das aber nicht der Fall, werden die Grenzen ausgetestet" (vgl. I, S. 1f.). Ein befragter Flüchtling, der zum Zeitpunkt der Befragung auf sehr wenige Deutschkenntnisse zurückgreifen konnte, beschreibt in einem kurzen Satz seine Sicht auf seine aktuelle Unterbringung: „Die (Erzieher) arbeiten nicht so, wie man sollte." Da die Perspektive der UMF, die im Heimverbund untergebracht sind, auch nicht im Rahmen der Bestandsaufnahme systematisch eingeholt werden konnte, zeigt sich hier eine weitere Notwendigkeit, die Perspektive der Adressaten einzuholen und zu berücksichtigen.

Die positiven Rahmenbedingungen der Jugendhilfe wurden aus Sicht der Befragten dargelegt und stützen die im theoretischen Teil aufgezeigten fachlichen Diskussionslinien. Anzumerken bleibt, dass im Rahmen der Befragung nicht alle Aspekte und Fragen bezüglich der Unterbringung erhoben werden konnten. Die Praktiken zwischen Erzieher/innen und den jungen Flüchtlingen, die dabei entstehenden Dynamiken und Fallstricke, müssen im Rahmen dieser Bestandserhebung unbearbeitet bleiben. Das Interaktionsgeschehen innerhalb integrierter oder spezifischer Gruppen und deren Vor- oder Nachteile können ebenfalls nicht eingeschätzt werden. Die Perspektive der jungen Flüchtlinge auf ihren Alltag in der Jugendhilfe sowie auf ihren Verbleib und Bildungsverlauf können im Rahmen der Befragung ebenfalls nicht eingefangen werden. Darüber hinaus bleibt offen, welche Bedarfe die einzelnen Erzieher/innen formulieren und ob die Wahrnehmung der UMF als „unkomplizierte Adressaten" nicht auch Probleme in sich bergen könnte. Vor diesem Hintergrund lässt sich daher die Bearbeitung und Erforschung dieser Zusammenhänge weiter anregen. Auf diesem Wege könnten mögliche, im Rahmen dieser Befragung nicht aufgezeigte, Problemlagen analysiert werden.

### 5.2.7 Wünsche der Akteure

Im Rahmen der Befragung wurden unterschiedliche Wünsche im Hinblick auf die zukünftige Situation geäußert. Hinsichtlich der Unterbringung in der AfA wird beispielsweise der Wunsch geäußert, die unterschiedlichen Aufträge der AfA strukturell zu entzerren, da „pädagogische Arbeit nicht behördenmäßig organisiert werden [kann]" (B, S. 8). In der Umsetzung wäre damit ein pädagogisches Team bzw. ein Freier Träger in der Inobhutnahmeeinrichtung der AfA notwendig, der von den weiteren Aufträgen der AfA befreit wäre. Zugleich ermögliche die Unterscheidbarkeit der Aufträge auch für die jungen Menschen als Adressaten eine nachvollziehbare Situation.

Akteure aus der Jugendhilfe sprechen sich gegen die unzureichende Schutzgewährung für die männlichen über 16-Jährigen aus, es sei eine „zu enge Sichtweise, dass die Jungs nicht gefährdet sind" (ebd.). Demgegenüber sollten die Individuen im Vordergrund stehen und gleichberechtigten Zugang zu Bildung und Unterstützung erhalten (vgl. C, S. 4).

Deutlich wird auch der Wunsch, dass ein spezifisches Betreuungskonzept entsprechender Ausstattung und Ressourcen bedarf, z. B. im Hinblick auf eine durchgehende Betreuung, Sprach- und Bildungsangebote, z. B. eine ständige Lehrkraft für Kinder und Jugendliche". Darüber hinaus sollten aus

Sicht der Befragten Ressourcen vorhanden sein, um den fachlichen Standards der Teamreflexion und Supervision nachkommen zu können.

Auf der Grundlage der erhobenen Daten sowie des Forschungsstands werden in Kapitel 6 Handlungsempfehlungen formuliert, die an diese Ergebnisse anschließen sollen. Dazu ist es zugleich notwendig, die Perspektive und Erfahrungen der jungen Flüchtlinge zu berücksichtigen.

## 5.3  „Ich möchte gern eine bessere Situation für junge Flüchtlinge" – UMF in Rheinland-Pfalz

Die Befragung von Unbegleiteten Minderjährigen wurde auf der Grundlage eines offenen Fragebogens in einem Beratungszentrum in Trier durchgeführt. Da die UMF zu dem Befragungszeitpunkt die deutsche Sprache noch erwerben, stellt eine „Befragung" in deutscher Sprache ein anspruchsvolles Vorhaben dar. Die Mitarbeiter des Beratungszentrums erklärten sich daher bereit, die Flüchtlinge bei der „Übersetzung" der Fragen zu unterstützen. Es wurden elf Bögen ausgefüllt, zwei davon unvollständig. Die befragten elf männlichen UMF hielten sich zu dem Befragungszeitpunkt zwischen drei Monaten und zwei Jahren in Trier auf. Die Flüchtlinge befanden sich zunächst in der AfA, die Mehrzahl der Befragten wird nunmehr im Rahmen der Heimunterbringung betreut. Zwei der Befragten leben in einer Pflegefamilie.

Aufgrund der geringen Fallzahlen erhebt die Befragung in keiner Hinsicht den Anspruch auf Repräsentativität. Dennoch sollen gerade wegen der schwierigen Gestaltung der Zugänge zu jungen Flüchtlingen die Ergebnisse im Sinne eines „Eindrucks" vorgestellt werden. Auf diese Weise können keine repräsentativ abgesicherten Ergebnisse gewonnen, aber eine Perspektive auf die Wahrnehmung der jungen Flüchtlinge in Rheinland-Pfalz geworfen werden.

### 5.3.1 Die Ankunftssituation

Die befragten Unbegleiteten Minderjährigen Flüchtlinge berichten, dass sie sich bei ihrer Ankunft nur rudimentär informiert fühlten. Fünf der UMF weisen darauf hin, dass sie zwar Informationen über den Tagesablauf bekommen haben, nicht aber über die Möglichkeit, einen Anwalt hinzuzuziehen. Darüber hinaus blieb unklar, was eine Vormundschaft bedeutet, an welchem Ort sie Deutschkurse besuchen oder Adressen von Ämtern erhalten können. „Es gab einige Informationen nur auf Deutsch" – diese Aussagen verweist auf eine ausgegebene Handreichung in deutscher Sprache, die für die UMF kurz nach ihrer Ankunft nicht verständlich sein können. Diese nahezu absurde Situation beschreibt ein junger Flüchtling mit der Aussage: „Wegen der Sprache konnte ich die deutsche Sprache nicht verstehen." Ein weiterer Flüchtling schildert, dass er „keine Informationen bekommen habe". Im Zuge der Befragung wird deutlich, dass die jungen Flüchtlinge versuchen, sich an „anderer Stelle" mit Informationen zu versorgen: „Ich bin gleich zu [Beratungsstelle] gegangen."

Fünf der Flüchtlinge fühlen sich mittlerweile „gut informiert". Drei Flüchtlinge ergänzen: „Ich fühle mich gut über die Schule, Deutschkurse, Freizeit beraten." Eine Frage nach ihren Hobbys zeigt, dass die Flüchtlinge den Eindruck haben, keine Zeit dafür zu haben (zwei Antworten). Allerdings ist die Frage, ob die Frage nach „Hobby" an dieser Stelle der Befragung hinreichend verständlich bzw. sinnhaft ist.

*„Hast Du Hobby oder hast Du kein Hobby, trotzdem Du arbeitest, dass ist sehr scheiße. Ich träume sehr schlecht."*

*„Ich kann Fußball spielen und ich kann Deutsch lernen und mache meine Hausaufgaben und gucke ein bisschen Fernsehen."*

Der Spracherwerb und die „Arbeit" sind vordergründig. Diese beiden Aufgaben nehmen umfassend Zeit der jungen Flüchtlinge in Anspruch. An dieser Stelle erwähnt ein befragter UMF, dass er schlecht träumt. Diese Verbindung zu dem psychischen und physischen Wohlergehen könnte ein Hinweis auf die durch die Belastung eingeschränkte Gestaltung des Alltags sein.

### 5.3.2 Die Übersetzungssituation

Fünf der befragten UMF weisen darauf hin, dass in der Anfangszeit nur einmal in der Woche für 1-2 Stunden ein Übersetzer zur Verfügung stand: „Ich war auf mich allein gestellt und es war schlecht", so schildern fünf der Befragten ihre Situation. Ein weiterer Flüchtling erwähnt in diesem Kontext, dass ihm ein Anwalt verweigert wurde. Demgegenüber können vier junge Flüchtlinge von einem „guten Dolmetscher" berichten. Zwei der Befragten weisen aber auf eine weitere Schwierigkeit hin: Es sei nicht immer sichergestellt, dass Dolmetscher für die Übersetzung einbezogen werden: „Ein Polizist hat für mich übersetzt und er hat nicht gut übersetzt" und „ein anderer Asylbewerber hat für mich übersetzt und konnte leider kaum deutsch". Hier zeigt sich ein Handlungsbedarf im Hinblick einer gesicherten, professionellen Übersetzung an, der für alle Flüchtlinge gleichermaßen zugänglich sein sollte.

### 5.3.3 Die Lebenswelt im Asylverfahren

Die Fachkräfte aus dem Beratungszentrum berichteten im Nachgang der Befragung, dass die Frage nach der Betreuung viele Diskussionen unter den Flüchtlingen ausgelöst habe. Die Diskussionen konnten allerdings durch die schriftliche Befragung nicht eingefangen werden. Die Rückmeldungen beziehen sich auf die asylrechtlichen Verfahren und die damit verbundene Rigidität, die die jungen Flüchtlinge als Einschränkung ihrer Lebenswelt erleben. Die jungen Flüchtlinge erkennen, dass sie sich in einem System bewegen, dass durch vielfältige Regelungen und Gesetze strukturiert ist. Der Ausdruck „System" weist auch darauf hin, dass nicht individuelles Handeln Einzelner in der Kritik steht. Vielmehr wird durch den Ausdruck „System" von Personen abstrahiert und auf zugrunde liegende Strukturen wie z. B. das Asylverfahren verwiesen. Die jungen Flüchtlinge erleben dieses „System" als eine Einschränkung ihrer Selbstständigkeit. Sie artikulieren, dass sie das Verfahren und damit ihre Lebenswelt als ohnmächtig erleben, da sie auf wenige Dimensionen Einfluss nehmen können.[58]

### 5.3.4 Zur Betreuung

Bezogen auf die Unterbringung in der AfA wird im Zuge der Befragung angegeben, dass die Betreuung aus Sicht von UMF vor allem durch externe Beratungsstellen und andere Akteure stattgefunden habe. Insbesondere bei

---

[58] Die dargestellten Einschätzungen beziehen sich auf die Diskussion, die durch die Fragebögen ausgelöst wurden.

gesundheitlichen Problemen fühlen sich zwei der Flüchtlinge nicht ausreichend ernst genommen und versorgt. Drei der Befragten äußern sich über die Heimunterbringung im positiven Sinne: „die Betreuung ist gut". Allerdings werden auch kritische Stimmen im Hinblick auf die Heimunterbringung deutlich. Ein Befragter äußert, dass es ihm in der Heimunterbringung nicht gefalle und ergänzt dies mit dem Satz „ich habe viele Probleme". Die Betreuung in der Pflegefamilie wird von den in Pflegefamilien untergebrachten UMF als sehr gut bewertet.

### 5.3.5 Transfer und Weiterverteilung

Gefragt nach der möglicherweise anstehenden Verteilung formulieren die jungen Flüchtlinge ihre Wünsche und Sorgen: Ein Flüchtling äußert „Meine Familie fehlt mir." Ein weiterer Flüchtling möchte in Zukunft lieber allein leben. Drei der Befragten wünschen sich einen sicheren Aufenthaltsstatus („Ausweis"), Bewegungsfreiheit, eine Möglichkeit zur Arbeit und Ausbildung und das Leben in einer großen Stadt: „ein ruhiges Leben." Selbst wenn diese Wünsche nur einen Bruchteil der Lebenswelt von Unbegleiten Minderjährigen Flüchtlingen in Rheinland-Pfalz abbilden können – in ihrer Bescheidenheit sind diese Wünsche nach gesichertem Aufenthalt und Bewegungsfreiheit, Nähe zu familiären Bezugspersonen und größeren Zukunftsperspektiven nachvollziehbar.

### 5.3.6 Was würdest Du gerne den Politikern in Rheinland-Pfalz sagen?

Die Antworten werden zunächst als Originalzitate dargestellt:

„Nie wieder nach Afghanistan."

„Schnell einen Pass, nie wieder nach Afghanistan und eine
  bessere Familienzusammenführung."

„Ich wünsche mir eine eigene Wohnung mit meinem Bruder."

„Ich will in Trier bleiben."

„Ich möchte eine bessere Situation für Jugendliche. Ich wünsche
  eine eigene Wohnung, z. B. betreutes Wohnen. Kein Heim."

„Ich wünsche mir betreutes Wohnen."

„Ich möchte gerne eine bessere Situation für junge Flüchtlinge."

„Ich möchte gerne eine bessere Situation für junge Flüchtlinge."

„Ich danke Deutschland."

Die Wünsche der jungen Flüchtlinge zeigen, dass der Aufenthalt in Deutschland durchaus als eine Chance verstanden wird, nicht mehr in das Herkunftsland zurück zu müssen. Allerdings bleiben der unsichere Aufenthaltstatus und die damit verbundenen Restriktionen für die Flüchtlinge belastend. Sie wünschen sich einen sicheren Aufenthaltsstatus, die Zusammenführung mit Familienmitgliedern oder andere Unterbringungsformen, die auf einen Wunsch nach erweiterter Selbstständigkeit hinweisen. Zwei der Befragten formulieren allgemein, dass sie sich für junge Flüchtlinge eine bessere Situation wünschen. Die Belastungen, die in der Phase als Asylsuchender und geduldeter Flüchtling entstehen können, werden auch in diesen allgemeinen Aussagen deutlich erkennbar.

## 5.4   Der Blick auf ehemalige UMF

Die folgenden Kapitel stellen Jugendliche in den Mittelpunkt, die als Unbegleitete Minderjährige Flüchtlinge nach Rheinland-Pfalz gekommen sind. Zunächst werden dabei anhand einer Beschreibung die bildungsbiographischen Verläufe von Mädchen aufgezeigt, die im Rahmen der Heimerziehung untergebracht wurden. Die Beschreibungen beruhen auf einer Zusammenstellung von einem der Heime und stellen damit keine eigens erhobene Datenquelle dar (Kap. 5.4.1). Sie werden im Rahmen der Bestandserhebung anonymisiert wiedergegeben.

Zum Zweiten wurde mit einem ehemaligen „UMF" ein Interview geführt. Sherwan wohnt seit nunmehr sieben Jahren in Rheinland-Pfalz und ist mit 16 Jahren nach Deutschland gekommen. Er verblieb damals nur einige Tage in der AfA und wohnte dann bei seinem Onkel. Von dort aus wechselte er aber wieder in die Gemeinschaftsunterkünfte. Er hat die 12. Klasse absolviert und spricht fließend Deutsch. Mit 22 Jahren wohnt er noch immer in einer Gemeinschaftsunterkunft und ist „geduldet". Noch immer hofft er auf einen glücklichen Ausgang sowie auf die Möglichkeit zu studieren. Das Interview wird in einer Zusammenfassung dokumentiert. Dieser Einblick in einen beispielhaften Verlauf einer Biographie außerhalb der Jugendhilfe, weist auf die Schwierigkeiten von jungen Flüchtlingen hin, die in Gemeinschaftsunterkünften verbleiben (Kap. 5.4.2). Beide „Datenquellen" erheben nicht den Anspruch einer qualitativen Auswertung, sondern geben die Beschreibungen bzw. Äußerungen deskriptiv wieder.

### 5.4.1 Die Mädchen im Heimverbund: Pharmakantin und Abiturientin

Die folgenden Beschreibungen und Kurzportraits stellen Material aus dem Heimverbund dar, das im Zuge der Bestandserhebung zur Verfügung gestellt wurde.

**Geschwister aus Vietnam**

Die beiden Geschwister sind bei der Aufnahme 12 und 14 Jahre alt. Nach der Ankunft haben sie ca. drei Monate intensiv Deutsch gelernt und sind dann gemeinsam in eine 6. Klasse gewechselt. Mithilfe der Unterstützung durch die Erzieher/innen haben Sie einen Abschluss auf der Regionalen Schule der 10. Klasse erreicht. Ein Geschwisterteil befindet sich nunmehr im 3. Ausbildungsjahr bei Boehringer als Pharmakantin und wird nicht mehr in der Jugendhilfe betreut. Der zweite Geschwisterteil besucht die 13. Klasse eines Technischen Gymnasiums in der Fachrichtung Umwelttechnik und wird voraussichtlich das Abitur erreichen.

**Geschwisterpaar aus Vietnam**

Die beiden Geschwister sind bei der Aufnahme 12 und 13 Jahre alt. Auch sie lernten zunächst ca. drei Monate Deutsch und konnten in das laufende Schuljahr einer 8. Klasse einsteigen. Im Anschluss an das 8. Schuljahr besuchten sie gemeinsam das Berufsvorbereitungsjahr. Danach entschied sich ein Geschwisterteil für die Fachschule für Hauswirtschaft, wo sie ein Berufsgrundschuljahr absolviert. Daraufhin besuchte sie die Fachschule für Wirtschaft und absolvierte eine Ausbildung als Krankenschwester. Aufgrund einer Krankheit musste die Ausbildung abgebrochen und eine Ausbildung als Kauffrau aufgenommen werden (zurzeit im 3. Lehrjahr). Der zweite Geschwisterteil besuchte für zwei Jahre eine höhere Fachschule und hat eine Ausbildung als Chemikantin bei Boehringer angetreten und befindet sich mittlerweile im 3. Lehrjahr. Die Betreuung konnte abgeschlossen werden.

**Ein Mädchen aus Vietnam**

Sie kam mit 13 Jahren an und wurde in die 5. Klasse eingeschult. Sie hatte einige Lernschwierigkeiten und lernte langsamer als andere Flüchtlingskinder. Nach einem Jahr wurde daher die Entscheidung getroffen, sie auf die Förderschule L umzuschulen. In diesem Kontext konnte das Mädchen seine Leistungen so steigern, dass sie die 10. Klasse abschließen konnte. Zurzeit befindet sie sich in einer Fördermaßnahme der Arbeitsverwaltung.

**Geschwisterpaar**

Die Geschwister waren bei der Ankunft 12 und 14 Jahre alt und wurden in die 5. bzw. 7. Klasse eingeschult. Beide schlossen die Schule mit der 10. Klasse ab, ein Geschwisterteil setzte seine Schulausbildung auf einem Gymnasium fort, der andere Geschwisterteil beginnt eine Ausbildung als Zahntechnikerin und befindet sich mittlerweile im 3. Ausbildungsjahr.

**Vietnamesische Zwillinge**

Die Zwillinge wurden in die 6. Klasse eingeschult. Ihre Leistungen waren bereits innerhalb eines Jahres so gut, dass sie beide die Klassenanforderungen gut schaffen konnten. Durch den Kontakt zu einer vietnamesischen Familie entstand ein Betreuungsverhältnis als Pflegefamilie und beide Kinder wechselten in die Familie. Das Betreuungsverhältnis hielt jedoch nicht lange und sie wurden als Pflegekinder von ihrem privaten Vormund aufgenommen. Sie besuchen mittlerweile die 10. Klasse.

Die kurzen Beschreibungen der bildungsbezogenen Verläufe zeigen, dass ungeachtet der hohen Belastungen und Schwierigkeiten, die diese jungen Flüchtlinge mitbringen, ein Schulbesuch bzw. -abschluss durchaus möglich wird. Es haben sich für die hier portraitierten jungen Menschen Ausbildungsverhältnisse sowie der Besuch des Gymnasiums als umsetzbar erwiesen, was einen beachtlichen Bildungserfolg bei sehr eingeschränkten und schwierigen Startbedingungen darstellt. Die Beschreibungen erzählen weniger vom Scheitern der Jugendlichen als von bewältigten Herausforderungen. Die Jugendhilfe konnte für diese jungen Menschen die Betreuung und Unterstützung angemessen gestalten.

Dessen ungeachtet soll darauf hingewiesen werden, dass diese Darstellung keine systematische Erhebung von Bildungsverläufen in der Jugendhilfe abbildet und Problemfälle und Scheitern gleichwohl Teil der Arbeit mit Unbegleiteten Minderjährigen darstellen kann.

### 5.4.2 Sherwan: „Du bist immer alleine"

Sherwan lebt in einer Gemeinschaftsunterkunft in einer rheinland-pfälzischen Stadt. In dem Interview erinnert er sich zurück, als er mit 16 aus dem Iran bei der AfA in Trier ankam. „Ich war zwar froh, dort angekommen zu sein, wurde aber mit fünf erwachsenen Iranern in einem Zimmer untergebracht, da habe ich mich wie ein Baby gefühlt." Er berichtet, dass er sich unter den Erwachsenen nicht wohl gefühlt habe. „Das Problem ist, du wirst plötzlich als Erwachsener betrachtet, aber du weißt gar nicht, wie du dich benehmen sollst, das bedrückte mich und keiner interessiert sich für einen." Diesen Schock, plötzlich als Erwachsener behandelt zu werden, beschreibt er mit den Worten „Im Iran bin ich mit 16 Jahren noch nicht mal auf einer Bank gewesen und hier soll ich plötzlich zu einem Richter? Ich wusste einfach nicht, was ich machen soll." Die große Verunsicherung und Angst nahm im Zuge der Altersfestsetzung und Befragung zu.

Bei der Altersfestsetzung wurde von Seiten der AfA zunächst eine Schätzung auf über 18 Jahre vorgenommen. „Von Anfang an wurde versucht, mich über 18 Jahre zu schätzen, obwohl ich meine Geburtsurkunde dabei hatte." Zum damaligen Zeitpunkt wurde die Inaugenscheinnahme nicht gemeinsam mit dem Jugendamt durchgeführt, doch es sei dann jemand vom Jugendamt gekommen, der ihn aber nur „von weitem" ansah und sagte, dass er unter 18 sei. Währenddessen saß Sherwan „alleine auf einem Sofa und habe mit niemand gesprochen". Sherwan kann sich noch heute über die unzutreffende Altersfestsetzung ärgern: „Die können einen doch nicht einfach auf 18 setzen." Seine Personenstandspapiere lagen damals bereits vor, sie wurden aber offensichtlich nicht anerkannt. „Was soll ich denn noch machen, soll ich den Arzt hierher holen, der mich zur Welt gebracht hat?" Er beschreibt die ständig erlebte Nicht-Anerkennung als Person als Demütigung: „Ich kann es nicht einsehen, so gedemütigt zu werden."

Als belastend schildert er die Befragung unmittelbar nach seiner Ankunft in der AfA. Sherwan beschreibt die Befragung als eine sehr „einschüchternde Atmosphäre" mit einem bedrohlichen Weg zu dem Büro: „Als das Tor da aufging, ich habe wirklich Angst bekommen, ich hatte solche Angst." In dem Raum seien hohe Pulte gewesen, an dem der Richter saß, „da kriegst du voll die Panik".

Da er kurz nach seinem Aufenthalt direkt bei seinem Onkel in einer rhein-land-pfälzischen Stadt untergebracht werden konnte, verblieb er nur zwei Tage in der AfA. „Ich saß nur am Fenster, ich hatte aber Glück, es waren auch sehr gebildete und nette Leute dort in meinem Zimmer." Er wohnte dann bei seinem Onkel, der auch sein Vormund wurde. Allerdings sei das Verhältnis zu seinem Onkel konflikthaft und problembeladen. Der Onkel übte die Vormundschaft nicht aus und Sherwan denkt heute, dass eine Unterbringung in einem Heim besser gewesen wäre. „Da hätte ich mehr Hilfe bekommen."

Nach seinem 18. Geburtsjahr zieht er freiwillig in eine Gemeinschaftsunterkunft, weil das Zusammenleben mit seinem Onkel zu konfliktreich wurde. In der ersten Unterkunft fand er sich in einem Keller mit sieben Personen in einem Zimmer wieder. Die Unterkunft schildert Sherwan als „verschmutzt und dreckig". Nachdem er sich im Jahr 2004 taufen ließ, wurde er mit einem Christen untergebracht. Nach einer weiteren Station in einer anderen Unterkunft kam er zu der Unterkunft, in der noch heute lebt. Hier erhält er nach kurzer Zeit ein Einzelzimmer und unterstreicht die Unterstützung, die er dort durch den Sozialarbeiter erhält: „Durch ihn habe ich viel Hilfe erfahren – wenn ich ihn nur vorher schon gekannt hätte."

Seinen Ablehnungsbescheid bekam er mit 18 Jahren, seitdem verfügt er über den Aufenthaltsstatus der Duldung. Da sein Diplom aus dem Iran nicht anerkannt wurde, holte er auf einer Gesamtschule den Realschulabschluss nach. Sherwan kann sich noch erinnern, wie er die ersten sechs Monate auf der Schule „nichts verstanden" habe. Die Hilfsbereitschaft vieler Lehrer/innen und Schüler/innen erlebte er als sehr positiv. Die Schulleiterin habe immer auf ihn „aufgepasst". Allerdings war es auch zunehmend eine Belastung, alleine in der Unterkunft zu leben: „Weißt Du, Du kommst nach Hause und da gibt es kein warmes Essen. Du bist immer alleine." Darüber hinaus verschwieg er aus Scham seinen Schulfreunden und Lehrern, dass er sich in einem Asylverfahren befand. Die Anforderungen der Schule und die Belastungen und Unsicherheit, die durch das Verfahren entstanden, schlugen sich auch auf seine Konzentrationsfähigkeit nieder: „Und an so Tagen, da musste ich morgens auf das Gericht und dann soll ich mich in der Schule konzentrieren, das geht natürlich nicht."

Sherwan wechselte auf ein Technisches Gymnasium, auf dem er das Umfeld eher negativ erlebte. Er erlebte dort auch diskriminierende Äußerungen von Lehrern „immer diese Kommentare, Terrorist, und so". Ein Lehrer sagte: „Bei Euch Ausländern ist es doch eh egal, ihr werdet doch eh bei einer Firma putzen." Obwohl Mathematik sein Lieblingsfach war, scheiterte die Qualifikation für das Abitur an zwei Punkten in diesem Fach – und bei diesem Lehrer.

Sherwan schildert seine Situation als Stagnation, die schwer auszuhalten sei:

*„Du siehst jedes Jahr, dass sich nichts geändert hat und dann geht es auch an das Selbstbewusstsein. Du schwebst in der Luft, im Wind hin und her, manchmal liegt der Wind gut, aber manchmal bläst dir der Wind auch hart entgegen. Aber ich habe noch ein bisschen Reserven im Keller."*

Die ständigen Auseinandersetzungen mit der Ausländerbehörde seien sehr belastend: „Die Ausländerbehörde, das hat mich echt geschickt." Sherwan musste auch einen Zusammenbruch erleben, denn „ich hatte keine Kraft mehr, man kann doch nicht immer wieder bei Null anfangen und der Iran kann nie mehr meine Heimat sein, das ist hier meine Heimat". Die ständige Angst vor einer Ausweisung ist sehr belastend und für Sherwan demütigend. Einerseits „lebe ich hier im Vergleich zum Iran frei, andererseits ist es ein großes Gefängnis, wo Sachbearbeiter über dein Leben entscheiden". Insofern wundert er sich nahezu, „warum ich noch nicht meinen Verstand verloren habe".

Die Hoffnung hält Sherwan trotz der erlebten Demütigungen aufrecht: „Man hat immer Hoffnung, du hoffst – und es wurde immer schlimmer, jedes Jahr, wenn sich im Asylrecht etwas änderte – es wurde immer schlimmer." Nun hofft er, dass der letzte Schritt, sein Folgeantrag, anerkannt wird und ihm die lang erhoffte sichere Perspektive in Rheinland-Pfalz ermöglicht.

# 6. Handlungsempfehlungen

Unbegleitete Minderjährige Flüchtlinge stellen in Rheinland-Pfalz eine kleine Gruppe von Kindern und Jugendlichen dar, die einen spezifischen Schutzbedarf aufweisen. Die rechtlichen Änderungen des § 42 SGB VIII schaffen die Verpflichtung, alle alleinreisenden Kinder und Jugendlichen in der Jugendhilfe fachlich angemessen zu betreuen.

Vor dem Hintergrund der in der Bestandsaufnahme gebündelten Ergebnisse werden im Folgenden zunächst allgemeine Empfehlungen formuliert, die sich generell auf die Lebenssituation der Unbegleiteten Minderjährigen beziehen. Daran anschließend werden zweitens Handlungsempfehlungen zur Weiterentwicklung des rheinland-pfälzischen Modells zur Unterbringung der männlichen 16-17-Jährigen entworfen, das sich an den fachlichen Standards der Arbeit mit Unbegleiteten Minderjährigen Flüchtlinge sowie an den Ergebnissen aus den geführten Interviews orientiert. Drittens werden Handlungsempfehlungen formuliert, die sich auf die aktuelle Situation bzw. das aktuelle Modell zur Unterbringung und Betreuung der Unbegleiteten Minderjährigen Flüchtlinge in Rheinland-Pfalz beziehen und damit – neben dem formulierten Bedarf einer Weiterentwicklung – mittel- und kurzfristige Handlungsperspektiven eröffnen.

## Allgemeine Handlungsempfehlungen

Auf bundespolitischer Ebene können Handlungsempfehlungen formuliert werden, die sich auf die Gleichstellung der Unbegleiteten Minderjährigen Flüchtlinge insgesamt beziehen. Vor diesem Hintergrund ist es auch zu begrüßen, dass die Vorbehaltserklärung gegen die Kinderrechtskonvention im Mai 2010 durch das Bundeskabinett zurückgenommen wurde. Darüber hinaus sollte die Anerkennung von kindspezifischen Fluchtgründen sowie die Anhebung der Verfahrensfähigkeit auf 18 Jahre unterstützt werden.

In der Verantwortung von Bund und Ländern liegen ferner Handlungsbereiche, die sich auf die aufenthaltsrechtlichen Phasen der Duldung beziehen, die für Unbegleitete Minderjährige Flüchtlinge gering zu halten sein sollten. Der Zugang zum dualen Ausbildungssystem sollte für Unbegleitete Minderjährige flexibel gestaltet werden, damit die jungen Menschen ihre Ressourcen und Kompetenzen entfalten zu können. Unbegleitete Minderjährige Flüchtlinge sind auch „Kinder mit Migrationshintergrund", die einer Förderung bedürfen.

**Handlungsempfehlungen für eine Weiterentwicklung der Unterbringung der männlichen 16-17-Jährigen und der UMF insgesamt**

Das bestehende Modell zur Unterbringung der Unbegleiteten Minderjährigen Flüchtlinge in Rheinland-Pfalz verbindet unterschiedliche Unterbringungsformen und Betreuungssettings. In der Bestandsaufnahme konnte nur ein erster Schritt einer Situationseinschätzung vorgenommen werden, da sich im Zuge des Prozesses weitere zu klärende Fragen, wie z. B. nach dem Verbleib der UMF, ergaben.

Die befragten Akteure blicken auf weitreichende Erfahrungen in der Arbeit mit UMF zurück und gestalten sowohl innerhalb der Jugendhilfe als auch innerhalb der AfA konzeptionelle Entwicklungsschritte mit. Darüber hinaus müssen die durch das Asylverfahren gesetzten Rahmenbedingungen von allen Akteuren in ihrem praktischen Handeln berücksichtigt werden. Zugleich können die gesetzlichen Vorgaben nach dem jeweiligen Ermessen der beteiligten Akteure situativ unterschiedlich ausbalanciert werden.

In Rheinland-Pfalz entwickelte sich bislang ein Modell, das die notwendigen Anforderungen an eine sozialpädagogische Betreuung der UMF unter bestimmten Voraussetzungen erfüllen kann. Die Unterbringung in Einrichtungen der Jugendhilfe rahmt die Situation für die UMF in Rheinland-Pfalz.

Ebenso wurde für die Gruppe der männlichen 16-17-Jährigen UMF im Zuge des geänderten § 42 SGB VIII ein spezifisches Betreuungskonzept bzw. eine Inobhutnahmeeinrichtung in der AfA entwickelt.

Nunmehr sollen im Rahmen der Bestanderhebung die Fragen nach einer fachlichen Weiterentwicklung des bestehenden Modells im Vordergrund stehen. Vor dem Hintergrund des § 42 SGB VIII, der im theoretischen Teil entfalteten fachlichen Standards für die sozialpädagogische Arbeit mit Unbegleiteten sowie der Ergebnisse aus den durchgeführten Befragungen empfiehlt sich für eine zukünftige Weiterentwicklung eine **spezifische Clearingphase und anschließende Unterbringung aller Unbegleiteten Minderjährigen – und damit auch der männlichen 16-17-Jährigen – im Rahmen von originären Einrichtungen der Jugendhilfe**. Dies impliziert eine strukturierte Clearingphase, in der der Jugendhilfebedarf festgestellt werden kann. Die Ausgestaltung der Clearingphase sollte sich an den entsprechenden fachlichen Empfehlungen orientieren.

Eine Unterbringung aller Unbegleiteten Minderjährigen Flüchtlinge in Einrichtungen der Jugendhilfe orientiert sich an den Bedürfnissen von jungen Flüchtlingen, die in Einrichtungen der Jugendhilfe angemessen umgesetzt werden können (vgl. vorangegangene Kapitel). Zugleich garantiert eine Unterbringung in einer „Clearingeinrichtung" eine angemessene Erstversorgung und eine Orientierung am Kindeswohl sowie die Gleichbehandlung der Jungen und Mädchen. Eine Empfehlung in Richtung einer Unterbringung in der Heimerziehung soll darüber hinaus nicht als eine einseitige Aufwertung verstanden werden, vielmehr stellt sich insbesondere vor dem Hintergrund einer solchen Empfehlung die Frage nach gelingenden Rahmenbedingungen und angemessener sozialpädagogischer Praxis für die Arbeit mit Unbegleiteten Minderjährigen Flüchtlingen in der Jugendhilfe. Offen bleibt zu diskutieren, ob die Einrichtung einer Clearingstelle notwendig wird oder ob der Clearingprozess in bestehenden Jugendhilfeeinrichtungen eingebettet wird.

Insofern wirft eine Empfehlung zu einer Weiterentwicklung und damit auch der Veränderung der bestehenden Praxis neue Anschlussfragen auf, die in einem gemeinsamen Diskussionsprozess aller beteiligten Akteure identifiziert werden sollten.

## Handlungsschritte zur Weiterentwicklung des Modells

### Weitere Schritte in der Konzeptentwicklung
### „Unbegleitete Minderjährige in Rheinland-Pfalz"

Die beteiligten Akteure in Rheinland-Pfalz konnten in den vergangenen Jahren bereits umfangreiche Erfahrungen hinsichtlich der Anforderungen an eine gelingende sozialpädagogische Betreuung von Unbegleiteten Minderjährigen Flüchtlingen erarbeiten. Eine weiterführende Konzeptentwicklung stellt insofern eine Aufgabe dar, die von allen beteiligten Akteuren und Fachkräften geleistet werden kann. Insbesondere bei Veränderungen des Modells sollten konzeptionelle Fragen diskutiert werden:

☐ Welche spezifischen Anforderungen sind an die Clearingphase zu stellen?

☐ Wie können Übergänge von der Ankunft hinein in die Clearingphase bzw. in eine anschließende Hilfe angemessen und bedarfsorientiert gestaltet werden?

☐ Wie soll eine sozialpädagogische Betreuung der UMF gestaltet und weiterentwickelt werden? Welche Kriterien sollen sozialpädagogische Einrichtungen berücksichtigen, um den Bedarfen der jungen Menschen mit Fluchterfahrung angemessen zu begegnen?

☐ Auf welche Weise können private Vormundschaften für UMF unterstützt werden?

☐ Welche Fort- und Weiterbildungsangebote benötigen infolgedessen die beteiligten Fachkräfte?

☐ Welche Netzwerke der Weitervermittlung und Unterstützung können aufgebaut werden?

**Anforderungen an die Clearingphase**

Die Änderung des § 42 SGB VIII stellt die rechtliche und fachliche Grundlage für ein qualifiziertes Clearingverfahren bzw. für die Inobhutnahme dar: „Das Jugendamt hat während der Inobhutnahme die Situation, die zur Inobhutnahme geführt hat, zusammen mit dem Kind oder dem Jugendlichen zu klären und Möglichkeiten der Hilfe und Unterstützung aufzuzeigen" (§ 42 SGB VIII, Abs. 2). Wie in Kapitel 2.3 aufgezeigt, impliziert die Inobhutnahme als sozialpädagogische Krisenintervention im Anschluss eine sozialpädagogische Klärungshilfe. Insofern stellt die Inobhutnahme über die Krisenintervention hinaus den Einstieg in einen Hilfeplanprozess dar.

Die zu bearbeitenden Aspekte können insbesondere z. B. in Clearingstellen organisatorisch, strukturell und fachlich angemessen bearbeitet werden. Die Phase des Clearings bezieht sich dabei auf die „verwaltungs- und sorgerechtlichen sowie organisatorischen Abläufe, die unmittelbar nach der Einreise eines UMF durchgeführt werden. Primäres Ziel des Clearingverfahrens ist die Klärung der Situation und der Perspektiven von Unbegleiteten Minderjährigen. Aufgrund dieser Aufgabenstellung dauert das Clearingverfahren deutlich länger als die Inobhutnahme" (Riedelsheimer/Wiesinger 2004, S. 14).

Die Aufgaben des Clearingverfahrens beinhalten u.a. das Feststellen der Identität und des Alters, die Organisation der gesetzlichen Vertretung, die Suche nach Familienangehörigen, die Klärung der gesundheitlichen Lage, die Ermittlung des Erziehungsbedarfs, die Klärung des Aufenthaltsstatus und das Überprüfen von Möglichkeiten der Rückkehr oder einer Familienzusammenführung. Als Standards gelten darüber hinaus, dass die jungen Flüchtlinge neben der asylrechtlichen Vertretung eine angemessene Betreuung, Unterbringung, Bildungszugänge, gesundheitliche Versorgung und Sprachangebote erhalten sollen (vgl. Separated Children Programme in Europe Programme/B-UMF 2006, S. 31). Dabei sind entsprechende kind- und jugendgemäße Räume notwendig, die Ruhe und Sicherheit vermitteln und einen Vertrauensaufbau ermöglichen. Die beginnende Alltagstrukturierung sollte in der Clearingphase ebenfalls unterstützt werden. Weitere Aufgaben wurden in Kapitel 4.3.2 am Beispiel der beiden Jugendhilfeeinrichtungen in Niederwörresbach und auf dem Helenenberg differenziert aufgezeigt. Ferner wurden im Zuge der Bestandserhebung Anforderungen an den Erstkontakt und die Altersfeststellung formuliert. Mehrsprachige Materialien sollten diese erste Phase unterstützen.

Die Clearingphase verschränkt sich nach § 42 SGB VIII mit dem Hilfeplanverfahren, das durch das Jugendamt und den entsprechenden Trägern eingeleitet werden sollte. Die Beteiligung des Jugendamtes beim Clearingverfahren ist damit gegeben. Das Jugendamt verfügt über die entsprechenden Kompetenzen, um den pädagogischen, psychologischen oder medizinischen Hilfebedarf, den schulischen Förderbedarf und die Klärung der elterlichen Sorge mit zu eruieren. Insofern ist es weiterhin notwendig, in Kooperation mit den verantwortlichen Akteuren gemeinsame Qualitätsstandards für die Clearingphase zu entwickeln, um der neuen Situation angemessen Rechnung zu tragen. Das Clearingverfahren endet mit der Bearbeitung der jeweiligen Aspekte. Das bedeutet, dass sich nach dem Clearing unterschiedliche Szenarien ergeben können: Die Adressaten wechseln oder verbleiben in einer Jugendhilfeeinrichtung oder sie erhalten weitere Leistungen der Jugendhilfe (Vollzeitpflege, Jugendwohnen etc.). Oder aber die Adressaten können Familienangehörigen in Deutschland oder in anderen Ländern zugeführt werden. Beachtung sollte in der Clearingphase daher der Übergang zu der anschließenden Hilfe- oder Lebensphase finden. Werden die jungen Menschen weiterhin im Rahmen der Jugendhilfe betreut, sollten für eine angemessene Übergabe zwischen den beteiligten Fachkräften Strukturen und Routinen entwickelt werden. Darüber hinaus sollte in Betracht gezogen werden, inwiefern die standardmäßige Verteilung der Zuständigkeiten aufgrund der spezifischen Lebenslage der UMF vereinfacht werden könnte.

Für eine Weiterentwicklung des rheinland-pfälzischen Modells zur Unterbringung von Unbegleiteten Minderjährigen Flüchtlingen empfiehlt es sich insofern, die Clearingphase für die 16-17-Jährigen männlichen UMF entsprechend den angeführten Kriterien weiterzuentwickeln.

### Entwicklung rheinland-pfälzischer Qualitätsstandards

Zur Weiterentwicklung des rheinland-pfälzischen Modells sollte zukünftig mit den beteiligten Akteuren eine Diskussion über Qualitätsstandards in der Arbeit mit UMF angeregt werden. Auf diese Weise können förderliche und hinderliche Rahmenbedingungen sowie fachliche Standards identifiziert und Handlungsleitlinien für die Arbeit mit Unbegleiteten Minderjährigen Flüchtlingen in Rheinland-Pfalz entwickelt werden. Es empfiehlt sich die Einrichtung einer Arbeitsgruppe zu Qualitätsstandards unter Einbeziehung der bisher oder zukünftig mit Unbegleiteten Minderjährigen Flüchtlingen beschäftigten Einrichtungen.

Für die Entwicklung von Qualitätsstandards ist die Orientierung am Kindeswohl zentral, das für alle Kinder und Jugendlichen gleichermaßen als Handlungsnorm anzulegen ist. Insofern sollte die Unterbringung kind- und jugendgerecht gestaltet sein, um den Sicherheitsbedürfnissen der UMF sowie dem zeitintensiven Beziehungsaufbau Rechnung zu tragen. Für die Fachkräfte sollte ein lebensweltorientierter Blick auf die Individuen im Mittelpunkt stehen. Die Gestaltung der jeweiligen „sozialpädagogischen Orte" sollte die Kinder und Jugendlichen in ihren Aneignungs- und Bewältigungsprozessen begleiten und unterstützen.

Festzuhalten bleibt an dieser Stelle, dass sich aus der Forschungslage her ableiten lässt, dass je nach Art der Unterbringung auch spezifische Anforderungen an die Konzeption sowie an die Weiterbildung der Fachkräfte erwächst.

Eine weitere Empfehlung richtet sich auf eine mittel- oder langfristige Unterbringung in Regionen, in denen eine Vernetzung mit Akteuren der Migrations- und Flüchtlingsarbeit sowie Zugänge zu Dolmetscherdiensten, therapeutischen Angeboten und zu differenzierten Bildungsangeboten eröffnet werden können. Auf kommunaler Ebene empfiehlt sich ebenso eine Berücksichtigung der spezifischen Adressatengruppe im Rahmen der Jugendhilfeplanung.

**Jugendämter als zentrale Akteure stärken**

Das Jugendamt Trier ist zurzeit für die Inobhutnahme der UMF in erster Linie verantwortlich und übernimmt stellvertretend für andere Jugendämter des Landes die Inobhutnahme der Unbegleiteten Minderjährigen Flüchtlinge in Rheinland-Pfalz. Dem Jugendamt Trier kommt insofern eine zentrale Verantwortung im Zuge der Inobhutnahme sowie der anschließenden Betreuung zu. Insofern sollte die Rolle des Jugendamtes Trier entsprechend gewürdigt und unterstützt werden.

Im Zuge einer Weiterentwicklung des Modells könnte insofern geprüft werden, inwiefern die aus dem Jahr 1999 angelegte Fallpauschale für die Betreuung der Unbegleiteten Minderjährigen, die durch das Land Rheinland-Pfalz finanziert wird, die aktuellen oder zukünftigen Aufgaben angemessen ermöglicht. Der Arbeitsaufwand bzw. die Pauschale sollte entsprechend dem Arbeitsaufkommen und der jeweiligen Unterbringungs- und Betreuungsform neu ermittelt werden, um die aktuellen und zukünftigen Veränderungen in der Praxis angemessen bearbeiten zu können.

Ferner sollte ein Austausch unter denjenigen Jugendämtern in Rheinland-Pfalz angeregt werden, die bereits Unbegleitete Minderjährige betreuen. Mithilfe eines Erfahrungsaustausches kann für die Betreuung in den Städten und Kommunen eine gelingende Praxis konzipiert werden, die das Zusammenspiel von Behörden, öffentlichen und Freien Trägern sowie weiterer Akteuren im kommunalen Umfeld zum Wohle der Unbegleiteten Minderjährigen in den Blick nimmt.

Insofern ist es empfehlenswert, die Weiterverteilung der UMF kriteriengeleitet zu planen. Im Vordergrund sollte bei der Verteilung stehen, dass eine wohnortnahe Betreuung durch die jeweiligen Jugendämter möglich werden kann. Darüber hinaus empfiehlt es sich, Städte und Kommunen mit einer entsprechenden Infrastruktur auszuwählen, auf die UMF angewiesen sind (Zugänge zu Bildung, Sprachangeboten, therapeutischen Angeboten etc.). Eine kriteriengeleitete Verteilung der „Fälle" kann eine Betreuung „aus einer Hand" insbesondere vor dem Hintergrund des Hilfeplanprozesses und der Gestaltung der Vormundschaften unterstützen. Der Vorschlag sollte unter Beteiligung des Landesjugendamtes mit den Jugendämtern diskutiert werden.

Eine weitere Empfehlung richtet sich auf die Entwicklung eines Konzepts hinsichtlich der Amtsvormundschaften für UMF in Rheinland-Pfalz. Hier entsteht ein Handlungsbedarf hinsichtlich der umzusetzenden Betreuung der jungen Menschen durch die beteiligten Jugendämter.

**Unterstützung von Jugendhilfeeinrichtungen**

Eine Weiterentwicklung des Modells bzw. auch ein Anstieg der Zugangszahlen könnte bedeuten, zukünftig neue Akteure der Jugendhilfe in die Betreuung der UMF miteinzubeziehen. Insbesondere vor dem Hintergrund der Inobhutnahme der männlichen 16-17-Jährigen UMF und deren Verteilung in Rheinland-Pfalz könnten Veränderungen wirksam und notwendig werden. Unterstützt durch die Expertise des Landesjugendamtes als übergeordneter Partner sollte bei einer möglichen Erweiterung der beteiligten Akteure in einem transparenten Prozess Kriterien für Einrichtungen definiert werden, die zukünftig UMF betreuen, wie zum Beispiel:

☐ strukturelle Möglichkeiten der Einrichtungen (Gruppengrößen, Gruppenzusammensetzung),

☐ Profil der Einrichtung im Sinne eines sozialpädagogischen Ortes für UMF (Konzeptionelle Rahmung des Umgangs mit Heterogenität, fluchtspezifisch geschultes Personal, Zugang zu Herkunftssprachen etc.),

☐ Kooperationen und Vernetzung in dem jeweiligen Umfeld (Zusammenarbeit mit Schulen, Bildungsträgern, Beratungseinrichtungen etc.).

Der Heimverbund zur Betreuung von UMF in Rheinland-Pfalz sollte in diese Prozesse einbezogen werden, um auf die langjährigen Erfahrungen des
Heimverbunds zurückgreifen zu können.

Darüber hinaus sollte der kommunale Raum berücksichtigt werden, in dem
sich die Einrichtungen befinden, da insbesondere die Zugänge zu unterschiedlichen Angeboten für junge Flüchtlinge von großer Bedeutung sind.
Insofern sollten die Orte der Unterbringung die Möglichkeit bieten,

☐ Kooperationsbeziehungen mit Schul- und Ausbildungsträgern aufzubauen, die den spezifischen Bedarfen von Unbegleiteten Minderjährigen Flüchtlingen Rechnung tragen können,

☐ Strukturen für private Vormundschaften zu entwickeln und
aufzubauen,

☐ an Beratungs- und Unterstützungsstrukturen der Migrations- oder
Gemeinwesenarbeit anzuknüpfen, um neben der Jugendhilfe weitere
sozialraumbezogene Unterstützungsstrukturen aktivieren zu können.

Ein gemeinsam entwickeltes Angebot zur Qualifizierung und Fortbildung von
Fachkräften kann den Entscheidungsprozess unterstützen, indem Weiterbil-
dungsangebote eröffnet werden. Ferner sollte den Fachkräften der fachliche
Austausch mit anderen Fachkräften aus diesem Bereich ermöglicht werden.

**Aufbau eines Netzwerks für private Vormundschaften**

Im bestehenden rheinland-pfälzischen Modell erhalten die meisten der UMF
zunächst einen Amtsvormund. In der Stadt Trier entwickelte sich bislang
keine Struktur privater Vormünder oder privater Vormundschaftsvereine. Insofern verbleibt die Vormundschaft zumeist beim Jugendamt Trier und wird

dann bestenfalls im Zuge der Verteilung an das neuzuständige Jugendamt weitergegeben. Die Situation ist für beide Seiten insofern schwierig, als das Jugendamt Trier unter den bestehenden Arbeitsbelastungen die Rolle der Amtsvormundschaft eher formal ausführen kann. Für die Kinder und Jugendlichen entsteht jedoch insbesondere in der ersten Phase des Aufenthalts ein großer Bedarf an Unterstützung im Hinblick auf die Begleitung im Asylverfahren wie auch auf ihre psychosoziale Situation. Ein Vormund sollte in diesem Kontext eine bedeutsame Rolle einnehmen. Vor dem Hintergrund empfiehlt es sich daher, den notwendigen Aufbau von Netzwerkstrukturen für private Vormundschaften in Rheinland-Pfalz zu unterstützen.

**Begleitender Aufbau von Vernetzungs- und Kooperationsstrukturen**

Die Erfahrungen aus dem bestehenden rheinland-pfälzischen Modell zur Unterbringung der UMF können genutzt werden, um unterschiedliche Kooperationsstrukturen aufzubauen und weiterzuentwickeln. Die bestehenden Kooperationsbeziehungen zwischen verantwortlichen Ministerien und Fachabteilungen, Landesjugendamt, Jugendamt Trier, AfA und dem Heimverbund können durch die Einbindung weiterer Akteure vertieft werden. Über die Arbeit mit Unbegleiteten Minderjährigen liegt ebenfalls bei rheinland-pfälzischen Migrationsberatungsstellen, bei Bildungsträgern, die im Feld der UMF agieren und bei zivilgesellschaftlichen Akteuren, wie z. B. dem Arbeitskreis Asyl in Rheinland-Pfalz, ein differenziertes Expertenwissen vor. Deren Expertise kann als weiterer Zugang für die Weiterentwicklung und Ausgestaltung des Modells herangezogen werden. Auf der Basis gemeinsamer fachlicher Diskussionen können ebenfalls gemeinsame Fort- und Qualifizierungsbedarfe identifiziert und entwickelt werden. Werden neue Akteure längerfristig in der Arbeit mit UMF eingebunden, sollten auch sie an bestehenden Kooperationsstrukturen partizipieren.

**Verbleib der männlichen Unbegleiteten Minderjährigen bzw. zum Verbleib der UMF als Forschungsdesiderat**

Zur Fundierung einer Weiterentwicklung des bestehenden Modells können Daten zu dem Verbleib der Unbegleiteten Minderjährigen Flüchtlinge als analytischer Bezugsrahmen herangezogen werden. Über den Verbleib der männlichen 16-17-Jährigen UMF nach der Verteilung und der damit verbundenen Betreuung durch die zuständigen Jugendämter und Freien Träger liegen in Rheinland-Pfalz keine gesicherten Erkenntnisse vor. Darüber hinaus existieren keine zuverlässigen Ergebnisse zu der „praktischen Situation" in der Heimerziehung und der Perspektive der Adressaten auf die Heimerziehung. Der Verbleib von UMF, die in der Heimerziehung untergebracht waren, ist ebenfalls nicht hinreichend untersucht. Diese Aspekte können eine Entscheidungsfindung für die Weiterentwicklung möglicherweise entsprechend flankieren, da auf diese Weise bereits bestehende Handlungsansätze in den Kommunen berücksichtigt werden können. Es bedarf jedoch nicht nur gesicherter Erkenntnisse über den Verbleib von Unbegleiteten Minderjährigen, sondern auch eine Unterstützung der jeweiligen Jugendämter bei der Betreuung von Unbegleiteten Minderjährigen Flüchtlingen.

# 7. Literaturverzeichnis

**AG für Jugendhilfe (2000) (Hrsg.):**
Interkulturelle Jugendhilfe in Deutschland. Deutscher Jugendhilfepreis 2000. Bonn.

**AK Asyl (2008):**
Infodienst Asyl Rheinland-Pfalz. Dezember 2008. Bad Kreuznach, Download: http://www.auslaenderpfarramt.de/fileadmin/akasyl/ infodienste/Infodienst_78_komplett.pdf, Stand: 14.10.2009.

**Albert, Martin (2001):**
Sozialarbeit und Flüchtlinge – Nur kurzfristig geduldet? In: iza, Zeitschrift für Migration und Soziale Arbeit, 1/2001, S. 60-64.

**Amtsblatt der Europäischen Union (2003):**
Richtlinie 2003/9/EG des Rates vom 27.01.2003 zur Festlegung von Mindestnormen für die Aufnahme von Asylbewerbern in den Mitgliedsstaaten. Brüssel.

**Amtsblatt der Europäischen Union (2004):**
Richtlinie 2004/83/EG des Rates vom 29.04.2004 über Mindestnormen für die Anerkennung und den Status von Drittstaatsangehörigen oder Staatenlosen als Flüchtlinge oder als Personen, die anderweitig internationalen Schutz benötigen, und über den Inhalt des zu gewährenden SchutzeS. Brüssel.

**Amtsblatt der Europäischen Union (2005):**
Richtlinie 2005/85/EG des Rates vom 01.12.2005 über Mindestnormen für Verfahren in den Mitgliedsstaaten zur Zuerkennung und Aberkennung der Flüchtlingseigenschaft. Brüssel.

**Angenendt, Steffen (2000):**

Kinder auf der Flucht. Minderjährige Flüchtlinge in Deutschland. Opladen.

**Apitzsch, Gisela (2000):**

Du hast keine Chance – aber nutze sie! In: AG für Jugendhilfe (Hrsg.): Interkulturelle Jugendhilfe in Deutschland. Deutscher Jugendhilfepreis 2000. Bonn, S. 112-146.

**Athey, Jean L./Ahearn, Frederick L. (1991):**

The Mental Health of Refugee Children: An Overview. In: Ahearn, Frederick L./Athey, L./Jean L. (Hrsg.): Refugee Children. Theory, Research, and ServiceS. Baltimore and London: The John Hopkins University Press, S. 3-19.

**Aufnahmeeinrichtung für Asylbegehrende Trier (2008):**

Konzept zur sozialen Betreuung in der Aufnahmeeinrichtung für Asylbegehrende Trier. Trier.

**Ausschuss für die Rechte des Kindes (2004):**

Behandlung von den Vertragsstaaten vorgelegte Berichte nach Artikel 44 des Übereinkommens über die Rechte des Kindes. Abschließende Bemerkungen: Deutschland. CRC/C/15/Add. 226.

**Aufsichts- und Dienstleistungsdirektion Rheinland-Pfalz (2011):**

Aufnahmeeinrichtung für Asylbegehrende. Trier. Download: http://www.add. rlp.de/icc/ADD/nav/43c/43c40dc1-a663-2e11-4da2-6f410a2b720f& class=net.icteam.cms.utils.search.AttributeManager&class_ uBasAttrDef=a001aaaa-aaaa-aaaa-eeee-000000000054.htm, Stand: 14.10.2009.

**BAG LJÄ (Bundesarbeitsgemeinschaft der Landesjugendämter) (2006):**
Empfehlungen zur Kostenerstattung gemäß § 89d SGB VIII. 2. Auflage. Beschlossen auf der 100. Arbeitstagung der Bundesarbeitsgemeinschaft der Landesjugendämter vom 05.-07. April 2006 in Düsseldorf, Download: http://www.lvr.de/jugend/jugendaemter/empfehlungenkostenerstattung89d.pdf, Stand: 14.10.2009.

**BAMF (Bundesamt für Migration und Flüchtlinge) (2009):**
Unbegleitete minderjährige Migranten in Deutschland – Aufnahme, Rückkehr und Integration. Working Paper der Forschungsgruppe des Bundesamtes Nr. 26, von Bern Parusel. Nürnberg.

**BAMF (Bundesamt für Migration und Flüchtlinge) (2009a):**
Pressemitteilung 0025/2009; Download: http://www.bamf.de/nn_442016/SharedDocs/Pressemitteilungen/DE/DasBAMF/2009/091208-0025-pressemitteilung-bmi.html?__nnn=true, Stand: 14.10.2009.

**BAMF (Bundesamt für Migration und Flüchtlinge) (2008):**
Asyl in Zahlen 2008.

**BAMF (Bundesamt für Migration und Flüchtlinge) (2007a):**
Asyl in Zahlen 2007.

**BAMF (Bundesamt für Migration und Flüchtlinge) (2007b):**
Migrationsbericht 2007.

**Beauftragte der Bundesregierung für Migration, Flüchtlinge und Integration (2007):**
7. Bericht der Beauftragten der Bundesregierung für Migration, Flüchtlinge und Integration über die Lage der Ausländerinnen und Ausländer in Deutschland. Berlin.

**Beauftragter für Flüchtlings-, Asyl- und Zuwanderungsfragen des Landes Schleswig-Holstein et al (2008):**
Handreichung zum Umgang mit unbegleiteten minderjährigen Flüchtlingen in Schleswig-Holstein. Download: http://www.frsh.de/lifeline_relaunch/pdf/ UMF_handreichung_12_2008_download.pdf, Stand: 14.10.2009.

**Blahusch, Friedrich (1991):**
Soziale Arbeit mit Flüchtlingen. Bedingungen, Zielsetzungen, Erfahrungen. In: Hafeneger, Benno/Schirrmacher, Gerd (Hrsg.): Zwischen Selbsthilfe und Sozialen Diensten. Frankfurt a.M., S. 40-61.

**Böhnisch, Lothar (1979):**
„Sozialpädagogik" hat viele Gesichter. In: Betrifft: Erziehung 12, Heft 9, S. 22-24.

**Böhnisch, Lothar (2002):**
Lebensbewältigung. Ein sozialpolitisch inspiriertes Paradigma für die Soziale Arbeit. In: Thole, Werner (Hrsg.): Grundriss Soziale Arbeit. Ein einführendes Handbuch. 2. überarbeitete und aktualisierte Auflage, S. 199-213.

**Böhnisch, Lothar/Lenz, Karl/Schröer, Wolfgang (2009):**
Sozialisation und Bewältigung. Eine Einführung in die Sozialisationstheorie der zweiten Moderne. Weinheim/München.

**Bogner, Alexander/Littig, Beate/Menz, Wolfgang (2002) (Hrsg.):**
Das Experteninterview. Theorie, Methode, Anwendung. Opladen.

**Boumans, Elke/Ünal, Arif (1997):**
Die geteilte Menschenwürde. Flüchtlingsalltag und soziale Arbeit nach der Änderung des Grundrechts auf Asyl. Frankfurt a.M.

**Bräutigam, Barbara (2000):**
Der ungelöste Schmerz. Perspektiven und Schwierigkeiten der therapeutischen Arbeit mit Kindern politisch verfolgter Menschen. Gießen.

**Breithecker, Renate/Freesemann, Oliver (2009):**
Unbegleitete minderjährige Flüchtlinge – eine Herausforderung für die Jugendhilfe. Abschlussbericht der wissenschaftlichen Begleitung der Aufnahmegruppe für junge Migranten (AJUMI) und der Aufnahmegruppe für Kinder und Jugendliche (AKJ) des Kinder- und Jugendhilfezentrums der Heimstiftung Karlsruhe. Karlsruhe.

**Bühlmeier, Almut (2003):**
Zwei Jahre Neuorganisation der Amtsvormundschaft beim Stadtjugendamt Mannheim – ein Erfahrungsbericht. In: Das Jugendamt, Heft 06/2003, S. 283-286.

**Bundesjugendkuratorium (BJK) (2008):**
Pluralität ist Normalität für Kinder und Jugendliche. Vernachlässigte Aspekte und problematische Verkürzungen im Integrationsdiskurs. München.

**B-UMF**
**(Bundesfachverband Unbegleitete Minderjährige Flüchtlinge) (2011):**
Abschiebehaft. München. Download: http://www.b-umf.de/index.php?/Themen/abschiebehaft.html, Stand: 14.10.2009.

**B-UMF**
**(Bundesfachverband Unbegleitete Minderjährige Flüchtlinge) (2010):**
Brandenburg. Download: http://www.b-umf.de/index.php?/bundeslaender/brandenburg.html, Stand: 14.10.2009.

**B-UMF**
**(Bundesfachverband Unbegleitete Minderjährige Flüchtlinge) (2009):**
Handlungsleitlinien zur Inobhutnahme gemäß § 42 DGB VIII. 2. Auflage, München.

**B-UMF**

**(Bundesfachverband Unbegleitete Minderjährige Flüchtlinge) (2007):**
Aktualisiertes Positionspapier des Bundesfachverbands Unbcglcitcter Minderjähriger Flüchtlinge e. V. – Entwurf eines Gesetzes zur Umsetzung aufenthalts- und asylrechtlicher Richtlinien der Europäischen Union. München. Download:http://www.b-umf.de/images/stories/dokumente/positionspapier-bumf-2007.pdf, Stand: 14.10.2009.

**B-UMF (Bundesfachverband Unbegleitete Minderjährige Flüchtlinge) (o. J.):**
Bericht über die Situation von UMF in Bremen. Download: http://www.b-umf. de/index.php?/Bundesl%C3%A4nder/bremen.html, Stand: 14.10.2009.

**Butollo, Willi/Hagl, Maria/Krüsmann, Marion (2003):**
Kreativität und Destruktion posttraumatischer Bewältigung. München.

**Darius, Sonja/Hellwig, Ingolf/Schrapper, Christian (2001):**
Krisenintervention und Kooperation als Aufgabe von Jugendhilfe und Jugendpsychiatrie in Rheinland-Pfalz. Schriftenreihe des Instituts für Sozialpädagogische Forschung Mainz e. V., Koblenz.

**Deutscher Ärztetag (2008):**
Beschlussprotokoll des 110. Ärztetags vom 15.-18. Mai 2007 in Münster, Download:       http://www.bundesaerztekammer.de/downloads/DAETBeschlussprotokoll20070822a.pdf, Stand: 14.10.2009.

**Deutscher Bundestag (2009):**
Antwort der Bundesregierung auf die Große Anfrage der Abgeordneten Josef Philip Winkler, Ekin Deligöz, Volker Beck (Köln), weiterer Abgeordneter und der Fraktion BÜNDNIS 90/DIE GRÜNEN. Drucksache 16/13166, 27.05.2009, elektronische Vorabfassung.

**Deutscher Bundestag (2008):**
Antwort der Bundesregierung auf die Große Anfrage der der Fraktion BÜNDNIS 90/DIE GRÜNEN zur Situation in deutschen Abschiebehaftanstalten. Drucksache 16/11834 vom 17.12.2008.

**Deutscher Bundestag (2007):**
Entwurf eines Gesetzes zur Umsetzung aufenthalts- und asylrechtlicher Richtlinien der Europäischen Union. Drucksache 16/5065, Berlin, 23.04.2007. Download http://dip21.bundestag.de/dip21/btd/16/050/1605065.pdf, Stand: 14.10.2009.

**Edholm-Wenz, Susan (2004):**
Wege ins Heim. Ausländische Jugendliche in der Heimerziehung. Hamburg.

**Ehring, Wally Marianne (2008):**
Unbegleitete Minderjährige Flüchtlinge. Ihre rechtliche Stellung in Deutschland und Anforderungen an die Soziale Arbeit. Saarbrücken.

**Endres, Michael/Biermann, Gerd (Hrsg.) (1998):**
Traumatisierung in Kindheit und Jugend. München.

**EU-Kommission (2007):**
Grünbuch über das künftige Gemeinsame Europäische Asylsystem. KOM (2007) 301 endg., Brüssel, 06.06.2007.

**EU-Kommission (2008):**
Mitteilung der Kommission an das Europäische Parlament, den Rat, den Europäischen Wirtschafts- und Sozialausschuss und den Ausschuss der Regionen: Künftige Asylstrategie – ein integriertes Konzept für EU-weiten Schutz – KOM (2008) 360. Brüssel.

**Ev. Kinder- und Jugendheim Niederwörresbach/Ev. Kinder- und Jugendheim Schmiedel/Ev. Jugendhof Martin Luther King (1994):**
Unbegleitete minderjährige Flüchtlinge. Clearing und Betreuung in Rheinland-Pfalz. Niederwörresbach.

**FBB (Fortbildung für Betreuerinnen und Betreuer) (2008):**
„Mama Deutschland". Erfahrungen mit berufsmäßig geführten Vormund-schaften für unbegleitete minderjährige Flüchtlinge. Nürnberg. Download: http://fbbweb.de/images/mama_deutschland.pdf, Stand: 14.10.2009.

**Feld, Katja/Freise, Josef/Müller, Annette (2005) (Hrsg.):**
Mehrkulturelle Identität im Jugendalter. Münster.

**Filipp, Sigrun-Heide (1995) (Hrsg.):**
Kritische Lebensereignisse. 3. Auflage, Weinheim.

**Goldbach, Klaus (2000):**
Unterbringung. In: WOGE e. V./Institut für Soziale Arbeit e. V. (Hrsg.): Hand-buch der Sozialen Arbeit mit Kinderflüchtlingen. 2. Aufl., Münster, S. 442-454.

**Gunßer, Conni/Gittrich, Thomas (2008):**
Minderjährige Flüchtlinge in anderen Ländern und an den Grenzen der EU – Situationen und Handlungsmöglichkeiten. In: B-UMF: Betreuung von unbe-gleiteten minderjährigen Flüchtlingen in Deutschland. Dokumentation der Fachtagung in Hofgeismar, S. 48-53.

**Haase, Marianne/Jugl, Jan C. (2007):**
Asyl- und Flüchtlingspolitik der EU. Bundeszentrale für politische Bildung, Download: http://www1.bpb.de/themen/7H6FAJ,1,0,Asyl_und_Fl%FCchtlingspolitik_der_EU.html, Stand: 14.10.2009.

**Hamburger, Franz (1999):**
Migration und Soziale Arbeit. In: Chassee, Karl-August/von Wensierski, Hans-Jürgen (Hrsg.): Praxisfelder der Sozialen Arbeit. Eine Einführung. Weinheim und München, S. 405-420.

**Hamburger, Franz (2002):**
Migration und Jugendhilfe. In: Sozialpädagogisches Institut im SOS-Kinder-dorf (Hrsg.): Migrantenkinder in der Jugendhilfe. München, S. 6-46.

**Hamburger, Franz (2003):**
Einführung in die Sozialpädagogik. Stuttgart.

**Hebenstreit, Anita (2009):**
Instrumente und Mechanismen des Clearingverfahrens für UMF in Hessen. In: B-UMF: Betreuung von unbegleiteten minderjährigen Flüchtlingen in Deutschland. Dokumentation der Fachtagung in Hofgeismar 2009, S. 8-12.

**Heimverbund Rheinland-Pfalz (1991):**
Internes Konzeptpapier vom 18.11.1991.

**Hessisches Sozialministerium (2008a):**
Erlass über die Unterbringung, Versorgung und Verteilung von unbegleiteten minderjährigen asylsuchenden Flüchtlingen unter 18 Jahren in Hessen vom 17. Juni 2008. Wiesbaden.

**Hessisches Sozialministerium (2008b):**
Erhebung zur Betreuung und Versorgung von unbegleiteten minderjährigen Flüchtlingen in Heimen und sonstigen betreuten Wohnformen der Jugendhilfe. Stichtag 20. Juni 2006, Wiesbaden.

**Holert, Tom/Terkessdis, Mark (2006):**
Fliehkraft. Gesellschaft in Bewegung – von Migranten und Touristen. Köln.

**Holzapfel, Renate (1999):**
Kinder aus asylsuchenden und Flüchtlingsfamilien: Lebenssituation und Sozialisation. In: Dietz, Barbara/Holzapfel, Renate: Kinder aus Familien mit Migrationshintergrund. Materialien zum 10. Kinder- und Jugendbericht, Bd. 2. München, S. 53-220.

**Heun, Hans-Dieter/Wiesenfeld-Heun, Dorothea (1993):**
Unbegleitete Minderjährige Flüchtlinge in Deutschland. Eine Dokumentation. Limburg.

**Jockenhövel-Schiecke (1998):**
Ausländische Jugendliche in Einrichtungen der Jugendhilfe – Entwicklungen, Erfahrungen, aktuelle Fragen. In: Weiss, Karin/Rieker, Peter (Hrsg.): Allein in der Fremde. Fremdunterbringung ausländischer Jugendlicher in Deutschland. Münster, S. 45-71.

**Jordan, Silke/Riedelsheimer, Albert (2004):**
Soziale Arbeit mit Flüchtlingskindern. Anregung zur Umsetzung einer komplexen Aufgabe. In: Fritz, Florian/ Groner, Frank (Hrsg.): Wartesaal Deutschland. Ein Handbuch für die Soziale Arbeit mit Flüchtlingen. Stuttgart, S. 151-169.

**Jordan, Erwin/Stork, Remi (2000):**
Jugendhilfe. In: WOGE e. V./Institut für soziale Arbeit e. V. (Hrsg.): Handbuch der Sozialen Arbeit mit Kinderflüchtlingen. Münster, S. 435-442.

**Kallert, Heide (1993):**
Weibliche unbegleitete minderjährige Flüchtlinge in Heimen und Wohngruppen der Jugendhilfe. Frankfurt.

**Killguß, Wolfgang (2000):**
Jugendamt/ASD. In: WOGE e. V./Institut für soziale Arbeit e. V. (Hrsg.): Handbuch der Sozialen Arbeit mit Kinderflüchtlingen. Münster, S. 340-344.

**Kinzie, David J./Sack, William (1991):**
Serverly Traumatizides Cambodian Children: Reseach Findings and Clinical Implications. In: Ahearn, Frederick L./Athey, Jean L. (Hrsg.): Refugee Children. Theory, Research, and Services. Baltimore and London: The John Hopkins University Press, S. 92-105.

**Kothen, Andrea (2000):**
„Es sagt ja keiner, dass wir keine Ausländer annehmen...". Zugangsbarrieren für Flüchtlinge und Migrant/innen im System der sozialen Regeldienste. Frankfurt a.M.

**Kreuznacher Diakonie (2003):**
Interner Erfahrungsbericht. Bad Kreuznach.

**Landesamt für Soziales, Jugend und Versorgung (1993):**
Internes Protokoll vom 14.01.1993.

**Landtag Rheinland-Pfalz (2005):**
Antwort des Ministeriums des Innern und für Sport auf die Große Anfrage der Fraktion BÜNDNIS 90/DIE GRÜNEN: Integration in Rheinland-Pfalz – Umsetzung des Zuwanderungsgesetzes. Drucksache 14/4402; 12.08.2005.

**Lange, Katja (2009):**
Qualitätssicherung in der Anhörung und aufenthaltsrechtliches Clearing: Evaluation und Perspektiven. In: B-UMF: Betreuung von unbegleiteten minderjährigen Flüchtlingen in Deutschland. Dokumentation der Fachtagung in Hofgeismar, S. 39-48.

**Löhlein, Harald (2010):**
Fluchtziel Deutschland. In: Dieckhoff, Petra (Hrsg.): Kinderflüchtlinge. Theoretische Grundlagen und berufliches Handeln. Wiesbaden, S. 27-33.

**Löhr, Tillmann (2009):**
Die kindspezifische Auslegung des völkerrechtlichen Flüchtlingsbegriffs. Nomos-Verlag.

**Marko, Katharina (2008):**
Unbegleitete Minderjährige Flüchtlinge. Saarbrücken.

**MASGFF
(Ministerium für Arbeit, Soziales, Gesundheit, Familien und Frauen) (2007):**
Verschiedene Kulturen – Leben gemeinsam gestalten! Integrationskonzept. Mainz.

**MBWJK (Ministerium für Bildung, Wissenschaft, Jugend, Kultur) (2009):**
Pressemitteilung: Beck/Ahnen: UN-Kinderrechtskonvention soll ohne Einschränkung auch in Deutschland gelten. Downlaod:
http://www.kinderrechte.rlp.de/, Stand: 14.10.2009.

**Ministerium des Innern und für Sport RLP (2007a):**
Anwendungshinweise zur gesetzlichen Altfallregelung der § 104a und 104b. Schreiben vom 26.10.2007. Mainz.

**Ministerium des Innern und für Sport RLP (2007b):**
Rundschreiben vom 17.03.2007.

**Mecheril, Paul (2004):**
Migrationspädagogik. Weinheim/Basel.

**Meißner, Andreas (2010):**
Vormundschaften für Unbegleitete Minderjährige Flüchtlinge. In: Dieckhoff, Petra (Hrsg.): Kinderflüchtlinge. Theoretische Grundlagen und berufliches Handeln. Wiesbaden, S. 59-62.

**Merten, Roland/Olk, Thomas (1997):**
Sozialpädagogik als Profession. Historische Entwicklung und künftige Perspektiven. In: Combe, Arno/Helsper, Werner (Hrsg.): Pädagogische Professionalität. Untersuchungen zum Typus pädagogischen Handelns. Frankfurt a.M., S. 570-613.

**Meuser, Michael/Nagel, Ulrike (1991):**
ExpertInneninterviews – vielfach erprobt, wenig bedacht. In: Garz, Detlef/ Kraimer, Klaus (Hrsg.): Qualitativ-empirische Sozialforschung. Konzepte, Methoden, Analysen. Opladen, S. 441-471.

**Meuser, Michael/Nagel, Ulrike (1994):**
Expertenwissen und Experteninterview. In: Hitzler, Ronald/Honer, Anne/Maeder, Christoph (Hrsg.): Expertenwissen. Die institutionalisierte Kompetenz zur Konstruktion von Wirklichkeit. Opladen, S. 180-192.

**Meuser, Michael/Nagel, Ulrike (1997):**
Das ExpertInneninterview – Wissenssoziologische Voraussetzungen und Durchführung. In: Friebertshäuser, Barbara/Prengel, Annedore (Hrsg.): Handbuch Qualitative Forschungsmethoden in der Erziehungswissenschaft. Weinheim/München, S. 481-491.

**Miller, Kenneth E. (1996):**
The Effects of State Terrorism and Exile on Indigenous Guatemalan Refugee Children: A Mental Health Assessment and an Analysis of Children's Narratives. In: Child Development Vol. 67, S. 89-106.

**Mohnike, Klaus (2009):**
Bin ich so alt wie ich gemacht werde? In: Caritasverband für das Bistum Magdeburg e. V. (Hrsg.). Dokumentation der Fachtagung „Mit 15 hat man noch Träume – mit 16 das Asylverfahren." Magdeburg, S. 15-22.

**Münder, Johannes (2006):**
Frankfurter Kommentar zum SGB VIII: Kinder- und Jugendhilfe. Weinheim und München.

**National Coalition (2006):**
Stellungnahme der National Coalition zum nationalen Aktionsplan „Für ein kindergerechtes Deutschland 2005-2010" unter Berücksichtigung der speziellen Situation von Flüchtlingskindern. Berlin.

**Niedrig, Heike (2003a):**
Der non-formale Sektor und seine Angebotsstruktur. Außerschulische Bildung, Beratung und Betreuung für afrikanische Flüchtlingsjugendliche in Hamburg. In: Neumann, Ursula/Niedrig, Heike/Schroeder, Joachim/Seuwka, Louis Henri (Hrsg.): Lernen am Rande der Gesellschaft. Bildungsinstitutionen im Spiegel von Flüchtlingsbiografien. Münster, S. 93-136.

**Niedrig, Heike (2003b):**
Dimensionen der Fremdbestimmung im Flüchtlingsraum. Der „totale Raum"
im Erleben der Jugendlichen. In: Neumann, Ursula/Niedrig, Heike/Schro-
eder, Joachim/Seuwka, Louis Henri (Hrsg.): Lernen am Rande der Gesellschaft. Bildungsinstitutionen im Spiegel von Flüchtlingsbiografien. Münster,
S. 391-410.

**Nohl, Arnd-Michael (2006):**
Konzepte interkultureller Pädagogik. Eine systematische Einführung. Bad
Heilbrunn.

**Oevermann, Ulrich (2000):**
Professionalisierungsbedürftigkeit und Professionalisiertheit am Beispiel
pädagogischen Handelns. Manuskript. Frankfurt a.M.

**Oevermann, Ulrich (1997):**
Theoretische Skizze einer revidierten Theorie professionalisierten Handelns.
In: Combe, Arno/Helsper, Werner (Hrsg.): Pädagogische Professionalität. Un-
tersuchungen zum Typus pädagogischen Handelns. Frankfurt a.M.

**Pelzer, Marei (2009):**
Übersicht über die Neuregelungen des Arbeitsmigrationssteuerungsgesetz.
In: B-UMF: Betreuung von unbegleiteten minderjährigen Flüchtlingen in
Deutschland. Dokumentation der Fachtagung in Hofgeismar, S. 64-69.

**Peter, Erich (2008):**
Möglichkeiten der Durchsetzung des Rechtsanspruchs nach § 42 SGB VIII.
In: B-UMF: Betreuung von unbegleiteten minderjährigen Flüchtlingen in
Deutschland. Dokumentation der Fachtagung in Hofgeismar, S. 31-39.

**Petersen, Elisabeth (1993):**
Kinder auf der Flucht. Hamburg.

**Pohl, Florian/Schroeder, Joachim (2003):**
„Nach diesen sechs Jahren hat man gar nichts." Bildungskarrieren von 76 afrikanischen Flüchtlingsjugendlichen. In: Neumann, Ursula/Niedrig, Heike/ Schroeder, Joachim/Seuwka, Louis Henri (Hrsg.): Lernen am Rande der Gesellschaft. Bildungsinstitutionen im Spiegel von Flüchtlingsbiografien. Münster, S. 189-220.

**Potts, Lydia/Prasske, Brunhilde (1993):**
Frauen-Flucht-Asyl. Eine Studie zu Hintergründen, Problemlagen und Hilfen. Bielefeld.

**Rheinland-Pfalz (2005):**
Schulpflicht für Kinder von Asylbewerbern. Kleine Anfrage und Antwort, Landtag Rheinland-Pfalz, Drucksache 14/4296. Mainz, 04.07.2005.

**Riedelsheimer, Albert (2010a):**
Clearingverfahren bei Unbegleiteten Minderjährigen Flüchtlingen. In: Dieckhoff, Petra (Hrsg.): Kinderflüchtlinge. Theoretische Grundlagen und berufliches Handeln. Wiesbaden, S. 63-69.

**Riedelsheimer, Albert (2010b):**
Altersfestsetzung bei Unbegleiteten Minderjährigen Flüchtlingen. In: Dieckhoff, Petra (Hrsg.): Kinderflüchtlinge. Theoretische Grundlagen und berufliches Handeln. Wiesbaden, S. 71-74.

**Riedelsheimer, Albert/Wiesinger, Irmela (2004) (Hrsg.):**
Der erste Augenblick entscheidet. Clearingverfahren für unbegleitete minderjährige Flüchtlinge in Deutschland. Karlsruhe.

**RIFI (Rheinland-Pfälzische Initiative für Integration) (2006):**
Empfehlungen der Rheinland-Pfälzischen Initiative für Integration zum Thema „Erstaufnahme von Migrantinnen und Migranten in Rheinland-Pfalz". RIFI-Mitteilung Nr. 7.2.; Mainz. Download: http://integration.rlp.de/index.php?id=1268, Stand: 14.10.2009.

**Rudolf, Ernst (2009):**
Medizinische Sachverständigenbegutachtung zur Volljährigkeitsfeststellung in Asylverfahren. In: Sachverständige. Wien. Heft 4/2009, S. 190-196.

**Rüting, Wolfgang (2009):**
Qualitätssicherung in der Vormundschaftsarbeit mit unbegleiteten minderjährigen Flüchtlingen. In: B-UMF: Betreuung von unbegleiteten minderjährigen Flüchtlingen in Deutschland. Dokumentation der Fachtagung in Hofgeismar, S. 70-77.

**Sachsse, Ulrich, Özkan, Ibrahim/Streeck-Fischer, Annette (2002) (Hrsg.):**
Traumatherapie – was ist erfolgreich? Göttingen.

**Schauder, Thomas (1995):**
Verhaltensgestörte Kinder in der Heimerziehung. Falldarstellungen. Weinheim.

**Schikorra, Katja (2004):**
Flüchtlingskinder im Niemandsland. Ihre Situation in Deutschland. Mainz.

**Schroeder, Joachim (2003):**
„Man kann nicht lernen mit so einem Problem." Auswirkungen der Lebenslage auf die Bildungskarriere. In: Neumann, Ursula/Niedrig, Heike/Schroeder, Joachim/Seuwka, Louis Henri (Hrsg.): Lernen am Rande der Gesellschaft. Bildungsinstitutionen im Spiegel von Flüchtlingsbiografien. Münster, S. 237-262.

**Schwarz, Ulrike/Tamm, Anne (2010):**
Das Gesetz zur Kinder- und Jugendhilfe/Sozialgesetzbuch VIII und seine Auswirkungen auf Unbegleitete Minderjährige Flüchtlinge. In: Dieckhoff, Petra (Hrsg.): Kinderflüchtlinge. Theoretische Grundlagen und berufliches Handeln. Wiesbaden, S. 37-48. Seghers, Anne (1993): Transit. Berlin.

**Separated Children in Europe (2003):**

Policies and Practices in European Union Member States: a Comparative Analysis. Download: http://www.separated-children-europe-programme.org/separated_children_ge/publications/reports.html#comparative_analysis, Stand: 14.10.2009.

**Separated Children in Europe/Bundesfachverband Unbegleitete Minderjährige Flüchtlinge e. V. (2006) (Hrsg.):**

Standards für den Umgang mit unbegleiteten Minderjährigen. Karlsruhe.

**Separated Children in Europe (2008):**

Annual Report 2008. Download: http://www.separated-children-europe-programme.org/separated_children/Annual_report_2008.pdf, Stand: 14.10.2009.

**Separated Children in Europe (2009):**

Newsletter Frühjahr 2009. Download: http://www.b-umf.de/images/stories/dokumente/scep-newsletter-no-31.pdf, Stand: 14.10.2009.

**Seukwa, Louis Henri (2006):**

Der Habitus der Überlebenskunst. Zum Verhältnis von Kompetenz und Migration im Spiegel von Flüchtlingsbiographien. Münster.

**Stauf, Eva/Teupe, Ursula (2009):**

Migrationssensible Jugendhilfeplanung. Abschlussbericht des Projekts „Integration durch Sozialraumorientierung", Institut für Sozialpädagogische Forschung Mainz (ism) e. V.. Mainz.

**Stenger, Michael (2010):**

Die Schule fürs Leben. Das Potenzial junger Flüchtlinge bei entsprechender Betreuung. In: Dieckhoff, Petra (Hrsg.): Kinderflüchtlinge. Theoretische Grundlagen und berufliches Handeln. Wiesbaden, S. 184-188.

**Statistisches Bundesamt (2008):**
Statistiken der Kinder- und Jugendhilfe. Vorläufige Schutzmaßnahmen. Erschienen am 25.09.2009, Wiesbaden.

**Täubig, Vicky (2009):**
Totale Institution Asyl. Empirische Befunde zur alltäglichen Lebensführung in der organisierten Desorganisation. Weinheim/München.

**Thiersch, Hans (1986):**
Die Erfahrung der Wirklichkeit. Perspektiven einer alltagsorientierten Sozialpädagogik. Weinheim.

**Thiersch, Hans (1992):**
Lebensweltorientierte soziale Arbeit : Aufgaben der Praxis im sozialen Wandel. Weinheim.

**Thiersch, Hans/Grundwald, Klaus/Köngeter, Stefan (2002):**
Lebensweltorientierte Soziale Arbeit. In: Thole, Werner (Hrsg.): Grundriss Soziale Arbeit. Ein einführendes Handbuch. Opladen, S. 161-178.

**Trierischer Volksfreund (1993):**
Trierischer Volksfreund Nr. 71. Zeitung vom 25.03.1993.

**UNICEF (2003):**
End Child Exploitation – Stop the Traffic. Download: http://www.unicef.org. uk/store/downloads/6803AEE0-97B0-4928-8A10-264935D7D249/UK-traffickingrep_finalweb.pdf, Stand: 14.10.2009.

**UNO (1951):**
Genfer Flüchtlingskonvention (GFK) bzw. Abkommen über die Rechtsstellung der Flüchtlinge. Genf. 28. Juli 1951.

**Urbach, Vivien (2008):**
„klein und allein". München/Ravensburg, Studienarbeit.

**Voigt, Claudius (2010):**
Finanzielle Leistungen auf der Grundlage Gesetzlicher Vorgaben. In: Dieckhoff, Petra (Hrsg.): Kinderflüchtlinge. Theoretische Grundlagen und berufliches Handeln. Wiesbaden, S. 49-58.

**Wagner, Kirsten (2009a):**
Unbegleitete minderjährige Flüchtlinge mit traumatischen Erfahrungen in der stationären Jugendhilfe. Diplomarbeit, Mainz.

**Wagner, Kirsten (2009b):**
Unbegleitete minderjährige Flüchtlinge mit traumatischen Erfahrungen in der stationären Jugendhilfe – Anhang/Interviewtranskripte. Diplomarbeit, Mainz.

**Weber, Martina (2003):**
Heterogenität im Schulalltag. Konstruktion ethnischer und geschlechtlicher Unterschiede. Opladen.

**Weber, Rudolf (1994):**
Unbegleitete Minderjährige Flüchtlinge – Clearing und Betreuung in Rheinland-Pfalz. Niederwörresbach.

**Weiss, Karin/Enderlein, Oggi/Rieker, Peter (2001):**
Junge Flüchtlinge in multikultureller Gesellschaft. Opladen.

**Weiss, Karin/Enderlein, Oggi (2000):**
Statistik. In: WOGE e. V./Institut für soziale Arbeit e. V. (Hrsg.): Handbuch der Sozialen Arbeit mit Kinderflüchtlingen. Münster, S. 205-211.

**Weiss, Karin/Rieker, Peter (1998) (Hrsg.):**
Allein in der Fremde. Fremdunterbringung ausländischer Jugendlicher in Deutschland. Münster.

**Weiß, Wilma (2004):**
Philipp sucht sein Ich. Zum pädagogischen Umgang mit Traumata in den Erziehungshilfen. Weinheim/München.

**Wiesner, Reinhard (2006):**
SGB VIII. Kinder- und Jugendhilfe. 3. völlig überarb. Auflage, München.

**Winkler, Michael (1988):**
Eine Theorie der Sozialpädagogik. Stuttgart.

**WOGE e. V./Institut für soziale Arbeit e. V. (2000) (Hrsg.):**
Handbuch der Sozialen Arbeit mit Kinderflüchtlingen. Münster.

**Wurzbacher, Steffen (1997):**
Gut beraten. Abgeschoben... – Flüchtlingsarbeit zwischen Anspruch und Wirklichkeit. Karlsruhe.

**Zenk, Reinhild (2000a):**
Identität. In: WOGE e. V./Institut für soziale Arbeit e. V. (Hrsg.): Handbuch der Sozialen Arbeit mit Kinderflüchtlingen. Münster, S. 359-368.

**Zenk, Reinhild (2000b):**
Doppelidentität. In: WOGE e. V. Institut für soziale Arbeit e. V. (Hrsg.): Handbuch der Sozialen Arbeit mit Kinderflüchtlingen. Münster, S.394-400.

**Zito, Dima (2010):**
Traumatherapie mit jungen Flüchtlingen. In: Dieckhoff, Petra (Hrsg.): Kinderflüchtlinge. Theoretische Grundlagen und berufliches Handeln. Wiesbaden, S. 125-140.

**Zito, Dima (2009):**
Zwischen Angst und Hoffnung. Kindersoldaten als Flüchtlinge in Deutschland. Hrsg. v. Terre des Hommes/B-UMF. Osnabrück/München. Download: http://www.b-umf.de/images/stories/dokumente/studie_kindersoldaten.pdf, Stand: 14.10.2009.

# 8. Anhang

## 8.1 Konzept der Inobhutnahmeeinrichtung der AfA

Aufsichts- und Dienstleistungsdirektion Trier 54292
Aufnahmeeinrichtung für Asylbegehrende –
AfA Sachgebiet Flüchtlingswesen
Az.: 24/AfA (2) – 78 64                                    Trier, 11.06.2008

**Konzept zur Unterbringung und Betreuung unbegleiteter minderjähriger männlicher Flüchtlinge in der Aufnahmeeinrichtung für Asylbegehrende Trier (AfA) (Inobhutnahme gemäß § 42 SGB VIII)**

### 1.   Vorbemerkung

In der Aufnahmeeinrichtung können gem. § 42 des Achten Buchs Sozialgesetzbuch – Kinder- und Jugendhilfe - (SGB VIII) männliche 16- und 17 jährige Personen untergebracht werden, soweit das Persönlichkeitsbild des Jugendlichen nach Einschätzung des Jugendamtes der Stadt Trier eine Unterbringung in einer Jugendhilfeeinrichtung nicht zwingend anzeigt. Eine Unterbringung in der AfA kommt nicht in Betracht, wenn das Persönlichkeitsbild des Jugendlichen erkennen lässt, dass ein retardierter Entwicklungsstand oder sonstige schwerwiegende Erkenntnisse, z. B. das Vorliegen von später im Text genannten Ausschlusskriterien, eine besondere pädagogische Betreuung erforderlich machen. Die maximale Aufenthaltsdauer ergibt sich aus § 47 des Asylverfahrensgesetzes (AsylVfG). Das aktuelle „Konzept zur sozialen Betreuung in der Aufnahmeeinrichtung für Asylbegehrende Trier" stellt die besondere Bedeutung der Betreuung dieser Personen heraus. Dem Vorrang des Jugendwohls wird entsprechend Rechnung getragen.

## 2. Unterbringung und Raumkonzept

Zur Inobhutnahme der Jugendlichen werden im Erdgeschoss des Gebäudes 5

- ☐ 3 Mehrbettzimmer (2 x 4 Betten, 1 x 2 Betten),
- ☐ 1 Mehrzweckraum,
- ☐ eine abschließbare Duschmöglichkeit in einem angrenzenden Sanitärbereich,
- ☐ geschlechtsspezifisch getrennte und abschließbare Toiletten,
- ☐ die Möglichkeit der Nutzung einer Kochküche

bereitgestellt.

## 3. Aufnahmeverfahren

Die Entscheidung über die Inobhutnahme der Jugendlichen bei der AfA liegt nach § 42 Abs. 1 Nr. 3 dem SGB VIII beim örtlich zuständigen Jugendamt. Dieses leitet nach der Aufnahme der Jugendlichen in der AfA das erforderliche Vormundschaftsverfahren ein und ist als Vormund in das gesamte Inobhutnahmeverfahren bis zur Verteilung des Jugendlichen involviert.

Bei der Aufnahme des Jugendlichen wird in Abstimmung mit dem Jugendamt der Stadt Trier die Festlegung über eine Unterbringung in den Räumen der Inobhutnahmeeinrichtung der AfA oder bei einer geeigneten Gruppe gleicher ethnischer Herkunft innerhalb der AfA getroffen.

Ein späterer Wechsel der Unterbringung ist in Abstimmung mit dem Jugendamt der Stadt Trier jederzeit möglich. Über die Eignung einer Gruppe oder Familie für das Zusammenleben mit einem Jugendlichen gleicher ethnischer Herkunft entscheidet der soziale Dienst der AfA in Abstimmung mit dem Jugendamt der Stadt Trier.

Kriterien für die Geeignetheit der Gruppe oder Familie bzw. ein Negativkatalog für einen entsprechenden Ausschluss werden im sozialen Dienst thematisiert, festgelegt, dokumentiert und regelmäßig angepasst. Diese Ergänzung ist als Anlage dem Konzept beigefügt.

## 4. Betreuungskonzept

**Personal**

Zur allgemeinen Betreuung aller in der Einrichtung untergebrachten Personen stehen derzeit folgende Fachkräfte zur Verfügung:

Leitung Sozialdienst: 1 Dipl. Sozialarbeiter
Fachkräfte: 2 Dipl. Sozialarbeiter, 1 Dipl. Sozialarbeiterin
1 Dipl. Theologe
1 Dipl. Pädagogin/halbtags

Hierbei werden die Fachkräfte im zeitlichen Umfang von 1,8 Vollzeitstellen im Rahmen der unten genannten werktäglichen Arbeitszeiten zur Betreuung der 16- und 17 jährigen unbegleiteten männlichen Jugendlichen eingesetzt.

Montags bis donnerstags von 7:00 Uhr bis 17:00 Uhr und freitags bis 15:30 Uhr stehen die beim Land (AfA) beschäftigten pädagogischen Fachkräfte zur Betreuung der Jugendlichen bereit. Weiterhin sind nachts, an Wochenenden und Feiertagen mindestens zwei Beschäftigte eines privaten Wachdienstes anwesend, daneben ist eine ständige Rufbereitschaft aus Führungskräften der AfA eingerichtet.

Zur Betreuung der Jugendlichen an Wochenenden und Feiertagen stehen pädagogische Angebote der in der AfA tätigen freien Träger (Diakonisches Werk des Ev. Kirchenkreises Trier, Caritasverband für die Region Trier e. V. und Deutsches Rotes Kreuz Kreisverband Trier-Stadt) zur Verfügung. Darüber hinaus werden im sinnvollen und erforderlichen Umfang auch studentische Hilfskräfte (Studentinnen und Studenten einschlägiger Fachrichtungen, mindestens im Hauptstudium) zur Abdeckung der Wochenend- und Feiertagsbetreuung eingesetzt.

Die Rufbereitschaft des Jugendamtes der Stadt Trier steht ständig zur Verfügung.

Zwischen der AfA und dem Jugendamt der Stadt Trier findet in der Regel einmal wöchentlich ein Austausch zu organisatorischen, strukturellen und fallbezogenen Fragestellungen zur Betreuung der Jugendlichen statt.

## Betreuung

Die Jugendlichen werden am Aufnahmetag vom sozialen Dienst der AfA, dessen Aufgaben im „Konzept zur sozialen Betreuung in der Aufnahmeeinrichtung für Asylbegehrende Trier" beschrieben sind, nach einem ausführlichen Informationsgespräch in einem der Jugendzimmer im Erdgeschoss von Gebäude 5 oder in einem Zimmer mit nach fachlicher Einschätzung persönlich geeignet erscheinenden Landsleuten gleicher ethnischer Herkunft untergebracht und erhalten allgemeine Informationen zum Aufenthalt. Sollte auf Grund besonderer Umstände (z. B. Sprachschwierigkeiten) zunächst kein ausführliches Informationsgespräch stattfinden können, erfolgt bis auf weiteres eine Unterbringung im Jugendzimmer.

Wesentliche Punkte der Informationen an den Jugendlichen sind:

☐ Informationen zum Tagesablauf in der Einrichtung

☐ Orientierungshilfen bezüglich der Abläufe außerhalb der Einrichtung

☐ Unterstützung beim Umgang mit anderen Behörden

☐ Informationen zur Ausstattung mit Sachleistungen

☐ Hilfen in besonderen Situationen

Neben den allgemeinen Informationen wird auf die besondere Situation der Unterbringung des Jugendlichen eingegangen. Dabei werden die zu beachtenden rechtlichen Vorschriften und besonderen Regelungen zur Aufsichtspflicht für Jugendliche in Deutschland verdeutlicht und anschließend schriftlich in der jeweiligen Landessprache ausgehändigt.

Die Mitarbeiterinnen und Mitarbeiter des sozialen Dienstes prüfen im täglichen Kontakt zu den Jugendlichen fortlaufend die persönliche Situation und bieten Hilfestellungen bei allen Dingen des täglichen Lebens, auch unter Einbeziehung von Mitarbeiterinnen und Mitarbeitern der ökumenischen Beratungsstelle. Wird ein Jugendlicher nicht angetroffen, ist er verpflichtet, an Arbeitstagen selbst Kontakt mit dem sozialen Dienst aufzunehmen. Auf diese Mitwirkungspflicht werden die Jugendlichen bereits bei Aufnahme in die Einrichtung hingewiesen.

Die Arbeitszeiten des sozialen Dienstes werden in schriftlicher Form mitgeteilt. Folgende Möglichkeiten zur Strukturierung des Tagesablaufs bietet die AfA:

- Frühstückszeiten von 7:30 Uhr bis 9:00 Uhr
- Mittagessen von 11:30 Uhr bis 13:00 Uhr
- Abendessen
- Teilnahme an der von der AfA angebotenen arbeitstäglichen schulischen Betreuung mit dem Schwerpunkt Sprachunterricht und dem zweimal wöchentlich stattfindenden Deutschkurs der ökumenischen Beratungsstelle
- auf Wunsch Besuch von Regelschulen
- Nutzung von Arbeitsgelegenheiten im Rahmen des § 5 Abs. 1 des Asylbewerberleistungsgesetz
- unter Berücksichtigung der individuellen körperlichen und geistigen Fähigkeiten des Jugendlichen (Jugendschutz)
- Teilnahme an den regelmäßigen Sportprojekten der AfA (Fußball, Volleyball, Tischtennis, Kraftraum)
- Teilnahme an Kreativprojekten der AfA und der ökumenischen Beratungsstelle
- Teilnahme an den Treffen im Rahmen des Projektes „Teestube" der ökumenischen Beratungsstelle
- Möglichkeit der Nutzung des Fernsehraumes
- Angebote zur Wochenendbetreuung durch freie Träger und studentische Hilfskräfte

Die Jugendlichen werden durch die Mitarbeiterinnen und Mitarbeiter des sozialen Dienstes dazu angehalten, die genannten Angebote zu nutzen.

**Maßnahmen zum Schutz der Jugendlichen**

Die AfA beherbergt Menschen aus der ganzen Welt. Dem besonderen Schutzbedürfnis der Jugendlichen wird im Sinne des § 42 SGB VIII Rechnung getragen.

Auf die mögliche Gefahr im Zusammenhang mit Drogen- und Alkoholmissbrauch, Diebstählen oder sexuellen Belästigungen werden die Jugendlichen z. B. durch Aushändigen der Hausordnung aufmerksam gemacht. Alkohol- und Drogengenuss ist laut Hausordnung in der gesamten Einrichtung und auf dem angrenzenden Gelände verboten. Da sich die für die Inobhutnahme der Jugendlichen vorgesehenen Zimmer im Erdgeschoss von Gebäude 5 befinden, ist eine ständige Kontrolle durch Mitarbeiterinnen und Mitarbeiter des sozialen Dienstes als auch durch das Wachpersonal des Hauses gewährleistet.

Zeigt sich durch den täglichen Kontakt, dass der Jugendliche den o.g. Gefahren nicht widersteht, oder vor Gefahren nicht ausreichend geschützt werden kann, sind frühzeitig Gegenmaßnahmen – wie z. B. Gespräche, Zimmerwechsel, Verlegung in einen Raum zur vorübergehenden Nutzung, interne und externe Hilfemöglichkeiten, strafrechtliche Verfahren, bis hin zur Unterbringung in einer Jugendhilfeeinrichtung – einzuleiten.

Dazu stehen insbesondere die Mitarbeiterinnen und Mitarbeiter des sozialen Dienstes, der Verwaltung sowie des Wachdienstes der Einrichtung zur Verfügung.

**Ausschlusskriterien**

Wird festgestellt, dass der Jugendliche wiederholt und in besonderem Maße

☐     den ihm aufgetragenen Pflichten nicht nachkommt,

☐     sich nicht an die Hausordnung der AfA hält,

☐     keinem strukturierten Tagesablauf nachkommt,

☐ die Vorgaben des Jugendschutzgesetzes missachtet,

☐ Drogen- oder Alkoholmissbrauch betreibt,

oder nachträglich festgestellt wird, dass

☐ er sexuell auffällig ist,

☐ er von seiner persönlichen Entwicklung eher unter 16-Jährigen gleichzustellen ist,

☐ ihm psychische Beeinträchtigung (z. B. Depression, emotionale Instabilität, Angststörung, Desorientierung) droht,

wird durch das Jugendamt der Stadt Trier in Abstimmung mit der AfA die Unterbringung in einer Jugendhilfeeinrichtung veranlasst. Die genannten Ausschlusskriterien sind ständig zu überprüfen.

**Anlage 1**

Kriterien zur Prüfung der Eignung einer Gruppe oder Familie innerhalb der Aufnahmeeinrichtung zur Unterbringung von umF (Punkt 3 Abs. 4 des Konzepts)

1. Bewohner kommen aus dem gleichen Land und sprechen die Sprache des Jugendlichen.

2. Sie sind Angehörige einer gleichen Religionsgruppe oder ethnischen Gruppe.

3. Ruhige, ausgeglichene Bewohner, die die Hausordnung der Afa einhalten; als Beispiele: kein Alkohol, keine familiäre Gewalt oder Gewalt gegen Dritte, keine Kriminalität, kein Drogenkonsum, keine Homosexualität.

4. Keine meldepflichtigen ansteckenden Krankheiten oder psychischen Auffälligkeiten.

5. Die Bewohner sind zuverlässig und kooperativ.

6. Das Zimmer der Gruppe soll nicht mit mehr als 6 Personen belegt sein.

7. Bei Familien ist eine Unterbringung nur nach vorherigem Gespräch und Einverständnis von beiden Seiten möglich.

**Anlage 2**

zum Jugendhilfekonzept

Info-Blatt

**Für unbegleitete männliche 16- und 17jährige Jugendliche**

Sie leben jetzt in der Bundesrepublik Deutschland und hier gelten eigene Gesetze und Bestimmungen, die sich in manchen Punkten von denen in ihrem Heimatland unterscheiden. Für 16-17Jährige gibt es besondere Bestimmungen, die sie kennen müssen.

Sie sind kein Kind mehr, sind aber auch noch nicht volljährig (Erwachsen). Aus diesem Grund wird über das Jugendamt und das Amtsgericht ein Vormund bestellt, der für Sie die Entscheidungen trifft, die man hier erst als Erwachsener treffen kann oder die ihre Eltern für sie treffen müssten.

Zu den Aufgaben des Vormundes gehören zum Beispiel:

☐   Ihnen bei Gericht oder anderen Behörden zu helfen und den Entscheidungen zuzustimmen

☐   Bei medizinischen Operationen zustimmen

☐   Bei Vermögensfragen zustimmen

☐   Zu bestimmen mit wem Sie Umgang haben dürfen

Nach dem Jugendschutzgesetz sind ihnen aber auch verschiedene Dinge verboten, die Erwachsenen erlaubt sind.

Diese Verbote und Einschränkungen gelten für junge Menschen unter 18 Jahren besonders im Kino bei Spätvorführungen, in Bereichen von Videotheken (Videoverleih), in Bars oder ähnlichen Einrichtungen und Spielhallen.

Generell verboten sind hochprozentige Getränke (Wodka, Whiskey, Schnaps usw.), sie dürfen von Ihnen weder gekauft noch getrunken werden.

Junge Menschen unter 18 Jahren dürfen sich zeitweilig aufhalten in:

☐   Gaststätten

☐   Discotheken und bei Tanzveranstaltungen

☐   Kino, wenn der Film für Jugendliche freigegeben ist

- Aber nur bis höchstens 24.00 Uhr, danach ist der Aufenthalt für sie dort verboten. Verboten ist auch der Erwerb von Videos, Filmen, Zeitschriften usw., wenn diese nur für Erwachsene (Volljährige) freigegeben sind.

Auch in der Aufnahmeeinrichtung sind von ihnen einige Regeln einzuhalten. Dazu gehört die Beachtung der Hausordnung und der Instruktionen der Bediensteten.

Als Alleinreisende „unter 18-Jahren" kommen noch einige Punkte hinzu:

- Jeden Tag müssen Sie Kontakt zu dem für Sie zuständigen Sozialarbeiter aufnehmen. Sie können ihn auch bei Problemen oder Konflikten ansprechen.

- Das Einhalten aller Termine und die Punkte eines individuell mit Ihnen erarbeiteten Aktionsplans.

- Ein Zimmerwechsel ist nur mit der vorherigen Zustimmung des zuständigen Sozialarbeiters gestattet.

Wird festgestellt, dass Sie wiederholt und in besonderem Maße gegen Regeln verstoßen oder den Ihnen aufgetragenen Pflichten nicht nachkommen, wird Ihre Unterbringung in einer Jugendhilfeeinrichtung zu veranlassen sein.

Bei schweren Verstößen wird die Polizei eingeschaltet und über ein Gericht droht dann die Verurteilung zu Jugendarrest oder die Unterbringung in einem Jugendcamp.

## 8.2 Leistungsbeschreibung „Interkulturelle Wohngruppe", Kinder-, Jugend- und Familienhilfe Kreuznacher Diakonie (Niederwörresbach) Stand: 11/2010

**Leistungsbeschreibung**

**Platz in einer interkulturellen Wohngruppe**

**Produktbereich:** Stationäre Hilfen zur Erziehung Integrative Betreuung von weiblichen und männlichen Kinder und Jugendlichen

☐ Minderjährigen, unbegleiteten Flüchtlingen

☐ Asylbewerber/innen

☐ Ausländischen Kindern und Jugendlichen

☐ Kinder und Jugendliche mit Migrationshintergrund

☐ Deutschen Kindern und Jugendlichen

**Produktgruppe:** Lebensfeldersetzende erzieherische Hilfen (Heimerziehung) Lebensfeldbegleitende erzieherische Hilfen und Hilfen für junge Erwachsene (Betreutes Wohnen) als Anschlussmaßnahme möglich

**Produkt:** Platz in einer Regelgruppe mit interkultureller Pädagogik

**Rechtliche Grundlagen:**
§ 27 KJHG Hilfe zur Erziehung
§ 34 KJHG Heimerziehung, sonstige betreute Wohnformen
§ 36 KJHG Mitwirkung, Hilfeplan
§ 41 KJHG Hilfe für junge Volljährige, Nachbetreuung
§ 42 KJHG Inobhutnahmen

**Auftragsgrundlage:**

☐ Kostenzusage

☐ Hilfeplan gemäß § 36 KJHG

**Gruppengröße:** 9 Plätze

**Versorgungsbereich:** Rheinland-Pfalz und angrenzende Bundesländer

**Standort:** Kinder-, Jugend und Familienhilfe, kreuznacher diakonie, Gruppe 2, Hauptstraße 55-59, 55758 Niederwörresbach

**Kurzbeschreibung:** Die Gruppe ist Übungs- und Lernfeld für gegenseitige Akzeptanz, Toleranz und Voneinander – lernen. Die kulturellen, ethnischen und religiösen Werte der ausländischen Kinder und Jugendlichen sollen lebbar bleiben um der Integration in die deutsche Gesellschaft sowie einer möglichen Rückkehroption ins Heimatland gerecht zu werden.

Um dies zu gewährleisten, wird die Gruppe nach einem integrativen pädagogischen Ansatz von erfahrenen Fachkräften betreut.

**Zielgruppe/Indikation: Die Maßnahme ist notwendig und geeignet,**

☐ wenn die Problembelastung in der Herkunftsfamilie hoch ist und/ oder Erziehung oder Entwicklung mit stützenden und ergänzenden Hilfen in der Herkunftsfamilie nicht sichergestellt ist

☐ um Erstversorgung, Clearing und Begleitung im Asylverfahren für unbegleitete, minderjährige Flüchtlinge sicherzustellen

☐ für Kinder und Jugendliche mit Migrationshintergrund deren Integration sich schwierig gestaltet

☐ für Jugendliche, die auf Grund ihrer kulturellen Brüche Orientierungshilfen brauchen, um Delinquenz und Depressivität vorzubeugen und eine Integration in Schule und Ausbildung zu unterstützen

☐ zur Stärkung der innerfamiliären Ressourcen

**Ausschlusskriterien**

Bei Verdacht auf akute Psychosen oder andere psychische Erkrankungen ist vor der Aufnahme eine psychiatrische Abklärung erforderlich.

Wenn manifeste Suchtproblematiken vorliegen, ist eine erfolgreich abgeschlossene Entziehungskur und Therapie vor der Aufnahme notwendig.

**Produktrelevante Ziele:**

☐ Begleitung des Heranwachsenden und der Herkunftsfamilie um neue Entwicklungen zu ermöglichen

☐ Verbesserung der Lern- und Entwicklungschancen, Abklärung schulischer und beruflicher Perspektiven, Problemeinsicht und Lebensperspektiven aufzeigen

☐ Einstellung auf die kulturellen Werte des sozialen Umfelds der ausländischen Kinder und Jugendlichen

☐ Rückführung des Kindes aus einer lebensfeldersetzenden oder -ergänzenden Hilfe in die Herkunftsfamilie bzw. bei unbegleiteten, minderjährigen Asylbewerbern zu Verwandten, falls dies möglich

☐ Professionelle Hilfe bei Trennungs- und Trauererfahrungen, Verarbeitung von Verlusterlebnissen, Traumata

☐ Abklärung der weiteren Unterbringung, Beheimatung, Verselbständigung und Erarbeitung einer realistischen Perspektive

☐ ggf. Vorbereitung und Organisation der freiwilligen Ausreise in Kooperation mit den zuständigen Ausländerbehörden, der IOM (Bonn) und des ISD (Frankfurt)

☐ Erarbeitung der Voraussetzung zur Beschulung (intensiver, heiminterner Sprachunterricht durch sprachkompetente Mitarbeiter)

☐ für alle Kinder und Jugendliche besteht Schulpflicht

**Leistungen:**

1. Im Rahmen der Kontaktanbahnung bis zum Erstgespräch

2. Grundleistungen während der Maßnahme

3. Mögliche individuelle Zusatzleistungen

4. Ausstattung und Ressourcen

5. Qualitätssicherung

**1. Leistungen im Rahmen der Kontaktanbahnung bis zum Erstgespräch:**

☐ Entgegennahme von Anfragen (Terminvereinbarung)

☐ Kennenlernen des Angebots und aller Beteiligten (Jugendamt, Familie, Gruppe)

☐ Auftragsklärung (intensive und umfassende Klärung des Hilfebedarfs)

☐ Hilfeplanung (Mitwirkung)

## 2. Grundleistungen während der Maßnahme:

### 2.1. Erstversorgung

☐ Aufnahme, ggf. jederzeitige Abholung von UMF in der AfA Trier, Auftragsklärung

☐ Ärztliche Untersuchung nach Infektionsschutzgesetz

☐ Unterbringung in einem Einzelzimmer bzw. Doppelzimmer

### 2.2. Clearing bei unbegleiteten, minderjährigen Flüchtlingen und Asylbewerbern

☐ Befragung zur Person, insbesondere nach etwaigen Verwandten in Deutschland, eventuell in Absprache mit Vormund Kontaktanbahnung um spätere Unterbringung bei den Verwandten zu eruieren.

☐ Beratung bei Erstausstattung

☐ Klärung der Vormundschaft unter Einbeziehung ehrenamtlicher Vormünder

☐ Abklärung der weiteren Vorgehensweise Perspektiven im Asylverfahren

### 2.3. Aufsicht und Betreuung

☐ ständige Wahrnehmung der Aufsichtspflicht und Sicherstellung des Kindeswohls

☐ Rund-um-die-Uhr Betreuung durch pädagogische Fachkräfte

☐ Tagesstrukturierende Planung individueller Aktivitäten mit dem Kinder und Jugendlichen

### 2.4. Gestaltung von Gruppenatmosphäre und Wohnumfeld

☐ Bereitstellung eines kind-/jugendgerechten Lebensbereiches und des dazugehörigen Umfeldes

☐ Gestaltung des Lebensbereiches zusammen mit den Kindern und Jugendlichen

☐ Bereitstellen einer entwicklungsförderlichen und enttraumatisieren-den Atmosphäre des Miteinander – Lebens

## 2.5. Alltägliche Versorgung

☐ Bereitstellung eines persönlichen Wohnbereichs in einem Ein- oder Zweibettzimmers.

☐ Bereitstellung eines Wohn- und Küchenbereiches, Freizeitbereiches und Sanitär- und Waschbereiches.

☐ regelmäßige Mahlzeiten, unter Berücksichtigung der kulturellen und religiösen Gegebenheiten.

☐ Komplette Selbstversorgung an schulfreien Tagen, Selbstversorgung gemeinsam mit den Jugendlichen, an Schultagen morgens und abends Selbstversorgung

☐ Begleitung und Betreuung im Alltag unter Einbeziehung der kulturel-len und religiösen Unterschiede der jeweiligen Jugendlichen.

☐ Angebot heiminterner Intensiv-Sprachkurse, die sich an der Alltagssi-tuation der Jugendlichen orientieren. Die Kurse werden von Erziehern mit besonderen Sprachkompetenzen angeleitet (Englisch, Franzö-sisch, Türkisch). Ergänzung durch Integration in externe Sprachkurse insbesondere der Volkshochschule.

☐ Abklärung schulischer und beruflicher Perspektiven, Eingliederung in öffentliche Schulen oder Unterbringung/Praktika in regionalen Betrieben.

☐ Intensive Zusammenarbeit mit Schulen, Betrieben und Ausbildungs-organisationen.

☐ Reinigung der Gemeinschaftsräume, alters angemessene Anleitung und Unterstützung bei der Reinigung des persönlichen Bereiches.

☐ Anleitung zur selbständigen Pflege von Wäsche und Bekleidung

## 2.6. Freizeitgestaltung

- ☐ Wöchentliche Angebote z. B. Schwimmen, Ausflüge, Besuch des Jugendzentrums

- ☐ Gemeinsame Planung und Durchführung von Workshops mit dem Ziel der Erweiterung sozialer, handwerklicher und sprachlicher Kompetenzen

- ☐ Sport und Spielangebote in der Einrichtung, Unterstützung bei der Integration in den örtlichen Vereinen

- ☐ Bereitstellen von Medien (Anleitung und Umgang)

- ☐ erlebnispädagogisch orientierte Urlaubsfahrten in den Sommerferien

- ☐ Besuch von kulturellen Veranstaltungen

- ☐ Gemeinsame Organisation von und Teilnahme an multikulturellen Festen

## 2.7. Schaffung von Voraussetzung für eine körperlich gesunde Entwicklung

- ☐ Allgemeine Gesundheitserziehung, häusliche Krankenpflege und Begleitung zu Arztbesuchen

- ☐ Anleitung zur regelmäßigen Körperpflege, Erziehung zu Hygiene

- ☐ Dokumentation besonderer Erkrankungen, Einbezug der Eltern/ der Vormünder bei gravierenden Krankheiten

- ☐ Sicherstellung notwendiger Therapien

## 2.8. Einübung lebenspraktischer Kompetenzen/Fertigkeiten

- ☐ Einübung des Umgangs mit öffentlichen Verkehrsmitteln

- ☐ Einübung des Umgangs mit öffentlichen Einrichtungen und Ämtern (Ausfüllen von Anträgen, Kontakte zu Behörden)

- ☐ Einkaufstraining, z. B. Anleitung zu gesunder Ernährung und Preisvergleichen

- ☐ Einübung des Umgangs mit Geld

☐ Zubereitung einfacher Mahlzeiten, Kenntnisse gesunder Ernährung

☐ Pflege und Aufbewahrung von Wäsche und Kleidung, einfache Reparaturen

☐ Für die ausländischen Kinder und Jugendlichen sind diese Themen ein wesentlicher Bestandteil des Sprachunterrichts

### 2.9. Sozial-emotionale Förderung und Anregung der Persönlichkeitsentwicklung

☐ regelmäßiger gezielter und informeller Kontakt mit dem/der „Persönlich verantwortlichen Erzieher/in"

☐ Reflektionen in regelmäßig stattfindenden Kinderteams, Einübung demokratischer, offener Umgangsformen

☐ Erklären und Verabreden von Umgangsregeln in der Gruppe und in der Öffentlichkeit

☐ Übernahme von Diensten, Ämtern und Pflichten für die Gemeinschaft

☐ Erarbeitung von gemeinsamen Konfliktlösungsstrategien

☐ Trainingsprogramme im Alltag gemäß individueller Erziehungsplanung

### 2.10. Schulische und berufliche Förderung

☐ Auswahl geeigneter Schulformen in Abstimmung mit Eltern, Vormund, Schule.

☐ Hervorzuheben ist die Zusammenarbeit mit der Berufsbildenden Schule, wo minderjährige unbegleitete Flüchtlinge bei entsprechenden Voraussetzungen im BVJA (Berufsvorbereitungsjahr für Ausländer) den Hauptschulabschluss erreichen können.

☐ Anleitung, Unterstützung und Kontrolle bei den Lernzeiten und Hausaufgaben. Ziel der pädagogischen Arbeit ist die Hilfe zur Selbsthilfe.

☐ regelmäßige Absprachen mit den Lehrern/ggf. Begleitung der Eltern zu Elternsprechtagen.

- Unterstützung bei der Suche nach einem Ausbildungs- bzw. Praktikumsplatz.
- Wir pflegen Kontakte zu Ausbildern und Vorgesetzten.

## 2.11. Entwicklungsdiagnostik, Erziehungsplanung, Hilfeplanung

- Während der ersten 8 Wochen eingehende psychologisch/pädagogische Eingangs- und Verlaufsdiagnostik und deren Dokumentation
- Erziehungsplanung
- Verfassen eines Situationsberichtes mit allen Beteiligten zur Vorbereitung der Hilfeplanung
- Vorbereitung, Organisation und Teilnahme an Hilfeplangesprächen
- Organisation von zusätzlichen internen Zusatzleistungen oder externen Hilfen, die sich aus der Hilfeplanung ergeben.

## 2.12. Betreutes Wohnen/Nachbetreuung

- Als Zusatzleistung wird die Betreuung von Jugendlichen/Azubis in angemietetem Wohnraum angeboten. Hierbei werden die vereinbarten Fachleistungsstunden in Rechnung gestellt
- Erprobungsphase für Betreutes Wohnen ist im Einzelfall in Appartements, die der Gruppe angegliedert sind, möglich
- Nachbetreuung auch per Gutscheinsystem möglich

## 3.  Mögliche individuelle Zusatzleistungen

- Nachbetreuung in Form einer Sozialpädagogischen Familienhilfe oder Erziehungsbeistandschaft
- Organisation und Begleitung zu Therapieangebote unterschiedlicher Methodik externer Therapeut/innen
- Ambulante kinder- und jugendpsychiatrische Versorgung möglich
- Möglichkeit des Besuches des Außerschulischen Hauptschulkurses zum Erwerb eines Schulabschlusses

4. **Leistungen im Bereich der Ausstattung, Ressourcen und Verpflegung**

4.1. **Personelle Ausstattung**

1,0 Stelle Gruppenleitung (Diplomsozialpädagoge/in)

3,7 Stellen pädagogische Fachkräfte (i. d. R. mit Zusatz-qualifikationen) ergänzt durch Praktikanten/innen

0,5 Stelle Hauswirtschaft

4.2. **Räumlichkeiten**

☐ Das Heim liegt am Ortsrand von Niederwörresbach in einem parkähnlichen Gelände mit Spiel- und Grillplatz

☐ Jugendraum auf dem Gelände mit kleiner Sporthalle

☐ Holzwerkraum, Fahrradwerkstatt, PC in der Gruppe

☐ Die Gruppe befindet im 2. Stock des Hauptgebäudes inkl.

   - Küche und Essbereich

   - einem Gemeinschaftsraum

   - 4 Doppelzimmer, 1 Einzelzimmer

   - einem Wirtschaftsraum

   - Dienstzimmer

   - sanitäre Anlagen

☐ Innerhalb der Einrichtung gibt es die Möglichkeit in Appartements eine Verselbständigungsphase zu erproben.

☐ Zur Verselbständigung im Betreuten Wohnen werden Wohnungen in der Umgebung angemietet, bei jungen Erwachsenen von diesen selbst um ggf. ein Verbleib in der Wohnung nach Beendigung der Jugendhilfemaßnahme zu gewährleisten.

5. **Qualitätssicherung**

☐ Konzeption (Leitlinien, Leistungsangebot, Qualitätsstandards, Controlling)

☐ Qualitätsmanagement nach EFQM

□ Wirkungsorientierte Falldokumentation und Evaluation nach WIMES

□ Klientelbezogene Dokumentation von Prozessen (Hilfeplan)

□ Beschwerde- und Anregungsmanagement

□ Protokolle, Aktenführung

□ Fortbildungen intern u. extern

□ Gruppensupervision durch externe/n Supervisor/in

□ Stellenbeschreibung, Einarbeitung neuer Mitarbeiter laut Qualitätsmanagement

□ Regelmäßige Kunden- und Mitarbeiterbefragungen des Trägers

**Ansprechpartner:**

Ursula Buchholz, Pädagogische Leiterin, Telefon 06785 - 9779-50
ursula.buchholz@kreuznacherdiakonie.de

Tanja Schmäler, Gruppenleiterin, Telefon 06785 - 9779-20
Tanja.schmäler@kreuznacherdiakonie.de

Kinder-, Jugend- und Familienhilfe kreuznacher diakonie
Hauptstr. 55 - 59
55758 Niederwörresbach
Fax: 06785 - 9779 -90                    Stand: 11/2010